世界哲学家书系

伏尔泰

VOLTAIRE

李凤鸣　著

东北师范大学出版社
NORTHEAST NORMAL UNIVERSITY PRESS

图书在版编目（CIP）数据

伏尔泰 / 李凤鸣著. — 长春 : 东北师范大学出版社，2019. 12
（世界哲学家书系）
ISBN 978-7-5681-6651-5

Ⅰ. ①伏… Ⅱ. ①李… Ⅲ. ①伏尔泰（Voltaire, Francois-Marie, Arouet 1694-1778）—评传 Ⅳ. ① B565. 25

中国版本图书馆 CIP 数据核字（2019）第 286063 号

责任编辑：包瑞峰　　封面设计：丁　瑶
责任校对：尤秋华　　责任印制：许　冰

东北师范大学出版社出版发行
长春净月经济开发区金宝街 118 号（邮政编码：130117）
电话：0431-84568126
网址：http://www. nenup. com
厦门市竞成印刷有限公司
厦门市湖里区后坑前社 37 号
2020 年 6 月第 1 版　2020 年 6 月第 1 版第 1 次印刷
幅面尺寸：142mm×210mm　印张：9.375　字数：195 千

定价：76. 00 元

自　序

欧洲经过中世纪千年封建黑暗统治之后，发生了一系列激烈的社会变革，展开了一幅波澜壮阔的近代史画卷。其中最为著名、对历史的走向影响深远的事件，首推1517年在德国发生的路德宗教改革运动，继之为1640年爆发的英国革命和1789年开始的法国大革命。在接连三个世纪里分别发生在西欧三个大国的三次历史大搏斗中，法国大革命声势最大、革命最彻底，对西欧资本主义制度的确立起了决定性作用。法国大革命之所以取得这样的成功和产生这样大的影响，除去有其政治、经济和社会历史的原因之外，著名的十八世纪法国启蒙运动为这次革命做了思想上和理论上的长期准备，是一个十分重要的因素。

要了解十八世纪法国启蒙运动，必然要研究启蒙巨人伏尔泰。伏尔泰是法国启蒙运动公认的领袖和导师，是这一场法国资产阶级发动和领导的第三等级思想解放运动的灵魂。伏尔泰享年八十四岁，在启蒙运动中积极活动了六十余年。高寿使他有幸几乎经历了启蒙运动历史发展的全过程。他多才饱学，博闻强识，既是哲学家、史学家、政论家，又是诗人、小说家、创作家。他的成就遍及人文科学的所有领域，而且在他所涉及的每一领域，都成为才华横溢的巨匠。他的著作极为丰富。十八世纪末编辑的第一部《伏尔泰全集》八开本有七十卷，十二开本竟达九十卷之巨，仅他的内容丰富、文笔俏丽的书信就编了十卷以上。中国人喜欢用“著作等身”赞美一位学者的成就，实际上古今中外真正堪享此誉的人寥若晨星，而伏尔泰却当之无愧。

本书在十八世纪法国启蒙运动的广阔背景下，拓宽视野，全方位追踪伏尔泰的历史足迹；同时着眼于他的主要学术著作，深入开掘伏尔泰作为启蒙泰斗的思想底蕴，力图通过广度和深度两个坐标点，重现一代大师的历史风采。

伏尔泰是“通才”，但首先是一位哲学家。

以上议论权作本书作者自序。或许这是一篇不合通例的序言。但是对读者来说，重要的是伏尔泰，而不是作者如何写作《伏尔泰》。研究和写作的辛劳尽在书中，用不着在序里表白。

李凤鸣
1994 年 3 月于北京中国
社会科学院哲学研究所

目　录

他的武器是什么
那就是电闪雷鸣般的一支笔
他用这个武器战斗
他用这个武器取胜

维克多·雨果
1878 年 5 月 3 日在巴黎纪念伏尔泰
逝世 100 周年大会上的演说

第一章　伏尔泰生活战斗的历史舞台
——十八世纪法国启蒙运动

一、启蒙运动兴起的社会条件

法国是一个古老的封建国家。早在五世纪末，封建制度已在法国初步建立起来。经过中世纪漫长的封建割据和教会统治，到了十六世纪，随着资本主义生产关系的产生和发展，传统的封建秩序发生变化，在一部分贵族和力量不断壮大的市民阶级支持下，王权得到加强，地方割据势力被削弱，建立起以国王为首的高度中央集权体制，法国社会进入封建君主专制时期。十七世纪后半叶路易十四（1643—1715）执政时，法国空前强盛，称霸欧洲，封建专制制度发展到顶峰。

1648年，时年五岁的路易十四登基，在位七十二年，亲政五十五年，是法国历史上颇负盛名的“太阳王”。1661年路易十四亲政以后，他采取措施独揽大权，宣称“朕即国家”，依靠罗马天主教会的支持，打击与其争权的封建贵族和高等法院的法官，强化国家机器，亲自主持国务会议，听取大臣的报告，签署一切国事公文，向各省派驻握有财政、司法、行政和军事大权的官吏，亲自任命各城市的官员，实行高度专制统治。

路易十四任命柯尔柏（1665—1683）为财政总监，积极推行重商主义政策，开辟生财之道，力求增加国家经济实力。为此，专制政府采取了一系列有力措施。一方面，改革税收制度，增加国库收入；另一方面，举办大规模手工工场，开凿运河，修筑道路，取消一部分国内关卡，降低商品税率，奖励工业生产，设立许多专利特许贸易公司，建立庞大舰队供军事和贸易使用，并积极参加西欧各国掠夺海外殖民地的竞争。推行重商主义政策的结果是，法国不但有了规模宏大的王家手工工场，而且出现了肥皂厂、冶炼厂、造船厂、火药厂、兵器厂、纺织厂、织毯厂、工具厂、车辆厂等各业手工工场。法国仿制的威尼斯式镜子和花边、英国式袜子、荷兰式呢绒，以及德国式钢器，畅销欧洲各国。重商主义力争对外贸易顺差，柯尔柏创立享有垄断特权的东印度公司、西印度公司、北方公司、中东公司、近东公司等对外贸易公司，加强了王国政府与各法属殖民地的联系。当时法国的殖民地包括加拿大、阿卡地、纽芬兰、密西西比河流域、路易斯安娜、安的列斯群岛、圭亚那、塞内加尔、波旁岛、马达加斯加、印度的本地治理和昌德纳戈尔等美洲、非洲和亚洲广大地区。

以经济实力为后盾，路易十四建立欧洲最强大的陆海军。1667年，法国陆军不过七万二千人，1703年达到四十万，包括拥有四万七千匹战马的骑兵和训练有素的大量炮兵。海军有战舰两百多艘，以敦刻尔克、瑟堡、罗什福、布雷斯特、土伦等良港为基地，把触角伸向世界各地。

然而盛极而衰，法国在路易十四长期专制统治的表面强盛之下，社会矛盾逐渐积累并日益激化，封建专制制度开始没落，进入十八世纪以后，更面临经济、政治和思想领域的全面危机。

法国本是一个农业国家，农业是封建经济的基础。但是到了十八世纪，在专制王朝、封建领主和社会僧侣的重重盘剥之下，法国的农业形势十分险恶，特别是贵族和僧侣兼并土地造成严重恶果。土地大量集中，农民负担沉重。全国土地的三分之二被三十四万贵族和僧侣占有，占全国人口绝大多数的两千三百万农民却只占有土地的三分之一。农村中大部分是所谓“份地农”，他们在土地和司法关系上依附封建领主，一些地区甚至还存在更为落后的农奴制。农民除遭受领主残酷盘剥外，还要向国家和教会缴纳人丁税、什一税等各种苛捐杂税。敲骨吸髓的封建剥削，使得农村普遍凋敝，农民纷纷弃家外逃。丰年满目疮痍，荒年饿殍载道。1777年，法国竟有十万名乞丐。一个当时记载的文件说，法国贫苦农民吃野菜，穿树皮，“像苍蝇一样地死亡”。总之，十八世纪的法国农村一片衰败景象，封建专制制度的经济基础遭到严重破坏。

与农业凋敝相应，专制王朝的财政也陷入困境。路易十四穷兵黩武，宫廷贵族纵情挥霍，早已把法国弄得民穷财尽。当西班牙王位继承战争（1701—1713）结束时，法国政府的财政赤字高达二十五亿里弗。被孟德斯鸠斥为“对自己的百姓贪求无厌”的路易十四，此时早已失去“太阳王”的光辉，甚至在他“驾崩”后，慑于群情激愤，宫廷治丧处不得不乘月昏夜黑偷偷出殡。继位的路易十五（1715—1774）比路易十四有过之而无不及。他有一句传世名言：今生尽够享用，管它身后洪水滔天。他不但自己纵情挥霍，而且豢养四千家贵族长年居住在凡尔赛宫，靡费无度，入不敷出，时人称宫廷为“国家的坟墓”。路易十五为挽救财政破产，任用苏格兰人约翰•劳进行财政改革。约翰•劳兴办银行，滥发纸币以清偿大量国债，又发行西印度公司股票煽动投机狂热，把路易十四以来实行的重商主义经济政策推向极端。结果，约翰•劳的所谓改革在暂时刺激了一下现金流通和信贷发展以后，由于并无充分的工商业基础，纸币迅速贬值，银行在挤兑风潮下倒闭，一些宫廷显贵和大投机商发了横财，许多富有的资产阶级和大量小生产者倾家荡产，法国财政更濒临绝境。孟德斯鸠曾讥讽这一“改革”犹如饮鸩止渴，说约翰•劳以为已使法国恢复了丰腴，其实仅使她肿胀。从十八世纪三十年代到六十年代，法国又参加了历时多年的波兰王位继承战争、奥地利王位继承战争，对英国和普鲁士的七年战争，耗费大量金钱和兵力，并使法国在北美和印度的殖民地都被英国攫取。巨额军费和海外财源大大萎缩，进一步加重了财政危机。

农村普遍凋敝和政府陷入财政困境是一种并发症，它们生动地反映出十八世纪法国社会险恶的经济形势，封建专制王朝陷入了无法摆脱的经济危机。

在经济危机形成的同时，专制王朝的政治形势也日趋黑暗。其主要表现为，在等级森严的封建社会结构中，作为统治阶级的僧侣贵族和世俗贵族，与无权的第三等级广大群众处于尖锐的对立之中。路易十四的长期统治，早已养成许多隐患。路易十五当政以后，王权旁落，行政混乱，机构失灵，贿赂公行。贵族官僚昏庸暴虐，国王公然卖官鬻爵。专制王朝呈现一派末日景象。为了维持摇摇欲坠的封建统治，军队和警察残酷镇压此伏彼起的农民暴动和城市起义，恐怖气氛弥漫全国，社会矛盾空前尖锐。

在思想文化领域，为封建专制制度涂洒灵光圣水的天主教教会势力，肆无忌惮地推行文化专制主义和蒙昧主义，更进一步把法国推入黑暗的深渊。

罗马天主教会是封建制度的国际中心。它建立了严密的封建教阶制，把封建的西欧联合为一个政治体系，使各国的封建王权披上神圣外衣。同时，教会本身就是最有势力的封建领主，拥有天主教世界三分之一的地产。因此，欧洲各国反封建的革命斗争，总是首先向天主教会发难。

天主教是法国的国教，在法国植根极深。远在二世纪时，基督教便传入高卢。五世纪以来，它深入乡村和城镇，广设教区和修道院，建立严密的教会组织，势力遍及社会各领域，成为封建制度的重要组成部分。到了十六世纪，法国人加尔文（1509—1564）受马丁•路德（1488—1546）宗教改革影响，在日内瓦创立新教教会，废除主教制，代之以共和式长老制，以真正法国式的尖锐性突出了宗教改革的资产阶级性质，在法国市民阶层产生广泛影响，形成胡格诺教派。经过三十六年的宗教战争，波旁王朝的创立者亨利四世颁布《南特敕令》，有限度地承认信教自由，才使胡格诺教派暂时取得合法地位，短时间打破天主教会在法国一统天下的局面。十七世纪中叶，法国大约有一百万胡格诺教徒，主要居住在南部、西部、巴黎和亚尔萨斯。新教在资产阶级和城市下层群众中间很有影响，许多工业家、金融家、帮工和手工业者都是胡格诺教徒。1685年，路易十四在天主教会的唆使下，颁布《枫丹白露敕令》，取消亨利四世宽容新教的《南特敕令》，强迫胡格诺教徒改信天主教，再次掀起残害新教徒的狂潮。胡格诺教徒的教堂被拆毁，教士被放逐，礼拜仪式被禁止。宗教迫害迫使几十万新教徒逃离家园，把资本和技术带到瑞士、德国、爱尔兰和荷兰，法国工业因此受到巨大损失。

但是，无论宗教战争、《南特敕令》、《枫丹白露敕令》及其后果，都并未动摇天主教会在法国的绝对统治。在十八世纪，天主教会在法国拥有极大的政治和经济势力。遍布全国的一千七百多座修道院和其他教会组织，拥有大量地产和资金，教会年收入高达三亿五千万里弗。一些大主教年俸三十万里弗，与世俗贵族一样过着奢侈豪华的生活。在政治上，高级僧侣身居政府要职，大权在握，更与世俗贵族结为一体。

正由于天主教会在法国具有这样强大的势力和巨大利益，才可能和必然实行无孔不入的神权统治。在维护封建政权上，天主教会起着特殊重要作用。它利用一切宗教手段，控制人们的思想，支配文化生活，成为专制王朝反动统治的精神支柱。王朝政府则颁布限制言论自由的法令，严禁攻击教会，违者处以极刑。教会教条同时就是政治信条，《圣经》词句在各法庭中都有法律效力。

在法国天主教会中，“耶稣会”僧团充当了教会血腥统治的急先锋。耶稣会在法国有星罗棋布的据点网，不但控制官方舆论，它的一些教士还充当国王和宫廷显贵的忏悔神父。他们手握大权，穷凶极恶地扼杀、扑灭科学与民主自由思想。他们的行动信条是：为了教会的荣誉，一切手段都是好的。1759年，耶稣会为了“纪念”查禁《百科全书》，居然专门铸造了一块纪念牌，上刻十字架蹂躏地球仪和科学书籍的图样，并题字“被蹂躏的无神论者的虚伪和智慧”，由此可见，天主教会的思想统治和文化专制主义达到了多么狂妄的程度。

然而，在科学方兴未艾、民主思想四处传播的十八世纪，天主教会的倒行逆施只能进一步激起进步人士的强烈反对，从而使专制王朝在思想文化领域也陷入了尖锐斗争和深刻危机，而且这方面的危机是促使启蒙运动蓬勃发展的直接原因。

与法国封建制度出现全面危机恰好形成鲜明对照，法国的资本主义在十八世纪得到迅速发展，资产阶级日益壮大，新的生产力和在法国城乡到处出现的新的生产关系要求突破封建上层建筑的束缚，历史的进程把法国资产阶级推向反封建斗争的社会舞台。路易十四推行重商主义，鼓励发展工商业，支持文化艺术活动，目的是增强专制王朝的经济实力，加强王权，巩固中央集权的封建专制制度，客观上为资本主义工商业的发展创造了条件。到了十八世纪，资产阶级羽毛逐渐丰满，与封建统治的矛盾也日益尖锐。富有的资产者不再甘心仅仅充当纳税人以供养高据于社会之上的宫廷显贵和贵族僧侣的角色。封建社会固有的农民与封建主的矛盾和斗争在十八世纪的法国早已极端尖锐，法国资产阶级的日益革命化，更给这种传统的社会矛盾注入了全新的因素。资产阶级开始成为第三等级广大群众反对封建统治的领导者，使这种传统的斗争发生了质的飞跃。旧式的农民反对地主贵族的没有出路的斗争，此时变为以资产阶级为首的第三等级人民大众反对封建主义、创造新世界的自觉运动。第三等级各阶层群众革命力量的壮大既是封建专制王朝爆发全面危机的产物，又为启蒙运动和尔后的社会革命提供了坚实的阶级基础。

具体来说，进入十八世纪，法国成为欧洲除英国以外工商业最发达的国家。法国的城市已有发达的工场手工业，大规模生产提上日程。例如，里昂的丝织工人已有六万五千余人，亚尔萨斯等地的冶金业也有了相当规模。资本主义农场经营开始在北部一些地区发展。封建的生产关系已经成为这种日益壮大的先进生产力的沉重桎梏。衰落的农村自然经济不能为资本主义工商业提供自由劳动力、充分的原料和市场，而关税壁垒、压制自由贸易、封建行会制度扼杀先进技术、当权者巧取豪夺利用重税等手段剥夺资产阶级的利润和资本积累等，已令资产阶级无法忍受。资产阶级已有强大实力，渴望排除进一步发展经济的巨大障碍。他们所代表的先进生产关系已经日趋成熟和巩固，彻底战胜陈腐的封建生产关系并取而代之，符合社会发展的方向。特别是当封建制度发生深刻危机，专制王朝顽固维护僧侣贵族反动统治而加强镇压措施时，更进一步坚定了法国资产阶级的革命立场。例如，在反对天主教会的教权主义问题上，法国资产阶级不可能像他们的德国兄弟那样，通过宗教改革摆脱天主教会的统治，因为法国教会与专制王朝紧密勾结，到处设立宗教裁判所，残酷地实行宗教迫害，这种火与剑的血腥统治，使得法国新教徒胡格诺派只能逃亡国外；在参政问题上，法国资产阶级也不可能像英国市民资产者那样通过妥协与贵族分享政权。早先，他们之中一些人曾重金购买贵族头衔，企图凭借金钱的力量晋身统治阶层。但是路易十四宣布，凡是花钱买来的贵族称号一律作废，即使是在司法界有一定势力的“长袍贵族”，也难以忝列世家贵族行列，从而完全堵死了资产阶级的政治晋身之路。法国资产阶级只能同封建贵族彻底决裂，寻求农民和其他劳动群众的支持，动员整个第三等级的力量同封建势力对抗，用非宗教的、不妥协的、纯粹政治的形式争得自己的地位。这样，作为欧洲近代史上最大的一次资产阶级反封建政治斗争的先导，十八世纪法国启蒙运动便应运而生了。

二、启蒙运动产生的科学背景

十八世纪法国启蒙运动以高扬民主与科学精神著称于世。“民主”自然指的是反对封建专制主义，追求人的解放，争取平等、自由、财产和各项政治权利。各位启蒙大师通过他们各自的理论和学说，从不同角度和各个侧面描述、论证了通达民主的途径、方式和理想，无论是“君主立宪”“社会契约”，还是“三权分立”“人民主权”，诸般学说议论无不浸透对民主的渴望。“科学”既是对偏执迷信而言，以之与教会神学和宗教狂热对抗，又是倡导科学的精神和方法，以理性为旗帜，探索自然的奥秘，宣传教育的功效，期待科学研究在各个领域的突破与发展，追寻精神文明大步前进。

然而，启蒙运动本身即是近代科学发展的产物。启蒙思想家们的热切追求，正有着深厚的科学背景。

欧洲随着中世纪的结束，封建生产方式走向没落和新的资本主义关系的产生，社会经济生活为自然科学的发展提供了强大动力。传统的自然经济极少依赖科学进步，新的资本主义生产方式却需要能尽力发掘自然能力的科学和技术。正像封建专制制度在政治和经济领域与资产阶级发展生产力的要求发生冲突一样，作为封建专制制度精神支柱的天主教会及其宗教神学，也与适应生产力发展需要而诞生的近代科学处于对抗之中。中世纪以来，天主教会迫使科学充当神学的奴婢，把科学禁锢于神学体系之中。1543年，哥白尼（1473—1543）发表《天体运行论》一书，提出太阳中心说，推翻被天主教会奉为正统的托勒密地球中心说，向神学发出了挑战书，从此自然科学日新月异，飞奔向前。

在十七世纪的欧洲，以英国为中心，基础科学和应用科学迅速发展，取得出色成果，并且卓有成效地应用于航海技术和工业生产，显示了强大生命力。各地陆续建立各种科学社团，科学研究日益活跃。英国于1660年成立皇家学会，并且取得重大科学研究成果，在欧洲享有盛誉。路易十四为与英国争雄，也于1666年建立法兰西科学院，重金聘请意大利、荷兰、丹麦等国的科学家到法国工作。路易十四还于1661年下令修建天文台，于1669年责成多米尼克•卡西尼和皮尔卡从事实地划定子午线等宏伟工作。在英法两国带动下，后来，普鲁士和俄国也分别建立了柏林科学院和俄罗斯科学院。科学工作不再是分散的个人活动，而成为有组织的事业和力量。欧洲进入十八世纪前后，自然科学更有重大发展，直接影响了启蒙运动的产生和进程。

概述十八世纪自然科学状况，可以看到如下两个特点：

第一个特点，是数学和力学得到较为完善的发展，实现了科学上的第一次大综合。

数学和力学是文艺复兴以来发展的最基本的自然科学学科。在十七世纪，随着对数、解析几何和微积分的建立，数学方法不断完善。同时，由于不断改进观察和实验手段，重视量的分析，力学的发展日趋精密化，逐渐形成统一完整的力学体系。开普勒（1571—1630）根据精确测算，发现了行星运动的三大规律，指出行星运动的轨道是椭圆形而不是正圆形，太阳则处在椭圆的焦点上，从而对哥白尼体系做了重要修正。伽利略（1564—1642）用望远镜开阔了人类的宇宙视野，并且发现了物体下落定律、惯性定律、抛物体运动定律等重要的力学规律。笛卡尔（1596—1650）深入研究了动力学，做出了对物质的广延、动量、质量、时间、空间等基本力学范畴的科学阐述，并且提出了动量守恒假说，宣称："给我运动和广延，我就能构造出世界。"他的天体旋涡运动的假说，虽然缺乏科学的论证，却是企图把天体运动归结为受统一的力学规律支配的勇敢尝试。然而，以上这些成就都还是孤立的、分散的、零散的。对所有数学和力学成果进行科学上的首次大综合，把地球上的物体和天体联结起来，根据物质的普遍运动规律进行精确概括，确立完整的力学体系，这一艰巨科学课题终于由生活于十七、十八世纪之交的英国伟大科学家牛顿完成。

牛顿（1642—1727）是经典物理学的奠基人。英国资产阶级革命成功后的社会环境，为他从事科学活动提供了良好条件。他在数学和物理学领域进行深入的创造性研究，取得了辉煌成就。这些成就，集中体现在他1687年出版的《自然哲学的数学原理》一书中。牛顿概括出三条动力学基本定律，即惯性定律、加速度定律和作用与反作用力相等定律，提出了万有引力学说，证明了无论是地球上的物体还是天体，都服从普遍一致的运动规律。牛顿用严密的数学方法，精确地描述了整个宇宙体系按照严格的自然规律构造和运动的和谐图景。错综复杂、神秘遥远的天体运动现象，全都可以科学地理解和预测。就连过去认为神奇莫测、象征灾异的彗星，也可以描绘出它的运动轨迹。牛顿确立的经典物理学，使人们可以比较科学地认识物质世界的统一性和物质运动的普遍规律，在科学和哲学上都具有重大意义。但是，牛顿学说也有缺陷。首先是它的形而上学局限性。牛顿解释的绝对空间、绝对时间，是与物质运动割裂的，他不了解时间空间不过是物质运动的存在方式，时空与物质不可分离；他只从机械运动的角度，把宇宙解释成为一部硕大无比的机器，开天辟地以来就是如此，没有演化的历史，不了解除机械运动之外物质还有其他运动形式，而且后来的科学发现证明宇宙处于永恒的发展、变化、运动之中；他认为物质运动的原因来自外力，要靠神的“第一推动力”来敲响“宇宙的时钟”，并且要靠神经常对天体做些调整，来解释当时还不能科学地予以说明的土星、木星运动不甚规则的现象。尽管如此，牛顿学说是科学上的一次重大革命，它支持、推动物理学发展达两百年之久。正是牛顿在十八世纪培育的法国启蒙思想，使之成为法国唯物主义哲学的科学基础。牛顿的学说是对宗教神学的沉重打击。

许多法国启蒙思想家都是牛顿学说的忠实信徒和热情传播者。伏尔泰首开其端。他在十八世纪三十年代分别出版的《哲学通信》和《牛顿哲学原理》两部著作中热情地介绍牛顿，对在法国思想界和科学界传播牛顿学说产生巨大影响。牛顿学说以其严谨、精确的科学性征服了法国的进步知识分子。例如，牛顿认为地球赤道处的引力比两极附近的引力小，因此地球的形状不是正圆形，而是一个扁平的球，在南北两极较平，在赤道凸出来。这一见解在法国科学院引起激烈争论。启蒙学者、科学家莫柏都依（1693—1759）原先怀疑牛顿的说法，为弄清地球的真实面貌，以便准确测定经纬，莫柏都依等人组织了远征队，分别赴拉普兰和秘鲁测量当地一度经线的弧长，结果证明牛顿的见解是正确的。莫柏都依从此成为牛顿学说的热心倡导者。除伏尔泰、莫柏都依之外，其他法国启蒙学者如狄德罗（1713—1784）、霍尔巴赫（1723—1789）等人，都致力于传播牛顿学说，并从唯物主义无神论角度进行总结和哲学概括，使之成为同宗教神学作战的犀利武器。

牛顿学说不仅以其科学性启迪人的心智，以其精确性戳穿宗教神学的荒诞体系，从而为法国启蒙学者提供了与天主教会和群众性的宗教迷信斗争的利剑，使启蒙学说具有坚实的科学基础，而且它本身也在启蒙运动中得到完善和发展，从而增强了十八世纪法国人对牛顿的服膺和科学的信赖。在启蒙精神熏陶下成长起来的法国科学家欧勒（1707—1783）、拉格朗日（1736—1813），以及拉普拉斯（1749—1827）等人，都对发展牛顿学说做出重要贡献。例如，拉普拉斯在1770年以后仔细研究天体结构，证明太阳系是一个完善的可自行调节的天体系统，所谓土星和木星运行轨道不规则变动，原来只是它们的引力相互作用的结果，并不需要牛顿请上帝做局部调整。拉普拉斯还提出了著名的太阳系星云起源的假说，提出天体并非亘古以来永存不变，而有其自身演化的历史。据说拿破仑（1769—1821）曾问拉普拉斯，他在自己《宇宙体系论》这部著作中为什么不提上帝是宇宙的创造者，拉普拉斯直率回答说："我不需要那个'假设'。"

十八世纪自然科学发展的第二个特点，是此时除数学和力学得到比较充分的发展以外，其他各门科学处在搜集、整理材料阶段，开始形成独立的学科，取得了不同程度的进展，自然科学开始出现全面发展的趋势。

化学已经从炼金术中解放出来。十八世纪上半叶，化学家之间还盛行燃素说，到了下半叶，法国的拉瓦锡（1743—1794）发现了空气中的氧，奠定了实验化学的基础。地质说处于矿物调查阶段。探险航行和地形勘察结合，形成了系统的地理学。哈维（1578—1657）最终证实了血液循环学说，推动了生理解剖研究。在搜集、整理材料方面，生物学进展较快。瑞典植物分类学家林奈（1707—1778）运用人为分类方法，详细确定了一万八千种植物。但是他宣传物种不变理论，与牛顿一起成为十八世纪形而上学自然观的代表。法国启蒙学者、生物学家布封不同意林奈的分类法和物种不变论，在其1749年出版的巨著《自然史》中，提出自然分类法，运用比较解剖学的方法研究生物之间的亲缘关系，指出生物有演化的历史，生物界是一根由演化相连续的链条。布封显然已为十九世纪的达尔文（1809—1882）进化论做了准备。

在数学和力学比较完备，其他学科也开始形成或有重大进展的状况下，十八世纪的科学家和哲学家试图揭示各门具体科学之间的相互联系，形成关于自然的统一知识体系。生物学家布封提出自然界是统一的。哲学家狄德罗认为自然界中一切事物都以不被察觉的差异而彼此连续。他们编撰《百科全书》，就是试图建立一切科学和一切技术的谱系，体现组成自然界的那些事物或远或近的联系，把以往的科学成果作为相互联系的统一整体，作为“人类知识之树”表现出来。然而由于在十八世纪自然科学的各个学科大多尚未充分发展，它们之间的内在联系还只是初现端倪，因此十八世纪的科学家和哲学家还未能掌握自然界各种运动形势之间的辩证关系。他们理解的“知识之树”，他们构造的自然知识体系，还带有较大的主观性和虚构成分。他们看到了各门科学的联系，却还不了解它们之间怎样联系，所以只能把它们简单地并列起来，只能采取百科全书的形式。

这就是十八世纪法国启蒙运动产生和发展的科学背景。这就是法国启蒙思想萌发、生长的自然科学土壤。这一背景和生长土壤，深刻影响了启蒙思想的内涵。

科学促使法国启蒙运动洋溢着崇尚理性、确信社会进步的乐观主义精神。杰出的科学成果及其广泛应用，推动着生产技术的进步。这使启蒙思想家们深信，人只要从屈服于神转而面向自然、征服自然，就能从愚昧和迷信中解放出来，获得巨大力量，推动社会前进。科学的本质就是启蒙，启蒙必须依靠科学。科学能揭示自然之光，也能点燃理性之光，引导人们从黑暗走向光明。法国启蒙思想家是科学战士，他们大力倡导科学精神，研究自然科学，传播科学知识，力图以此来促进社会革新。

科学为法国启蒙学者提供了批判宗教神学的有力武器。十七、十八世纪自然科学的长足进步，使许多神学教条不攻自破。科学使客观世界物质统一性的本来面貌日益清晰地展现在人们面前，宗教信仰体系的荒诞不经便易于为人们认识。崇尚科学的法国启蒙思想家运用科学的武器，批判天主教信仰主义和蒙昧主义，不仅具有摧枯拉朽的气势，而且得心应手、攻无不克。科学既是启蒙思想家的追求，也是他们劈向天主教会和宗教神学的利剑。

三、启蒙运动的发展过程

启蒙运动发轫于十八世纪二十年代，经历了一个发生、发展和达到高潮的过程，直到1789年法国大革命爆发，一场思想革命终于引发为政治革命，加上它的准备阶段，前后近百年，涉及哲学、政治学、经济学、文学艺术、科学教育各个思想领域，先后约有两百位启蒙学者参加，是西欧近代最壮观的一次文化革命。

启蒙运动的准备阶段早在十七世纪就开始了。继笛卡尔之后，十七世纪法国哲学家皮埃尔·贝尔（1647—1706）以怀疑论为武器，针对天主教信仰体系发起攻击，对后来许多启蒙学者思想的形成起了很大作用。特别是他的《历史批判词典》一书，更产生了深远影响。贝尔提出，天主教道德充满了虚伪和欺骗，而无神论者却可能拥有十分高尚的品德，因而一个由无神论者组成的社会是可能的。贝尔的论断打破了对教会所宣扬的蒙昧主义的盲目信仰，批驳了教士们对无神论者的肆意诬蔑，被十八世纪的进步思想家广为引用。同时，贝尔的朋友、著名科学家丰特涅尔（1657—1757）也为呼唤新世纪思想风暴的来临做出了贡献。丰特涅尔一生小心谨慎，避免公开抨击封建制度，却致力于传播先进的自然科学知识。他写了《关于宇宙的众多性的谈话》《传说的起源》《神谕的历史》等通俗著作，宣传哥白尼和伽利略的思想、笛卡尔的物理学及伽桑狄（1592—1655）的原子论，对宗教神学和被教会奉为颠扑不破的真理的许多陈腐说教发动进攻，从而用科学思想熏陶了新一代启蒙学者。

进入十八世纪，启蒙运动正式展开。发难者是一位造反的天主教神父让·梅里叶（1664—1729）。梅里叶本是一位默默无闻的乡村神父，临终留下三卷巨著《遗书》，公开了自己隐藏多年的真实思想。他坚决否定一切宗教和教会，尖锐批判天主教教义，无情揭露教会和专制王朝狼狈为奸，长期蒙骗、盘剥人民的反动本质，号召人民高举无神论大旗奋起斗争，推翻国王和贵族的统治，打碎天主教加诸法国社会的精神枷锁。他预言一个彻底平等和普遍幸福的理想社会必将来临。

《遗书》的内容表明，批判教权主义和专制制度的根本任务，决定了启蒙运动必然围绕着哲学和社会政治问题两大领域展开，梅里叶作为它的开路先锋，紧扣运动的这一主题，为运动的全过程创造了一个良好的开端。同时，《遗书》的内容还表明，梅里叶不仅热烈反对封建制度，而且反对一切剥削压迫，概括了第三等级中破产农民和无产者群众的要求，从而生动地体现出启蒙运动具有极为广泛的群众基础。

如果说梅里叶吹响了新时代的号角，紧接着便有两员大将出现在历史的前沿，这就是伏尔泰（1694—1778）和孟德斯鸠（1689—1755）。

伏尔泰从十八世纪二十年代起投身于反封建的思想斗争，至法国大革命爆发前十年逝世，在启蒙运动中积极活动了一生。无论从奋斗时间之长和著作数量之巨，还是从斗争范围之广和思想影响之大来说，伏尔泰都是启蒙运动无可争辩的领袖。由于评价和分析伏尔泰的生平、著作、思想是本书主旨，后文将分专题向读者详细交代，因此关于伏尔泰个人，此处暂不赘述。

孟德斯鸠出身贵族世家，还继承了男爵爵位和波尔多法院院长的世袭职务，但他是封建阶级的叛逆者。当大多数像他这样的贵族都在极力维护专制王朝的反动统治的时候，孟德斯鸠却感受到时代精神，投身于资产阶级思想革命的洪流。十年法院院长的阅历和后来长期而专注的社会考察，使他深刻了解到封建秩序的黑暗、封建法律的弊端和专制制度造成的社会苦难。他通过《波斯人信札》《罗马盛衰原因论》《论法的精神》等著作，一方面无情地揭露、讽喻专制王朝的腐败和僧俗贵族的罪恶，另一方面认真探寻历史发展的规律性，试图从理论上论证专制制度必然灭亡和社会革新势在必行。

孟德斯鸠对启蒙运动的最大贡献，是他具体规划了资产阶级国家的政治模式和各项基本制度，特别是他发展约翰•洛克（1632—1704）的分权思想，建立了三权分立的政治学说。英国十七世纪哲学家洛克在其政治著作《政府论》中提出，应实行民主和法制，国家机构必须分权，实行立法权、联邦权（对外事务权）和行政权分立。孟德斯鸠发展洛克的主张，更明确地提出了立法权、司法权、行政权三权分立的原则。他认为立法权应“由人民集体享有”，司法独立，君主享有行政权，但不得超越立法和司法，否则就会形成专制统治。

孟德斯鸠的三权分立学说，虽然具有某些对君主和贵族妥协的内容，是在他所力主的君主立宪制政治主张的框架内设计的，但它解决国家权力机构内部相互关系的办法周详合理，在一定条件下普遍适用于资本主义制度，因而为以后美国、法国等许多资本主义国家权力机构的建立提供了系统的政治理论和设计蓝图。唯其如此，孟德斯鸠被公认为堪与伏尔泰媲美的启蒙学者。

十八世纪中叶，代表第三等级内不同阶级和阶层利益的启蒙学者竞相出现。其中最引人瞩目的，是小资产阶级的思想代表、激进的民主主义思想家卢梭。

卢梭（1712—1778），祖籍法国，出生于日内瓦一个钟表匠家庭。由于家境贫寒，卢梭从青少年时代起就过着饥寒交迫、浪迹天涯的生活。这种经历使他得以广泛接触社会，体察封建专制统治的黑暗和社会不平等，培养了他反对剥削压迫、争取民主自由的革命情绪。卢梭1741年来到巴黎，1749年因应征论文《论科学与艺术》获奖而声誉鹊起。在这篇论文中，卢梭提出文明进步造成人类堕落和社会苦难的新奇论点，在思想界引起长期争论。以后十几年，卢梭又连续发表《论人类不平等的起源和基础》《社会契约论》《新爱洛伊斯》《爱弥儿》等几部代表作，建立了一个代表十八世纪法国平民和小资产阶级利益的思想体系，其核心是反对封建专制制度和社会不平等、倡导人民主权论的激进的民主主义思想。

卢梭不同意霍布斯（1588—1679）等人用社会契约思想为君主专制辩护的观点，认为在按照这种“契约”建立的君主制政体中，所看到的只是一个主人和一群奴隶，看不到人民和他们的首领。他认为真正的社会契约，不是人民向统治者“转让自由”，而是人民与人民自己结成的政治共同体订立契约，因而“人民作为整体来说就是主权者”。这种社会契约并没有摧毁自然的平等，而是把它发展为道德和法律的平等。卢梭强调的是“主权在民”的原则，反对君主专制，倡导民主共和。

在启蒙运动中，卢梭的思想引起巨大社会反响。他的社会契约论和人民主权论成为第三等级中中下层群众的理论旗帜，并在后来发生的法国大革命中一度成为居支配地位的革命思想，在《人权宣言》和雅各宾专政时期的政策中得到鲜明反映。罗伯斯庇尔（1758—1794）本人就是卢梭思想的热烈信徒。

启蒙运动经过伏尔泰、孟德斯鸠和后来卢梭的发动、引导，声势壮大，深入人心，给天主教会和专制王朝政权以沉重打击，影响和教育了广大进步青年，新一代启蒙学者大量出现，十八世纪五十年代以后逐渐走向高潮。

高潮到来的标志，是著名的《百科全书》的编辑和出版。

《百科全书》全名《百科全书，或科学、艺术、技艺详解词典》，共三十五卷。其中，前二十八卷词典正文（包括图片十一卷），从1751年第一卷问世起，直到1772年才出齐。前七卷由哲学家狄德罗（1713—1784）和科学家达朗贝尔（1717—1783）共同主编，第八卷到第二十八卷由狄德罗一人主编完成。后来，孔多塞（1743—1794）和哈勒等人又续编了补遗五卷和索引二卷，分别于1776年至1777年和1780

年出版，总计历时三十年。

《百科全书》既是启蒙运动的丰硕成果，又是促进运动深入发展的强大动力。围绕《百科全书》出版发行所展开的激烈斗争，是启蒙运动全部进程的中心环节。而编撰《百科全书》，则为形成和巩固反对封建专制和教权主义联合战线提供了极好的机会和恰当的形式。《百科全书》汇集了当时自然科学和社会科学的最新成果，也团结了思想领域一切反封建的战士。它用科学成果对抗宗教迷误，它用民主理想反对专制统治，它沉重打击了封建势力，也对人民进行了深入持久的教育，在当时和后世产生了重大影响。唯其如此，参加编撰《百科全书》的启蒙思想家，被人们尊称为“百科全书派”。

三十年间，前后参加《百科全书》编辑部工作的有三十余人，撰稿者多达一百六十人以上。这近两百人的队伍，就是百科全书派的全部阵容。绝大部分启蒙学者都汇集在《百科全书》的旗帜下，团结奋斗，组成了极为广泛的反封建阵线。其中，既有老一代启蒙学者伏尔泰、孟德斯鸠和中途因意见分歧决裂而去的卢梭，也包括自然科学家达朗贝尔和布封、孔多塞、哈勒，哲学家孔狄亚克（1715—1780）、奈戎，文学家马尔蒙代尔、博马舍（1732—1799），以及重农学派的政治经济学家魁奈和杜尔阁等人。百科全书派的核心人物是以狄德罗为首的几位唯物主义哲学家，即狄德罗、拉·梅特里（1709—1751）、爱尔维修（1715—1771）、霍尔巴赫等人。他们公开宣扬唯物论和无神论，为《百科全书》奠定了坚实的哲学基础，在批判宗教神学和教权主义的斗争中最坚决、最彻底，是启蒙运动高潮时期的中坚力量。特别是《百科全书》的主编狄德罗，为《百科全书》的编撰出版呕心沥血、艰苦奋斗几十年，在伏尔泰等老一辈启蒙思想家和众多年轻进步学者的支持下，克服各种困难，顶住教会、政府和反动文人几次三番、各种形式的迫害，冲破一道道禁令，终于按计划全部出齐，既成就了一桩近代科学史上的空前盛事，也为法国启蒙运动树立了一座历史丰碑。

《百科全书》是一部鸿篇巨制。它不但卷帙浩繁、图文并茂，而且几乎囊括了十八世纪中叶以前欧洲人所取得的全部科学成果，立足于当时哲学和自然科学的最高水平，对各个领域的学术和技术做了一次全面总结。具体来讲，《百科全书》所取得的成绩可以按如下三个问题分述：**第一，科学价值。**《百科全书》以大量篇幅刊载自然科学条目，而且大多是约请当时杰出的学者和专家撰写的，反映了十八世纪科学和技术的最新成果，对促进自然科学的进一步发展和科学知识的普及起了很大作用，直到今天，仍然是研究科学技术史的重要参考书。尤其可贵的是，《百科全书》十分注重选载实用科技资料，对当时各种工艺和技术、各种工具和机械的制造与操作都有详细说明和图解，真实地记录了十八世纪欧洲工农业发展的水平。**第二，文献价值。**《百科全书》全面记载了十八世纪法国的社会面貌，对封建制度衰亡时期的政治、经济、文化、宗教、典章制度、生活习惯、社会风情等，无不设立专门词条予以记述，为后世描绘了一幅启蒙时代法国社会的风俗画，对今天我们了解当时法国的经济生活、阶级关系、文化艺术，乃至人们的精神面貌，都是难得的历史文献。**第三，启蒙价值**。《百科全书》并不是一部纯科技辞典或人文科学词条汇编，而是十八世纪法国启蒙运动中各个领域的启蒙学者共同锻造的战斗武器。它的编纂具有明确的政治目的。它是一部“战争机器”。它以科学和民主为旗帜，向封建的经济基础和上层建筑展开全面进攻，既重点打击宗教势力和专制统治，又横扫与封建制度共生的一切旧传统、旧观点、旧文化，为新世界的诞生做充分的思想准备。因此，在《百科全书》的全部历史价值中，在启蒙运动中发挥现实的战斗作用是它的最大价值。它的体例、内容、影响，都体现着这种战争精神。

启蒙运动进入高潮，引起社会各方瞩目，也牵动了统治阶层中一部分具有改革意识的贵族和官员。这些来自上层的开明人士，企图以经济改革的理论和实践挽救危机深重的法国社会，谋求向资本主义制度的过渡和发展。他们力图既不触及封建专制政权，又能克服发展资本主义的重重障碍，确立本质上是资本主义的社会秩序。这就是以魁奈、杜尔阁为代表的政治经济学重农学派。

魁奈（1694—1774）出生在一个小地主家庭，受到启蒙运动中科学思潮的熏陶，之后成为著名医生。他在1749年被任命为宫廷侍医，1752年被封为贵族。他身居凡尔赛宫，广泛接触政界人士和思想家，对法国政治经济情况比较熟悉。1753年，他年届六十高龄时，开始转而研究经济问题，并为《百科全书》撰稿。1758年，魁奈发表了著名的《经济表》，书中剖析了资本主义生产方式，系统地表述了重农主义经济体系和政策，成为建立重农学派的基本纲领。魁奈认为，经济规律是整个自然秩序的核心内容，经济学是“作为社会制度的基础的伟大学科”。他主张从经济事实出发，同科学的抽象相结合，来探寻社会生活中的经济规律。魁奈强调，经济研究的重心应从流通领域移向生产领域。他认为经济学研究的最主要对象是农业生产。因为土地是财富的唯一源泉，农业是唯一的生产部门，农业生产是唯一的生产性劳动。魁奈根据重农主义理论，向封建统治者提出了一系列经济改革政策。例如，以经营者向地主租地的方式发展资本主义大农业，改造封建的自然经济，提倡自由竞争和自由贸易，实行只向地主征税的“单一税”制等。魁奈在晚年领导重农学派积极活动，力图实行社会经济改革。

重农学派的另一杰出代表杜尔阁（1727—1781），出生于一个资产阶级化的贵族家庭，受到启蒙思想和魁奈重农学说的影响，成为重农主义者。杜尔阁于1766年写成其代表作《关于财富的形成和分配的考察》，系统地阐述并发展了重农主义学说。1774年，他出任财政大臣，大力推行重农主义的改革，主要内容为：取消对国内谷物贸易的限制，建立国内的谷物自由贸易，减少输入城市的粮食税，并把这种税转派到封建特权者身上；以赋税代替徭役，取消农民的徭役义务，代之以向贵族地主征收道路税；实行酒类贸易自由，取消封建领主的专利权。杜尔阁的改革遭到封建特权阶级的强烈反对。1776年，他被免职，全部改革化为泡影。

启蒙运动无疑是一场反封建的资产阶级运动。启蒙运动的理论基础、思想主导、矛头所向、领袖人物和基本队伍都说明了这一点。但是，它同时又汇集了第三等级中各个阶级和阶层的力量，而且运动伊始就显示出，无财产的贫苦群众的思想代表，使这场运动超出资产阶级的眼界而具有十分激进的性质。这一特点不仅经过小资产阶级的思想代表卢梭的发扬，极大地影响了后来法国大革命的历史进程，而且由于运动高潮时期涌现了马布利、摩莱里的乌托邦社会主义理论，使这场思想斗争的批判精神更为激烈。

马布利（1709—1785）是十八世纪法国著名的历史学家和政治理论家，出生于一个司法界贵族家庭。在启蒙运动中，这个家庭是非常有名的，出了好几位启蒙思想家：百科全书派哲学家孔狄亚克是马布利的胞弟，《百科全书》主编之一达朗贝尔是马布利的堂弟。马布利的著作很多，《马布利全集》有十五卷之巨。在大量著述中，马布利不仅从政治历史的角度表达了他反对封建秩序的启蒙思想，而且通过讨论现实政治经济问题反映了他的乌托邦的（即空想的）社会主义思想。

摩莱里是启蒙思想家中最神秘的一个人物，至今人们对他的情况所知甚少。他的著作或者匿名发表，或者只署一个大写字母M和六个星花符号。经过摩莱里的研究者多年考证，知道十八世纪四十年代到七十年代出版的八部著作是他的手笔。它们是《人类理智论》《人心论》《美的物理学》《君主论》《巴齐里阿达》《自然法典》《路易十四书信集》《伊曼复仇》。这些著作内容涉及哲学、教育学、美学、历史、政治、法律等许多领域，其中《自然法典》和《巴齐里阿达》最为著名。

马布利和摩莱里继承梅里叶的政治思想，把反对封建主义推进到完全否定私有财产制度，憧憬一种实行财产公有，人们之间不仅在法律和政治上，而且在经济上也实现彻底平等的社会。在十八世纪的法国，历史所呼唤的是推翻封建统治，实现资本主义，马布利和摩莱里的政治理念无疑是一种空想。但是他们反映了法国当时无财产的贫苦群众的心声，表明随着启蒙运动高潮的到来，启蒙思想已经深入社会下层，生动地显示出这一场思想革命的人民性和群众性，第三等级已经全都被发动起来。

总之，通过众多启蒙学者的宣传和实践活动，通过《百科全书》的编撰、出版、发行过程中持续多年的斗争，启蒙运动蓬勃发展，人民日益觉醒，运动所倡导的科学和民主精神深入人心，天主教会受到沉重打击，专制王朝人心丧尽。1778年，巴黎发生的一个戏剧性事件可以充分反映出，启蒙运动由几簇思想火花终于燃起燎原大火的历史辩证法——这一年，被迫在外流亡半生的伏尔泰，以八十四岁高龄不顾禁令重返巴黎，受到首都人民的热烈欢迎。群众迎接这位启蒙泰斗的狂热场面，形同对封建势力的一次声势浩大的示威，极端仇视伏尔泰的天主教会和王朝政府，这次再也不敢将他逮捕或驱逐，预示了一场彻底摧毁封建关系的人民革命风暴即将来临。

四、启蒙运动的基本特征

十八世纪法国启蒙运动虽然持续时间很长，有几代启蒙学者参加，各个启蒙思想家又有不同阶级、阶层和社会关系背景，在许多具体问题上存在各不相同的意见，甚至彼此之间也不断发生争吵、分化和决裂事件，而且由于仅是一次思想文化运动，并没有统一的组织形式，百年之间始终保持着自发性质，但是透过这些表面现象，我们却可以发现这场思想革命具有极为鲜明的历史个性。时代的要求决定了它产生的历史必然性，也同样决定了它发展过程的基本特征。

首先，作为一次资产阶级和第三等级其他群众的思想代表联合起来共同反对封建势力的运动，启蒙运动近一个世纪的发展从来没有偏离自己的目标，始终如一地把斗争矛头对准封建专制制度和为这种制度辩护的天主教会势力。各个启蒙思想家之间尽管有分歧、有争论，但凡是涉及与封建势力斗争，他们总是采取共同行动；各个启蒙学者从不同角度，根据自己在各自研究的文化领域的具体情况和条件，自始至终把主要攻击、批判的锋芒对准天主教会和专制王朝，用理论的、文艺的、科学的各种思想武器，与专制主义、教权主义、蒙昧主义、信仰主义斗争。他们高唱“理性”的赞歌，向往“理性的王国”，呼唤用理性的阳光驱逐现实的黑暗，消灭专制王权、贵族特权和等级制度，追求政治民主、权利平等和个人自由。

其次，启蒙运动之所以百年之间保持了明确的斗争目标，除历史发展的客观要求这一根本原因之外，各位启蒙学者之间有共同的哲学基础作为各自学说的根据，也是极为重要的因素。在参加反封建思想阵线的各位启蒙学者中间，虽然大部分是自然科学家或历史学家、政治学家、经济学家、文学家，甚至包括空想社会主义者和某些宗教学者，哲学家人数并不多，但是批判封建统治的精神支柱天主教神学和十七世纪唯心主义形而上学的斗争需要，决定了哲学是启蒙活动的主要领域，哲学家构成了启蒙队伍的主力、核心、先锋和领袖。梅里叶、伏尔泰、卢梭、狄德罗、爱尔维修等人在启蒙运动中的主导作用，在当时就是公认的。即使是那些没有专门哲学著作的启蒙学者，也有着大体一致的哲学信仰。他们的启蒙思想的哲学基础，就是广泛吸收自然科学最新成果和继承笛卡尔的物理学、洛克的经验论而形成的唯物主义的自然观和认识论。这种以伏尔泰、狄德罗、霍尔巴赫等人为代表的唯物主义科学，有自然神论和公开的无神论两种表现形式，它们不仅在运动发展的不同阶段都成为批判宗教神学的有力武器，而且构成启蒙运动始终没有偏离目标的理论保障。如果说在十八世纪的法国哲学革命做了政治革命的先导，那么它首先也做了启蒙运动这场思想革命的先导。

再次，各个启蒙思想家之间不但有基本相同的哲学思想作为理论基础，而且也有大体一致的政治追求作为行动纲领。这一特征，可以从两方面分析。一方面，所有启蒙思想家的社会思想和政治主张，都建立在当时流行的自然法理论之上。无论是伏尔泰、孟德斯鸠、卢梭、狄德罗、魁奈、杜尔阁，还是马布利、摩莱里，都根据所谓“自然状态”或“自然法权”论来阐发自己的社会历史观和政治思想，他们之间的真正区别，只是都企图根据同一社会理论论证不同政治思想的合理性和必然性。另一方面，除去并列于启蒙学者行列的空想社会主义者反对封建统治的同时也否定资本主义，因而具有特殊性之外，绝大部分启蒙思想家所共同信仰和追求的，都是自由、平等、博爱原则，他们之间尽管存在着主张仿效英国实行君主立宪（伏尔泰、孟德斯鸠、狄德罗等）和推翻君主制、建立民主共和国（卢梭）之争，但那只是关于建立怎样一种资本主义政权形式的不同主张，在取代封建统治建立资产阶级国家问题上都是一致的。他们之间的分歧是所谓“政体”问题而不是“国体”问题。

最后，启蒙运动的基本特征之一，还在于这场长期的思想文化运动，不仅有着深厚、广泛的群众基础，而且也是直接面向群众，以整个第三等级的广大群众为宣传对象的。启蒙学者自觉地以向群众做宣传工作即“启迪民智”为己任。他们宣传科学思想，以广大青年为对象；他们反对宗教狂热和宗教偏执，揭露教会黑暗和教士罪行，也以法国信仰天主教和新教的绝大多数居民为对象。在宣传教育，即“启蒙”的形式和手段上，他们不仅完成了许多专门的学术性、理论性著作，出版了普及科学知识的《百科全书》，而且面向社会，面向群众，大量出版发行通俗易懂的文章和小册子，并多方面利用小说、戏剧、诗歌等接近大众的文艺形式，力求让更多的群众接受教育。这些思想敏锐、学识渊博和才华横溢的思想战士，绝大多数都是令后人惊异的多面手。数学家也写哲学著作，政治理论家可以创作充满浪漫情调的文学作品，而哲学家不但写小说，写长诗，也写剧本。孟德斯鸠、卢梭、狄德罗、达朗贝尔、博马舍等莫不如是。这一群天才人物的导师和领袖伏尔泰更是一个典型。他不但在哲学领域由于介绍和宣传洛克的唯物主义经验论而开辟了法国哲学的新时代，还有着有多部哲学专著；在史学领域，因史学理论上的创新和完成多部功力深厚的历史著作而成为举世公认的历史学家，年纪很轻就以大量讽刺诗和好几部长诗、史诗独步法国诗坛，同时又写了许多轰动一时的悲剧、喜剧和歌剧，而且令人叫绝的是，他不但是这些剧作的“编剧”，有时竟也能登场亲自扮演某一角色。此外，他还创作了几十篇别开生面的中短篇小说，成为启蒙文学的杰作，至今享有盛誉。

五、启蒙运动的历史意义

十八世纪法国启蒙运动犹如一部气势磅礴的历史交响乐，深刻地反映了法国以资产阶级为首的第三等级广大群众反对封建秩序的时代精神，在社会发展史和人类思想史上写下了灿烂的篇章，不仅对法国，也对世界近代历史的发展产生了广泛而深远的影响，具有重大历史意义。具体来说，可以概括为如下四个方面：

（一）启蒙运动为法国大革命做了充分的思想准备

十八世纪法国启蒙运动是在法国封建专制制度陷入政治、经济和思想文化全面危机的情况下发生和发展的。它是封建专制统治和宗教压迫的直接产物。它批判的对象也是封建制度及其精神支柱天主教教会势力。这种规模宏大、斗争深入的思想革命，必然成为政治革命的先导。在启蒙运动中，形成了系统的、成熟的民主革命的理论，启发、教育了广大群众，并激起了群众运动的巨浪，涤荡封建意识，冲击封建制度，为资产阶级发动武装起义夺取政权创造了理论的、思想的和群众的有利条件。1789年爆发的法国大革命之所以能在欧洲资产阶级与封建势力的几次大搏斗中表现得最坚决最彻底，启蒙运动为它做了充分的思想准备，是一个重要因素。

（二）十八世纪法国启蒙运动是整个欧洲启蒙思潮的中心

近代欧洲各国在完成资产阶级政治革命之前，都经历了启蒙运动的思想变革。文艺复兴就是早期资产阶级的启蒙运动，十七世纪的进步哲学家、思想家更为十八世纪法国启蒙大军探索了道路。但是这些早期的启蒙运动，限于当时的历史条件和阶级条件，活动比较分散，理论不够成熟，反封建带有妥协性。十八世纪法国启蒙运动则不同，它的力量雄厚壮大，扫荡封建意识猛烈无情，展示的新思想、新理论绚丽多彩，直接影响和推动了德国、俄国等封建大国中启蒙思潮的传播。在德国，产生了“狂飙运动”，莱辛（1729—1781）、歌德（1749—1832）、席勒（1759—1805）领导的文学革命和康德（1724—1804）开启的哲学革命；在俄国，促进了普希金（1799—1837）、拉吉舍夫（1749—1802）反对封建农奴制的思想斗争和十二月党人的活动；在意大利，诱导、启发产生了许多启蒙社团，它们的主要领导者都自称是十八世纪法国启蒙思想家的信徒和学生。

（三）推动、影响了欧洲和北美的民主革命和独立战争

法国启蒙运动中提出的许多原则和理论，例如孟德斯鸠的三权分立学说，卢梭的人民主权论和许多法国启蒙学者都倡导的平等、自由、民主、博爱和天赋人权等思想，在欧美各地迅速传播，有力地促进了当地资产阶级民主革命的进程。特别是在美国，表现得十分鲜明。法国启蒙运动还在蓬勃发展之际，北美十三州爆发独立战争，1776年通过的由杰斐逊（1743—1826）起草的《独立宣言》，许多思想来源于洛克的政治学说，同时也受到卢梭的深刻影响。《独立宣言》宣称：人有生而平等、自由和追求幸福的天赋人权。正是为保障这些权利才建立政府，而政府的正当权利是被治理的人民授予的。任何政府一旦损害到这些权利，人民就有权改换它或废除它，成立新的政府。这些作为美国立国之本的理论和原则，不正是卢梭和其他法国启蒙学者所创立的社会理论和所倡言的政治理想的美洲版吗？《独立宣言》受卢梭影响之深，更可以从这样一个事实看出来：与后来颁布的美国宪法不同，《独立宣言》没有把私有财产权列为人类的“自然权利”，这种做法恰与卢梭的学说完全吻合。

（四）十八世纪法国启蒙运动中涌现的哲学和政治理论，是一笔重要历史遗产和人类思想发展史的一个重要环节

十八世纪法国启蒙思想家在哲学领域，把机械唯物主义发展到顶峰，有的哲学家如狄德罗和卢梭的哲学思想里还有辩证法因素，对哲学发展做出贡献，直接影响了德国古典哲学的产生。德国古典哲学就是法国革命的德国理论。从康

德到费尔巴哈（1804—1872）都深受法国哲学的影响。费尔巴哈的人本主义，更是对法国唯物主义在发展基础上的“复归”。在经济学领域，法国启蒙运动中的重农学派是古典政治经济学的创始者。英国的亚当•斯密（1723—1790）和李嘉图（1772—1823）的古典政治经济学理论，正是吸收和改造了重农学派的基本理论而建立起来的。在美学和科学艺术领域，西欧从新古典主义到浪漫主义的过渡，正是通过十八世纪法国启蒙运动中产生的美学理论和文艺创作实践作为过渡阶段而完成的，伏尔泰、狄德罗等人对此做出了重要贡献。以伏尔泰的哲理小说和博马舍的《费加罗的婚礼》为代表的一批启蒙时代的文艺作品，至今为世界各国人民所熟悉、欣赏和珍爱。

十八世纪法国启蒙运动所提出的口号、思想和原则，由于其鲜明的反封建性质，在中国也产生过历史的回响。百余年来，法国启蒙思想家的名著不断被介绍到中国来，启发和鼓舞过不止一代忧国忧民的仁人志士。康有为（1858—1927）的变法维新，孙中山（1866—1925）的思想和实践，辛亥革命所追求的政治理想，“五四”新文化运动对“德先生”和“赛先生”的赞颂，无不体现出法国启蒙思想的影响。为了反对封建专制制度，法国的启蒙大师伏尔泰等人曾把中国的封建秩序理想化，向十八世纪的法国人民推荐一种经过他们美化了的“东方的开明政治”；同样，为了反对封建专制统治，中国的革命先人们又把法国启蒙思想家的学说奉为救国救民的法宝，东西方先进人物思想交往的这一史实堪称世界近代史上的一段佳话。

第二章　启蒙运动领袖伏尔泰的生平著述

一、家庭、童年、求学、初涉社会

伏尔泰，本名弗朗索瓦•马利•阿鲁埃，1694年11月21日出生于巴黎。伏尔泰是笔名。自他成名之后，当时和后世很少有人再称其阿鲁埃，而直呼伏尔泰。

少年伏尔泰生活在一个富裕的资产阶级家庭。其父弗朗索瓦•阿鲁埃是巴黎夏德莱区法院的公证人，后曾任审计院司务。老阿鲁埃的前辈是一些从事皮革、呢绒买卖的商人。伏尔泰的母亲玛丽•马格丽特•德•阿鲁埃，娘家姓德•奥马尔，出身贫寒，但她姓名中的“德”字表明她有贵族血统，老阿鲁埃为此甚感荣幸。

伏尔泰有一个大他十岁的哥哥阿尔芒和比他小十五岁的妹妹玛丽亚。阿尔芒早年被父母送进奥拉多利安修道院，深受冉森教派影响，终生遵循冉森教派信条。冉森派信奉原罪说，否定自由意志，提倡苦修苦行，是基督教的一个狂热教派，但冉森派的教义不被罗马教廷认可。伏尔泰的妹妹玛丽亚与伏尔泰关系密切，成年以后常常得到伏尔泰的照顾，后来她的大女儿德尼夫人孀居后成为舅舅伏尔泰后半生的女管家和情妇。

伏尔泰的父亲老阿鲁埃工作诚恳，有条不紊。他把时间和精力全部倾注在他的业务账簿上，除维持自己的家庭舒适生活和经济收入以外，无暇顾及他事。老阿鲁埃是十八世纪法国典型的中产阶级一员，有很好的业务能力和可靠的经济来源，比贵族阶级具有明智的判断和智力、知识上的优势，但处事谨慎，不露锋芒，尽力适应等级森严的社会环境。他关心自己两个儿子的教育，希望他们懂得如何进入自己的社会角色。他看到了两个儿子气质上的差异：小儿子快乐、诙谐、不虔诚；大儿子严肃、稳重、对宗教狂热入迷。鉴于阿尔芒在修道院受到非正统的冉森派的不良影响，老阿鲁埃没有送伏尔泰也进修道院。

伏尔泰身体羸弱，但天资聪慧，幼年深受其教父沙多纳夫影响，很早就对文学发生兴趣，据说他三岁就能背诵拉•封丹的寓言，十二岁已会作诗。后来，他在一首诗中曾形象地说："离开摇篮后，我就会结结巴巴地用诗来讲话。"沙多纳夫是位神父，做了伏尔泰的教父以后，不仅教这个孩子背诵寓言，而且教他背诵关于摩西的圣诗《摩西亚特》。《摩西亚特》是一首公开攻击宗教的哲理诗。作者卢尔德是一个不可知论者，他把摩西描绘成假装看到神灵显示的骗子，揭露摩西利用人们的轻信贩卖个人的思想和意见。沙多纳夫神父教伏尔泰背诵这首诗的本意是刺激一下笃信冉森派的阿尔芒，不想却在伏尔泰幼小的心灵里播下了怀疑论的种子，影响了他后来的生活道路。伏尔泰对这首渎神的诗印象极深，直到二十六岁还能完整地吟诵它。

伏尔泰十岁时进耶稣会办的大路易中学接受传统的正规教育。大路易中学是法国一所非常有名的贵族学校，老阿鲁埃不是贵族，但社会地位不算很低，他希望自己的儿子能受到与贵族子弟一样的教育。

大路易中学的教学内容保守陈旧，致力于使学生熟悉上流社会的礼仪和烦琐的神学，此外还讲授希腊文、拉丁文、修辞学、诗学、医学、历史和戏剧，注重培养学生对古典文学的兴趣，很少开设反映当时先进科技水平的课程。但在传统课目内，教员的学术水平较高，有的教师和选用的教材有自然神论倾向，对伏尔泰后来的哲学思想的发展有一定影响。伏尔泰对许多陈腐的教学内容不满意，却对历史和政治学很感兴趣，更非常喜爱诗歌和戏剧课程，也直接促进了他未来的发展。事实上，他的文学天赋在这一所注重古典教育的学校中受到鼓励，他在十二岁时就创作了悲剧《阿穆利乌斯和努弥托尔》（后被他自己毁掉了，现存几页残稿），他的诗才受到卜莱神父等教师的着力培养。

在大路易中学，伏尔泰阅读了不少宣传自由主义的书籍，特别是皮埃尔·贝尔反对宗教狂热和宗教偏执的著作，对他思想的形成起了很大作用。从此以后，伏尔泰开始走上一条反对教权主义和封建秩序的人生之路。

由于大路易中学是一所贵族学校，伏尔泰的同学大多是名门贵族子弟。伏尔泰与这些权贵之后相处甚好，有些人成为他的终身好友，其中不少人成年后在王朝政府中担任要职，给不断受到教会和专制政府迫害的伏尔泰提供某些帮助和照顾，使他得以生存和坚持斗争。例如，达让塔尔伯爵，被称为伏尔泰的保护神，给予伏尔泰诸多关照；达让松侯爵和达让松伯爵，兄弟俩都是王室大臣，1744年，正是达让松侯爵担任外交大臣后立即疏通关节，才使流放在外的伏尔泰得以回到巴黎；特别是里舍利厄公爵，本身就有启蒙思想，当他在王朝政府掌权时，给了伏尔泰不少帮助，伏尔泰也几次把自己的作品公开题签给这位开明贵族。

1711年8月，伏尔泰中学毕业，迫于父命，进了一所法科学校深造。老阿鲁埃希望儿子将来成为法官，但伏尔泰的文学天赋和诗人气质，使他除后来担任过一个极短时间的法庭书记之外，一生与法院工作无缘。

还在伏尔泰在大路易中学读书期间，他结识了巴黎一群称为“圣殿集团”的贵族纨绔子弟。这个集团的首领是法兰西大修道院院长菲利普•德•望都姆公爵。他是亨利四世一个私生子的后代。在他的周围，经常聚集一些不得志的王公贵胄，他们终日饮酒作乐，赋诗言志，讥讽朝政，不敬神明。他们信奉十七世纪法国哲学家伽桑迪所提倡的伊壁鸠鲁（公元前341—公元前270）的享乐主义，过着奢华放逸的生活。不久以后成为摄政王的奥尔良公爵，有时也参加他们的聚会。伏尔泰混迹于这群世家子弟中间，喜欢和他们一起高谈阔论，或者当众朗诵自己的诗文，他年纪虽轻，却以谈锋犀利和妙语连珠引人瞩目。

老阿鲁埃为小儿子的放荡不羁担忧，生怕他招惹是非。

此时恰逢伏尔泰的教父沙多纳夫神父的兄弟沙多纳夫侯爵即将出任法国驻尼德兰大使，因教父这层关系，侯爵任命伏尔泰为自己的随员，1713年9月把他带往荷兰。在老阿鲁埃看来，这本是爱子从此进入外交界工作的极好机会，可是年方十九、风度翩翩的伏尔泰到达荷兰首都海牙不久，却因爱上一个逃亡到荷兰的胡格诺教徒姑娘引起麻烦，并且由于不服从沙多纳夫侯爵的管教而被遣送回国。

1714年初，伏尔泰在巴黎一家律师事务所当见习律师。他不喜欢这个工作，但还是坚持干了几年。这使他在法律和金融方面获得不少知识和经验，对他后来精明地做生意发财和利用法律手段与专制政府斗争都不无裨益。与此同时，伏尔泰继续参加圣殿集团的聚会，并追求当时法国著名女演员阿德烈娜•勒库弗勒小姐（1692—1730）。勒库弗勒小姐颇具演戏天赋，且性格温柔，后来成为伏尔泰的好友和情妇。

老阿鲁埃风闻小儿子又在狂放的环境中厮混，便把伏尔泰打发到位于枫丹白露附近的圣昂热侯爵的别墅，向这位年届八十的老人学习法律。圣昂热侯爵，即路易—乌尔班 · 勒费弗尔 · 德 · 古马尔丁，是一位资深政治家，在路易十四王朝鼎盛时期曾任国家枢密官，深谙宫廷历史和人物，读过大量外人无法接触的史料，心中装着那个时代一部活生生的历史。被迫离开热闹的巴黎，年轻的伏尔泰却意外得福。古马尔丁老人给他讲述大量历史掌故，激发了伏尔泰的创作欲望，几年以后使他名噪全欧的史诗《亨利亚特》和历时二十余载始告完成的史学巨著《路易十四时代》就是在枫丹白露、在古马尔丁老侯爵的启发下开始构思的。

正当伏尔泰倾心聆听古马尔丁讲述路易十四朝廷故事的时候，那个在位七十二年的太阳王于1715年9月1日在凡尔赛逝世，由他的年方五岁的曾孙路易十五（1715—1774）嗣位，奥尔良公爵菲力普摄政。伏尔泰对摄政王执政前鬼混于圣殿集团纨绔子弟中间时的挥霍糜烂生活了如指掌，1716年，他写了两首讽刺摄政王的诗，其中谈到摄政王与自己的女儿德•贝利公爵夫人有乱伦关系。伏尔泰为此获罪，摄政王命令将他逐出巴黎，流放到距巴黎不远的苏里。

同年10月，伏尔泰获准回到巴黎，并决心放弃法律学习。他不听父亲规劝，不接受教训，继续写诗批评时政。在一首题为《我曾看见》的诗中，他强烈谴责社会上的罪恶；1717年春，他又创作另一首诗《幼主》，从时年七岁的法王谈起，继而涉及摄政王，结尾是“法国将要灭亡”。这首针对宫廷的讽刺诗给他招来新的祸事，1717年5月11日，他被投入巴士底狱。

学法律不成，搞外交无望，年纪轻轻沦为无业文人，且因诗获罪，伏尔泰初入社会即为自己选择了一条荆棘丛生的人生之路。

二、身陷巴士底与亡命英格兰

这是伏尔泰第一次被禁于巴士底狱，但他对这里的情况并不陌生。这座1789年被愤怒的巴黎人民攻陷因而成为法国大革命爆发起点的城堡，这个封建专制主义的象征，两百多年以来早已在世人心中形成暗无天日、阴森恐怖的固定形象。其实在伏尔泰坐牢的时候，它还有一个专门关押社会上有影响有地位人士的特殊区域，大约有五十间房子，犯人仍然可以在其中过比较舒适的生活，甚至可以带着仆人服刑。当伏尔泰还在大路易中学读书时，他的学友里舍利厄公爵十五岁时曾被关在这里，伏尔泰来这里看望过这位后来保护过他的朋友。在巴士底狱这些特殊牢房里，生活必需品很充裕，并且全都免费供犯人享用，费用由国库支出。犯人可以得到毛毯、银餐具、书籍、椅垫、幔帐、镜子、蜡烛，还有优质葡萄酒和享受取暖、洗衣服务。各个牢房夜晚上锁，白天犯人可以在大墙内自由活动，相互拜访、聊天、下棋、玩牌，也可接待宾客。

在巴士底狱，伏尔泰被关了十一个月。他利用这段时间，开始动手撰写酝酿已久的史诗《亨利亚特》，并最后完成了他的第一部悲剧《俄狄浦斯王》。

1718年4月11日，伏尔泰有条件获释。条件是离开巴黎，返回郊区老家夏德莱地区，交家长监管。老阿鲁埃为这个使他操心的儿子求情，不久，摄政王允许伏尔泰返回巴黎。回到巴黎，他设法将《俄狄浦斯王》用“伏尔泰”的笔名出版。同年11月18日，《俄狄浦斯王》在巴黎上演，并一炮而红。人们知道作者持反政府立场，刚刚从巴士底狱释放出来，都想知道他的剧作有何惊人之笔，所以观众踊跃，连演四十五场，观众多达两万七千人，在巴黎引起轰动。老阿鲁埃也悄悄来到剧场，面对台上感人的演出和台下观众持久的热情，他感动至极，悲喜交加，老泪纵横，为儿子的才华而骄傲，舐犊之情不能自已。摄政王也带着女儿来剧院观看，后来剧团又在王宫为国王做专场演出。1772年4月10日，剧团还到伦敦为乔治一世举办御前演出。

伏尔泰的第一部悲剧大获成功，极大地鼓舞了他的创作热情，他继续潜心撰写史诗《亨利亚特》。1721年10月，史诗终于完成，但未能取得王国政府的出版许可，伏尔泰不得不用《同盟》的书名于1723年秋天将其在里昂秘密印刷发行。后来，伏尔泰又将其从三千两百行扩充到四千三百三十一行，1723年在英格兰出版，正式定名《亨利亚特》。伏尔泰从二十岁在枫丹白露师从古马尔丁侯爵时开始构思和创作这部史诗，至1728年完稿，历时十四年，凝结了他大量心血。《亨利亚特》通过歌颂波旁王朝的第一位国王统一法国、平息叛乱、推行宗教宽容政策的业绩，抒发了伏尔泰的政治理想和对宗教狂热的批判。

《同盟》的出版在法国受到广泛欢迎，连同《俄狄浦斯王》的成功，伏尔泰赢得了“法兰西优秀诗人”的桂冠。此后几年，伏尔泰一方面继续其诗人生活，相继创作哲理诗《赞成和反对》、悲剧《阿德米斯》和《玛丽安娜》、喜剧《冒失鬼》、论文《论法兰西内战》和《从荷马到弥尔顿的欧洲诸民族的史诗》等著作；另一方面，通过社会关系，利用从父亲那里继承的经济头脑，积极从事各种经营活动，积累了大笔财富，加上1722年元旦老阿鲁埃逝世留给他的遗产，和摄政王利用老阿鲁埃逝世的时机，为了安抚和拉拢伏尔泰，赐给他的每年两千法郎的年金，伏尔泰此时成了富有的文人。他在晚年所写的回忆录中曾就他积累财富的问题解释说："我看见过多少穷苦的和受人鄙视的作家，因此我早就决心不让自己加入他们的行列。"

在此期间，还有一件事对他的成长和哲学思想的形成很有影响。那就是1722年12月，伏尔泰在奥尔良附近的苏斯，拜访了因国内政争被迫长期侨居在那里的英国托利党领袖约翰•博林布罗克（1678—1751）勋爵。博林布罗克是英国当时颇有名气的自然神论哲学家，伏尔泰在勋爵那里受到欢迎和对他的诗才的称赞。博林布罗克向伏尔泰介绍了洛克（1632—1704）哲学和牛顿的科学与哲学思想，指导伏尔泰读洛克的《人类悟性论》，并激烈批评笛卡尔和马勒布朗士（1638—1716）的形而上学体系。伏尔泰此时还年轻，哲学思想尚未定型。他本来就有粗浅的自然神论倾向，经博林布罗克的提示，这种哲学取向越发倾斜。这次拜访，对他最终形成自己的哲学立场无疑产生直接影响，也激发了他研究英国先进的哲学和科学的兴趣。

伏尔泰此时既有名又有钱，快乐自信，踌躇满志。然而，荣誉和财富并不能真正突破封建等级隔阂，不久以后发生的一件事使他从这种飘飘然状态猛醒。

1725年12月，有一天，伏尔泰与勒库弗勒小姐在歌剧院的包厢里与法国最有权势的贵族洛昂公爵唯一的孙子德•洛昂骑士相遇。洛昂早就对伏尔泰在社会上受到的尊敬耿耿于怀，同时他也在追求这位有名的女演员，此时狭路相逢，洛昂对伏尔泰傲慢无礼，两人发生冲突，洛昂骑士愤然而去。这个骄傲的贵族不能容忍一个文人对他的冒犯，两三天后，当伏尔泰在苏里公爵府第吃饭时，洛昂设计把伏尔泰从席间诱出，自己坐在马车里指挥仆人把伏尔泰痛打一顿。伏尔泰狼狈返回，求主人陪他去警察总监那里告状，苏里公爵不愿得罪洛昂家族，在座的其他贵族也不肯帮忙。此事深深刺痛了伏尔泰，他终于懂得童年时老阿鲁埃教导他“要了解自己的社会地位”的真谛。他认识到，不论自己有怎样的才华、取得怎样的成功，在贵族们的眼里，他仍然只是个“第三等级”，仍然只是个卑贱的“文人”，他决心伺机复仇。洛昂家族又罗织罪状，向已经亲政的路易十五诬告伏尔泰“威胁国家安定”。于是，1726年3月28日，国王签署命令将他第二次投进巴士底狱。

伏尔泰担心被长期监禁，审时度势，决定向国务大臣莫勒柏申请出国。当局也顾虑他的问题难以处理，所以很快批准了他的请求，以国王的名义下达放逐令，其中规定未经允许不准进入巴黎约八十公里以内。于是，入狱一个多月以后，伏尔泰被押送到加来，渡过加来海峡，到达英格兰。

被迫流亡英国，开始了伏尔泰生平的一个新时期。洛昂事件使伏尔泰蒙受耻辱，但他得到深刻教训，仿佛是一顿棒打使他突然成熟了。如果说伏尔泰第一次被投入巴士底狱刺激了他的诗才，出狱后成为享有盛誉的剧作家和诗人，那么第二次被投入巴士底狱和被放逐流亡国外，却把他造就成哲学家和战士。

远在伏尔泰到达英格兰以前八十余年，英国已经发生了资产阶级革命，1688年“光荣革命”以后，确立了君主立宪的政治体制。进入十八世纪以后，英国的自由民主制度吸引了许多法国进步知识分子渡过海峡寻求民主与科学真理。除伏尔泰以外，布封、孟德斯鸠、爱尔维修、布里索、古尔内、朱西约、拉法耶特、莫莱里、米拉波、让•雅克•卢梭等，都先后到这里感受新时代的气息。就伏尔泰而言，在法国的遭遇使他对封建制度的反动性有了切身体会，实行君主立宪制度的生机勃勃的英国则大大开阔了他的眼界，巩固了他反对封建秩序的革命意识，有力地促进了他在哲学、宗教和政治思想方面的长足进步。伏尔泰在英国居住了将近三年，考察英国的政治制度，研究洛克唯物主义经验论，学习牛顿的科学成果，形成反对封建专制主义的政治主张和唯物主义的哲学观点，进一步坚定了反对天主教神学和宗教狂热、宣传信仰自由、主张宗教宽容的立场。后来伏尔泰出版的第一部哲学和政治思想专著《哲学通信》，便是他在英国的观感和心得的总结。

伏尔泰在英国受到朝野各界人士的欢迎。1727年1月，英王乔治一世接见了伏尔泰，并赐款两千克朗作为对《亨利亚特》的赞助。刚刚回国的博林布罗克勋爵则把伏尔泰介绍给英国文学界与上流社会。辉格党和托利党的领导人都热情接待他。他结识了英国著名文学家如诗人蒲伯、剧作家威切尔莱、讽刺作家斯威夫特等。斯威夫特（1667—1745）的著名讽刺作品《格列弗游记》1726年出版，恰逢伏尔泰旅英期间，这部作品得到伏尔泰赞赏并建议将其译成法文。此外，他还拜访过诗人汤姆森和扬格、剧作家盖伊等人，并以极大的兴趣欣赏、研究和学习当时不为法国戏剧界重视的莎士比亚（1564—1616）的作品。他也研究弥尔顿（1608—1674），后来曾这样赞美过弥尔顿：“对他的批评之词用光耗尽，而对他的赞扬之词却永不枯竭。弥尔顿永远是英国的光荣和赞赏的对象。”[1]总之，他对英国文学家，无论是早已故去的前辈，还是仍然健在者，评价都很高。

英国人尊重知识，尊重科学，尊重学者、文人、科学家的社会时尚与法国形成强烈对比，也令伏尔泰感慨良多。他一直认为文学才能高于高贵的出身，杰作比姓氏更荣耀，他看到新制度下的英国实现了自己的理想。他在《哲学通信》里说，在英国，对国家的贡献可以得到光荣的报酬，即人民对于才能的尊重，首相的画像只挂在办公室的壁炉架上，而诗人蒲伯的画像却挂在许多人家里。伏尔泰旅英期间时值牛顿逝世，他有幸参加牛顿的葬礼，英国人对科学家的厚待令他十分感动。他说：“牛顿先生在世的时候曾经受到尊崇，死后也得到了他所应得的荣誉。国家要人互相争夺执拂的荣幸。请您走进西敏寺去，人们所瞻仰赞叹的不是君王们的陵寝，而是国家为感谢那些为国增光的最伟大人物所建立的纪念碑。”[2]英国著名女演员奥尔菲尔德的葬礼更增加了伏尔泰对英国人尊重人才、消灭了封建等级观念良好时尚的崇敬。英国人也把这位小姐葬于西敏寺，葬礼进行得与牛顿的一样，这与法国演员卑贱的社会地位真有天壤之别。

伏尔泰在英国发现了新世界，他充分利用这里的条件学习和充实自己，同时争取各方面的支持，在伦敦出版了《亨

① 伏尔泰：《路易十四时代》，吴模信译，商务印书馆，1982年，第494页。

② 伏尔泰：《哲学通信》，高达观、徐仲年等合译，上海人民出版社，1961年，第108页。

利亚特》的英文版。伏尔泰苦心孤诣创作这部意在为法兰西民族争光的史诗，在法国竟不得不秘密出版，而在英国却大受欢迎，头三个星期就印刷了三次，而且销售一空。此外，在英国逗留期间，他还完成了史学专著《查理十二史》，以瑞典国王查理十二为典型，刻画了一个好大喜功、奴役人民、穷兵黩武、侵略成性的专制暴君形象；创作悲剧《布鲁图斯》，颂扬了为反对专制而牺牲个人利益的理想精神；并于1728年开始撰写《哲学通信》，这部代表作是他回到法国以后才最后完成的。

从阶下囚到座上客，从横遭侮辱到优礼有加，个人的际遇使伏尔泰得出一个结论：法兰西民族要想成为一个繁荣自由的文明民族，就必须摆脱教权主义和专制主义的双重压迫，向英国人学习，发扬科学与民主精神。他把向法国上至国王大臣下至普通百姓介绍、宣传资本主义英国一切美好事物，当作自己的义务。

三、西雷城堡的爱情与事业

1729年2月，伏尔泰从英国满载而归。但国王的放逐令尚未撤销，不能进入巴黎周围约八十公里以内地区，伏尔泰只能暂时躲藏在乡下。直到4月初，经同窗好友里舍利厄公爵的疏通，他才获准进入巴黎。这一年的剩下时间，除推动悲剧《布鲁图斯》公演并获得成功之外，伏尔泰的主要精力用于完成他的第二部史诗《奥尔良的少女》，塑造了十四世纪法兰西民族女英雄贞德的形象。这部史诗直到1755年才出版，在此期间一直以手抄本流传。

第二年，伏尔泰的情妇、法国著名女演员勒库弗勒小姐逝世。由于她是被封建时代的法国人看作“贱业”的职业演员，教会当局借口她在死前未找神父完成最后的宗教仪式，不准将她葬入正式墓地，她的遗骸被埋在塞纳河畔的荒野。伏尔泰对自己的女友和天才女演员惨遭侮辱悲愤至极，他联想自己曾经目睹的英国人为英国女演员奥尔菲尔德小姐举行隆重葬礼，和像君王一样将她葬于西敏寺的文明之举，写了题为《勒库弗勒小姐之死》的挽歌，其中将两位女演员的不同遭遇做了对比，通过歌颂英国人对艺术和艺术家的尊重，强烈抗议天主教会和法国政府的野蛮行径。挽歌这样写道：

难道人们只有在英国才敢自由思想？
噢伦敦！你这可以媲美雅典的名城，你这尘世的乐园，
你会扫除引起纠纷的偏见，好似驱逐专制的魔王一般。
在此大家才无话不谈，无功不赏；
没有一种艺术会受轻蔑，没有一项成功不获光荣，
崇高的特列邓，明哲的阿狄生，
还有那不朽的牛顿，纪念堂中都有他们的份，
要是勒库弗勒生在伦敦，一定也会，
在哲人贤士英雄明主之旁有她的墓坟。③

③ 《伏尔泰全集》法文版，卷4，第370页。译文转引自傅雷：《傅译传记五种》，生活•读书•新知三联书店，1983年，第644—645页。

伏尔泰的这首悼亡诗引起当局不满。伏尔泰闻风而逃，先是躲在诺曼底，后又乔装为英国人到里昂秘密办理《查理十二史》的出版事宜，风声过后他才敢回到巴黎。

此后一年多的时间里，伏尔泰完成和公演了两部悲剧《爱丽菲勒》和《查伊尔》，写了评论文章《趣味的殿堂》，开始撰写悲剧《西泽之死》和历史著作《路易十四时代》。其中，《查伊尔》首次上演即大获成功，以后又多次公演，观众的热情经久不衰，伏尔泰本人也偏爱这个剧本，在其后的岁月里，在他家中举办的私人演出中，他往往挑选这个剧本，并亲自扮演剧中角色。

伏尔泰从二十四岁时公演他的第一部悲剧《俄狄浦斯王》至今，早已蜚声文坛，成为年轻妇女崇拜的对象，他也爱过几个美貌的贵妇，但她们对他的生活、思想和创作并无明显影响。直到三十九岁时，命运终于使他赢得一位女友至死不渝的爱情，并决定了他未来十几年的生活方式和精神状态，甚至也影响了他创作的内容、数量和质量。一个女人对启蒙大师能有如此巨大的影响力，在某种意义上说超过了巴士底狱的羁押、凡尔赛宫的权势，或者加来海峡的波涛，这个女人一定具有特殊而持久的魅力，而且自身绝对不同凡响。她就是与伏尔泰一道名垂史册的夏德莱侯爵夫人。

夏德莱侯爵夫人时年二十九岁。她是前宫廷礼宾官布雷德伊·普勒伊利男爵的女儿，原名艾米莉，1725年嫁给一位军官夏德莱侯爵，已有一儿一女。侯爵夫人是有名的才女。据说当时有人夸赞她拉丁文说得像西塞罗（公元前106—公元前43）那样流利，数学演算可与阿基米德（公元前287—

公元前212）媲美，几何学造诣能令欧几里得（公元前330—公元前275）困惑。这种说法虽然带有夸张和奉承的味道，不过无论如何这是事实：除拉丁文以外，她还懂英文和意大利文，研究过数学和牛顿力学，对洛克、笛卡尔、莱布尼茨（1646—1716）和沃尔夫（1679—1754）的哲学著作怀有浓厚兴趣，在与伏尔泰热恋之前，她已译过维吉尔（公元前70—公元前19）的史诗《埃涅阿斯记》，撰写过关于莱布尼茨哲学和牛顿微积分的论文。她喜欢唱歌跳舞，酷爱梳妆打扮，热衷巴黎的社交生活，沉醉于时尚的风流随意，同时又极为勤奋好学，敏感睿智，热爱科学，思想解放，既着迷于物理实验，又善于哲学思索，集学者与贵妇、刻苦与娇慵、果敢与温柔、专一与放任等各种矛盾的品质于一身。她能在赌场上一掷千金，又能钻研学问夜以继日。这样一位风流才女，与时值盛年、才华横溢的伏尔泰自是天造地设的一对情人。

夏德莱侯爵夫人对伏尔泰钟情已久，当他们终于有机会见面时，便从容投入他的怀抱。伏尔泰喜欢侯爵夫人年轻、热情，既有哲学兴趣，又具科学头脑，与他有共同语言，理解他、相信他、支持他。没有其他女人博得伏尔泰如此倾心之爱。伏尔泰也以结识她为自己爱情的归宿。尤为难得的是，身为军人的夏德莱侯爵通情达理，豁然大度，不仅没有怨恨妻子移情别恋，也不怪罪伏尔泰夺人之美，反而宽容地支持和帮助他们，当不久以后伏尔泰又遇到专制政权新的迫害时，甚至同意伏尔泰移居夏德莱侯爵祖传的西雷城堡，为伏尔泰提供庇护所。对伏尔泰来说，如果没有侯爵夫人长期相伴，他也许不能享有后来那样的高寿和创作那样多的作品；对伏尔泰和侯爵夫人两个人来说，如果没有夏德莱侯爵宽厚、爱才、克己的品德，和他人难以具备的法国人的幽默感，他们的爱情生活也难以持久。侯爵夫人有一次曾动情地说："倘使我不承认夏德莱是最好的丈夫，那么我就是最坏的妻子。"

1733年冬天，经伏尔泰做媒，夏德莱侯爵的一位亲戚嫁给里舍利厄公爵，婚礼由伏尔泰和夏德莱侯爵夫人共同操办。婚后不久，里舍利厄公爵率队支持法国与奥地利和俄国之爆发的波兰王位继承战争并在战斗中负伤，伏尔泰闻讯赶到战场，不顾个人安危把公爵运回家。当伏尔泰通过前线时，被孔代军团的士兵当作敌探抓起来险些吊死，幸亏有一个军官及时认出他就是大名鼎鼎的《查伊尔》的作者，才从绞索上把他救下来。伏尔泰与里舍利厄公爵学生时代结下的友谊此时愈见笃深。

1734年，伏尔泰的《哲学通信》法文版在里昂秘密出版，并运进巴黎销售。这部全面论述伏尔泰哲学和政治观点的著作立即被巴黎高等法院以"违反宗教、有伤风化、不敬权威"的罪名判处查禁和当众销毁，出版商若尔也被关进巴士底狱。伏尔泰得到消息，立即逃亡到夏德莱侯爵的西雷别墅。这座建于十三世纪的城堡位于法国东北部香槟—阿登省的边境地区，距比利时很近，一有风吹草动，即可越境而逃。伏尔泰1734年5月动身去西雷，夏德莱侯爵夫人留在巴黎向科学家莫柏都依学习数学，同时继续往日的社交和赌博。在巴黎，几乎没有人知道伏尔泰的确切地址，侯爵夫人对别人议论她与伏尔泰的关系则不屑一顾，直到五个月以后，她才离开巴黎来到伏尔泰身边。

在西雷别墅，伏尔泰和侯爵夫人及其子女像一家人一样生活在一起。侯爵夫人的一儿一女两个孩子由家庭教师林南先生照顾，侯爵或在前线，或在他的部队的驻地。伏尔泰和侯爵夫人白天分别在自己的房间里工作，一个专心致志作诗或编剧，另一个一门心思演算几何或做科学实验，大厅里堆放着数学、物理、化学、天文学等各种科学实验的仪器。晚饭后稍事休息，又各自分头工作直至深夜。侯爵有时从部队回到西雷，也从不干扰他们的事情。当他们分头各自在房间里工作时，侯爵就与孩子们及林南先生一起玩耍、吃饭、安歇。工作之余，或者有客人时，这个“家庭”也有丰富的娱乐活动，或者享受丰盛的晚餐，伴之以趣味高雅的谈话和表演节目，或者兴之所至一起排演戏剧。

在西雷城堡，伏尔泰一住十六年，其间只有短期外出。有了安身之地和相对稳定的生活环境，加之侯爵夫人的爱情滋润，伏尔泰的才能得到全面发挥，在哲学、科学、历史和文学领域都取得了丰硕成果。

1734年夏天，伏尔泰在西雷完成了《形而上学论》的书稿。这是伏尔泰全面论述自己的哲学思想的哲学专著。在这部著作中，伏尔泰总结自己过去不很系统地触及的哲学问题，集中阐述和论证了他的自然神论唯物主义哲学观。鉴于《哲学通信》的遭遇，伏尔泰一直未将《形而上学论》印刷出版，这部著作是他逝世以后才问世的。伏尔泰在西雷时期完成的最重要著作，除《形而上学论》以外，尚有《牛顿哲学原理》，以及戏剧《西泽之死》《穆罕默德》《放荡的儿子》《梅洛普》和哲理小说《查第格》等。这些著作虽然涉及不同学科，创作形式极不相同，却都围绕着一个共同的主题，即补充、完善和宣传伏尔泰流亡英国期间确立的哲学思想、政治主张和宗教观点。为了避免进一步遭到迫害，伏尔泰有时不得不隐晦曲折地表达自己的思想，而且不得不用各种化名出版其中的某些著作。他一生用过的笔名竟有一百多个！

不过对《牛顿哲学原理》一书，伏尔泰却不想用其他笔名出版。因为他写此书的目的，是继续《哲学通信》已经开始的工作，在法国传播牛顿学说，宣传牛顿的科学精神。他说，他要把牛顿学说解释得像拉•封丹的寓言一样清楚明白，还说这部著作不是为聪明人设计的，而是为他自己也荣幸地属于其中的“无知平民阶层”设计的。当时牛顿的原理主要是在英国被接受。牛顿的著作是用拉丁文和数学公式写的，普通人难以理解，在法国了解的人更少。伏尔泰的《牛顿哲学原理》是把牛顿思想通俗化的一种尝试，目的是推动法国科学家从笛卡尔等人的形而上学抽象推论中走出来从事实证研究，并且尽可能广泛地用科学对抗教会神学和群众的宗教迷误。科学是启蒙运动两大旗帜之一，伏尔泰自己虽不是一个有创见的自然科学家，但他自觉地高擎着这面大旗，后起的启蒙学者狄德罗、达朗贝尔等人继续了伏尔泰的追求。

1738年，《牛顿哲学原理》在荷兰首次出版。应该说明，伏尔泰的这一重要著作是在夏德莱侯爵夫人启发和帮助下完成的，可以说是他们的爱情结晶之一。事实上，正是在侯爵夫人的影响下，伏尔泰对自然科学的兴趣越来越浓。他自己在英国学习过牛顿学说，也曾给侯爵夫人讲解过牛顿，但是侯爵夫人的自然科学基础比伏尔泰强，尤其是数学、物理学和光学知识比伏尔泰深厚。在一个时期内，他们一起深入研究牛顿的物理学和自然哲学，伏尔泰从她那里获益匪浅。

漫长的十六年西雷城堡写作生涯，是伏尔泰生平的一个重要阶段，其间不乏小的波折变动和事件，伏尔泰也有过几次短暂的外出，有时与侯爵夫人一道，有时独自前往。他去过荷兰、比利时、普鲁士等国。在里舍利厄公爵、夏德莱侯爵及侯爵夫人的努力下，伏尔泰获准可以回到巴黎，他也时间或长或短回去过几次，但西雷仍是他的避风港。有一段时间，由于应国王首席侍臣里舍利厄公爵之邀协助筹办王太子的婚礼有功，伏尔泰被任命为宫廷史官和国王侍臣，但不久因出言不慎，有诽谤宫廷之嫌，侯爵夫人担心他再次被投入巴士底狱，二人不得不连夜逃走。充当朝臣的这段经历，虽然时间不长，伏尔泰后来却一直引以为耻。他的本意是尽力改善与路易十五的关系，从而影响国王，实现自己的改革方案。他在政治上一直主张实行君主立宪，推行开明君主政治，既抑制贵族封建势力，又保护资本主义工商业发展。他一再说过，当君主是一个哲学家时，那是人类的最大幸福。但是路易十五不是哲学家，他甚至因识字有限而念不通伏尔泰写给他的颂诗，伏尔泰指望这样一个昏君推行改革实在是白日做梦。这次他在凡尔赛宫碰了壁，但并未真正觉醒，几年以后在普鲁士，他还要体味到对一个专制国王充满幻想是多么不切实际。

伏尔泰生平中的西雷时期，还有一件事应该记述，即几经周折，伏尔泰终于成为法兰西学院院士。

法兰西学院是法国最高学术研究机构，由十七、十八世纪陆续成立的五个皇家学院组成。它们是：法兰西语言学院（建立于1636年）、金石和文学院（建立于1663年）、科学院（建立于1666年）、伦理学和政治学院（建立于1795年）、艺术学院（建立于1795年）。法兰西学院院士名额是固定的，只有名额空缺时，才能选举新院士。新院士须经国家元首批准。

成为法兰西学院院士是一种很高的荣誉。自从伏尔泰在悲剧和史诗创作中取得一系列成功以后，他就希望被选入法兰西学院成为院士。但是法兰西学院虽是一个学术机构，法兰西学院院士的工作却受到多种因素的影响，并不是很公平。以资格最老的法兰西语言学院为例。这个学院是由法国历史上的著名首相黎赛留（1585—1642）红衣主教倡议建立的，主要任务是研究语法、整理辞典数据和使法语规范化，其院士大多为文学家。伏尔泰最终成了它的院士。但是法国历史上也有相当多的大文学家被它拒之门外，如狄德罗、巴尔扎克（1799—1850）、佐拉（1840—1902）、福楼拜（1821—1880）等。1736年，法兰西学院有两个空额，伏尔泰提出申请，由于宫廷的反对，他连候选人的资格都未得到。1743年又有一个空额，伏尔泰再次提出申请，舆论普遍认为伏尔泰是当今文坛泰斗，填补空席非他莫属。但是有选举权的原有院士们担心把这颗耀眼的文曲星选进来，他们自己将变得暗淡无光，因而别有用心地提请国王定夺。于是，在教会和大臣们的反对下，伏尔泰落选。一直在拉拢伏尔泰的普鲁士国王弗里德里希二世（又译腓特烈二世，1712—1786）听到这个消息，写信给伏尔泰深表同情，热情邀请伏尔泰来柏林，说柏林对他的天才会有正确评价。伏尔泰在英国享有盛誉，当伏尔泰竞选法兰西学院院士失败的消息传到海峡那边时，英国人于1743年11月直截了当地接纳他为英格兰皇家学会会员。冷暖之间，伏尔泰自然感慨良多。现在对他来说，争取入选法兰西学院已经不仅仅是个人荣誉问题了。维护个人权利就是维护启蒙运动所宣传的思想和学说。争取入选就是反击教会和封建贵族势力。世界上本没有绝对公平的事情，在评价一个学者的成就时更是这样。但是当事情变成一个原则问题而早已超出个人私利时，那就非争不可了。后来，当狄德罗遭受迫害、伏尔泰伸出援手时，他就一再写信给达朗贝尔，建议用把狄德罗选入法兰西学院的办法给对手以回击。

1746年初，法兰西学院院士又空出一席，伏尔泰请老朋友达让塔尔帮他说情。此时伏尔泰正任凡尔赛的宫廷史官，路易十五对伏尔泰的态度有所变化。主要是有两件事令路易十五十分满意。一是伏尔泰协助里舍利厄公爵筹备王太子的婚礼时，与著名音乐家拉摩（1683—1764）合作专门创作的音乐喜剧《纳瓦尔公主》在婚礼过程中演出，博得国王和王后赞扬；二是1745年5月，路易十五率法军在丰特诺瓦与英国—汉诺威联军打仗获胜，作为宫廷史官，伏尔泰根据前线来信及时用史诗题材写了颂诗三百句《路易十五取得反对联军的丰特诺瓦战役的胜利》，简称《丰特诺瓦》。用写史诗的形式写新闻报道，路易十五非常高兴。因此，这次，国王表示支持伏尔泰当选，加上伏尔泰朋友的多方帮助，1746年4月，法兰西学院经秘密投票，同意接纳伏尔泰为院士。

伏尔泰如愿以偿。但是苦苦追求的东西，得到时也许已经变味。实际上伏尔泰是怀着某种苦涩的感觉接受这早就应该给予他的荣誉。这不仅是因为得来艰难，经过了两次失败，还因为得到它的直接根据，不是他以往的多部力作和他对法兰西思想文化发展的巨大贡献，而是他此后很快就懊悔和感到羞耻的做朝臣时的御用文字和奉承作品。他用几句诗表达此时的感受：

我的亨利四世和我的查伊尔，
我的美洲的阿勒齐尔，
从未博得君王的青睐，
我仇敌众多荣誉很少，
终于一篇平淡无味的滑稽戏，
荣誉和财富倾盆而来。④

在巴黎充当宫廷史官和辞官回到西雷的几年里，伏尔泰又有许多佳作问世。悲剧《塞米拉米斯》《得救的罗马》，

④ 《伏尔泰全集》法文版，卷1，第89页。译文转引自葛力、姚鹏著：《启蒙思想泰斗伏尔泰》，世界知识出版社，1989年，第127页。

喜剧《纳尼娜，或战胜了的成见》及《如此世界》等多部哲理小说，都是此一时期的作品。而伏尔泰与侯爵夫人的爱情生活，经历了十多年的风雨，不仅没有褪色，反而愈益深沉。对一对年龄相差较大、又没有合法婚姻保障的情人来说，能做到感情上如此难分难舍，事业上始终相互勉励，名副其实地同呼吸共命运，可以说世所罕见。人们爱说，一个成功的男人身后一定有一个非凡的女人。中国人喜欢用“贤内助”表达这种爱情的力量。事实上，这两种说法都带有夫权社会的偏见。伏尔泰与侯爵夫人的关系决然不同。他们不是夫唱妇随，而是相得益彰。特别是伏尔泰，不仅从侯爵夫人那里得到了温情，更得到了力量。她不但利用自己的出身和社会地位，为伏尔泰提供了避难所和保护伞，多次帮他摆脱困境转危为安，从而为他能够长期专心著述创造了条件，而且发挥自己的知识、才干、思想和眼光，直接涉及了伏尔泰大量著作的内容和形式。不仅伏尔泰写作《牛顿哲学原理》一书得益于侯爵夫人的科学素养，而且他的主要哲学著作《形而上学论》也是在侯爵夫人的影响下写成的。他的著名史学专著《风俗论》更是侯爵夫人提议和督促的产物。其他戏剧作品或诗篇，以及脍炙人口的哲理小说，或是与侯爵夫人交谈中忽发灵感而成，或是受到她的启发命笔，甚至是为了表达爱情直接献给她的作品。侯爵夫人博闻强记，在诸多学术领域有较深造诣，这种难得的交流伙伴，使伏尔泰涉猎的范围越来越宽广。在“通才”的形成过程中，侯爵夫人功不可没。特别是她的刻苦治学精神，对伏尔泰起了很好的榜样作用和监督作用。伏尔泰自己对此感触颇多，他在书信中一再直言不讳。例如，侯爵夫人喜欢巴黎的社交和奢侈生活，但为了伏尔泰，她宁愿长期隐居在偏僻孤寂的西雷别墅；她钻研学问锲而不舍，工作起来没日没夜，带动和鼓励伏尔泰也采取同样的生活方式。有一件事可以看到她的性格特点和工作态度：1749年初，年近四十四岁的侯爵夫人意外怀孕，妊娠反应较重。此时她正在翻译牛顿的著作。她不顾身体不适，加快工作进度。她每天上午八点开始工作，一直干到下午三点，喝点咖啡后继续干到晚上十点吃晚饭，饭后与伏尔泰聊一两个小时，然后接着工作到第二天凌晨五点休息。这样的生活节奏，她几乎坚持到分娩！

然而不幸就在眼前。1749年9月3日侯爵夫人生下一女，产后突发高烧，10日溘然长逝。这个打击非同寻常，伏尔泰几乎难以承受。侯爵夫人意外逝世，使他处于半疯狂状态：一个人离开城堡，跑到郊野，跌倒在路旁。被找回以后，他夜不成眠，从一个房间踱到另一个房间，悲痛地呼唤着她的名字。他写信给外侄女德尼夫人说：“我失去的不是一个情人，我失去了半个自己，失去了构成我的灵魂的那个灵魂，失去了二十年的朋友。”

失去了夏德莱侯爵夫人，西雷城堡变得荒凉阴冷，伏尔泰决定永远离开这里。

四、普鲁士宫廷侍臣的甜酸苦辣

普鲁士国王弗里德里希二世早在太子时代就与伏尔泰见

过面，并多年书信往来，登基以后更极力拉拢伏尔泰，固执地要把这位法兰西文人之首请到柏林，以装点他的宫廷。

普鲁士本是一个封建专制的军营式国家，弗里德里希二世却在对内加强专制统治，对外频繁扩张的同时，千方百计把自己打扮成一个开明君主形象。他似乎崇尚民主事业，支持一切自由思想家，要把柏林建成欧洲现代文明的中心和反对罗马天主教会的自由民主圣地，甚至附庸风雅地自己也写诗为文，在各国寻找文友。伏尔泰对这位伪善的君主的本质始终认识不清。弗里德里希二世一直投伏尔泰之所好，经常通过信函与他大谈哲学和文学，并对天主教会和法国宫廷屡露微词，因而赢得伏尔泰的好感。夏德莱侯爵夫人在世时，她以女人的直觉和地位、阅历、修养形成的判断力，多次阻止伏尔泰落入普鲁士国王的圈套。侯爵夫人逝世以后，正当伏尔泰痛感孤苦之时，弗里德里希二世频施诱惑，伏尔泰于1750年初终于应邀到德国宫廷供职。伏尔泰充当路易十五朝臣时已几次奉命去过德国，但对普鲁士的真实情况并不了解。他接受普王邀请，一方面是想换换环境，从对侯爵夫人思念造成的长期抑郁情绪中挣脱出来，另一方面基于他的政治主张，希图依靠理性的力量对君主施加影响，劝说和辅佐弗里德里希二世推行开明政治，实现君主制下的社会民主自由，同时用去普鲁士宫廷任职的行动抗议法国一再施加于他的迫害。

1750年6月，伏尔泰从巴黎来到普鲁士，住进柏林附近波茨坦城郊普王新落成的一座行宫中。他受到弗里德里希的热情欢迎和优待。普王任命他为宫廷侍臣，亲自授予他宫廷侍臣的金钥匙，并发给他两万法郎的年金，分派给他的任务是为国王的文稿修改润色。

当伏尔泰来到波茨坦的时候，一向以“哲学家国王”和开明君主自诩的弗里德里希二世，经过多年努力，已经把一批有才华的欧洲各国的学者网罗到普鲁士。他们包括：法国科学家和文学家莫柏都依，当时任柏林科学院院长；意大利科学家阿加罗特，1747年被任命为国王内侍；法国作家和编辑、《百科全书》撰稿人让·亨利·佛尔美，任柏林科学院常任秘书；法国哲学家拉·梅特里，他是十八世纪法国唯物主义哲学代表作之一《人是机器》的作者，虽然他因其著作在西方哲学史上成为一种哲学思潮或流派的典型而成为有名的哲学家，他本人的职业却是医生和生理学家，他到普鲁士后担任弗里德里希二世的御医；与伏尔泰早就是朋友，在气质和趣味上与伏尔泰最为接近的开明贵族达尔让侯爵，早在1740年他就在伏尔泰的鼓励和推荐下来到普鲁士；等等。普鲁士王环顾聚集在柏林的这批科学家和文人学者，本已踌躇满志，现在法国文坛泰斗、誉满欧洲的伏尔泰也来到他的身边，更是得意忘形。他热心而大方地把众多学者安置在柏林，并最终把伏尔泰也从法国挖来，既不是像他写给伏尔泰的信中反复表达的对伏尔泰屡遭迫害的同情和愿为伏尔泰发挥其才能提供良好环境，也不是出于求贤若渴、愿为科学文化繁荣进步做贡献的无私精神，而是利用伏尔泰等人在欧洲各地享有的巨大声誉，为他的侵略政策打掩护和粉饰他在普鲁士的野蛮专制统治。伏尔泰来到柏林虽然受到热烈欢迎和款待，但是他此行的动机和目的，与弗里德里希二世之间是如此不同，他们之间的冲突也就在预料之中了。

伏尔泰初到柏林，对在这里的生活感到十分惬意。他和牛顿的崇拜者，机智、和蔼、彬彬有礼的意大利人阿加罗特，以及老朋友达尔让侯爵三人经常在一起聚会，亲密无间，情同手足。1750年11月，他在给外侄女德尼夫人的信中，曾描述他在波茨坦行宫的生活：这里的生活是自由而忙碌的，日常活动丰富多彩，有歌剧、喜剧、骑术比赛、阅兵、音乐会、研究和读书；与国王进餐时充满机智的谈话，晚餐美味有趣；柏林城很大，道路比巴黎宽阔、平坦，有豪华的王宫和剧院；和蔼可亲的公主、迷人的王后，侍奉国王的女士们都美丽大方、端庄匀称；等等。但是不久伏尔泰也发现，弗里德里希二世并非他想象中的"哲学家国王"，他并不体恤民间疾苦，一个人牢牢控制着整个国家，开明有限，专制有余，整个国家治理得像一座兵营，虽纪律严明，但等级森严，谈不到平等、自由和民主，实际情况与弗里德里希经常自我标榜的大相径庭。这使伏尔泰失望，他对"哲学家国王"的幻想开始破灭。与伏尔泰对德国社会的观察逐渐深入的同时，弗里德里希对伏尔泰的了解也日益全面。原来这位文坛巨子不仅有睿智的哲学头脑和艺术天才，还有深刻的社会洞察力和平民百姓的思想感情，既不囿于哲学的象牙之塔，也不耽于艺术的情感殿堂，他的哲学关注社会，他的艺术灵感为启蒙而发，优礼有加和奢侈豪华并不能阻止他对国王治下的普鲁士社会弊端的认识。他人格独立不羁，气度不同凡响，敢说、敢笑、敢怒、敢骂，文人的傲气和社会使命感与宫廷的奴颜婢膝气氛很不协调。弗里德里希二世对伏尔泰由敬重变为畏惧，进而逐渐反感。

伏尔泰与弗里德里希二世的关系恶化由于莫柏都依而加深，在伏尔泰来到柏林之前，莫柏都依身为欧洲知名科学家和柏林科学院院长，一直是普鲁士宫廷中最得意的英才，普王对他恩宠备至。莫柏都依学术有成，思想进步，本是法国启蒙运动中的干将，但他心胸狭窄，嫉妒心强，担心新宠臣的到来使自己遭冷落。特别是他与伏尔泰之间还有些私人芥蒂，更使他一开始就把伏尔泰当成了假想之敌。原来在巴黎为夏德莱侯爵夫人讲授数学时，他与侯爵夫人不仅仅是师生，还有过更亲密的关系，侯爵夫人最终选择了伏尔泰，他默默吞下一杯苦酒。伏尔泰来到普鲁士后，曾向国王极力推荐法国启蒙思想家雷纳神父，使之经弗里德里希二世御批进入柏林科学院。莫柏都依认为伏尔泰越过自己直接求助于国王，不把他这个院长放在眼里，是侵犯了他的领地。此时恰逢伏尔泰担任了一段时间的宫廷近侍职务以后，对为国王修改诗文工作感到厌烦，曾发牢骚说为国王改稿子“就像洗脏衣衫”，并把自己比作曾处于西西里暴君德尼宫中的柏拉图，说柏拉图还不必虚掷光阴去洗脏衣服呢。莫柏都依将此话广为散布，弗里德里希二世闻之自然对伏尔泰十分不满。伏尔泰后来在他的回忆录里说，正是莫柏都依关于“洗脏衣衫”的诽谤恶化了他与国王的关系。

与此同时，身为御医的拉•梅特里与弗里德里希二世曾谈及伏尔泰在宫廷的特权地位和由此引起的嫉妒，国王做了一个比喻，说最多再需要伏尔泰一年，橘子挤干了，皮就要扔掉。拉•梅特里将此话悄悄告诉伏尔泰，后者自然明白柏林已非久居之地。不过此时，他正等待他的《路易十四时代》在德国出版，他不想与弗里德里希二世闹翻。

1752年，柏林科学院发生了院长莫柏都依与院士柯尼希的学术之争，伏尔泰发表文章加以评述，导致与普鲁士王的最终决裂。莫柏都依发表了一篇题为《论宇宙学》的论文，提出一个“最低限度律”原则，认为自然界总是以最低限度分配各种原动力，试图用这个原则解释宇宙中的一切运动。德国科学家柯尼希信奉莱布尼茨哲学，不同意院长的论证，写了一篇文章驳斥“最低限度律”，文中引用莱布尼茨关于运动理论的一部未完成著作，其中涉及的论点与莫柏都依的“最低限度律”相似，并被莱布尼茨摈弃。柯尼希的文章未点莫柏都依的名字，莫柏都依却认为这仍构成对自己作为著名学者荣誉的威胁。他在柏林科学院提出柯尼希所引用的莱布尼茨未完成著作手稿的可靠性成问题，要求作者提供原始凭证。1752年4月，柏林科学院宣布莱布尼茨的手稿是伪作，柯尼希被迫辞去院士职务。

这件事引起伏尔泰的关注。这年9月，他在阿姆斯特丹一本杂志上发表文章《柏林院士给巴黎院士的答复》，客观地介绍这场争论。文章并未袒护柯尼希，但认为莫柏都依太霸道，违背学术道德。与此同时，柯尼希也发表一篇文章《呼吁舆论反对柏林皇家科学院的判决》，有力地证明手稿不是伪作，并提出为了弄清真相和保证公正，应由另一家科学院来检查证据做出定论，而不是由当事人莫柏都依作为院长的柏林科学院做结论。读了这篇文章，伏尔泰确信柯尼希清白无辜。此时弗里德里希二世为挽救柏林科学院的声誉，亲自出马为莫柏都依辩护，匿名发表《柏林院士致巴黎院士》一文，针锋相对、言辞激烈地攻击伏尔泰说谎、轻浮、无知、道德败坏。伏尔泰没有直接与普王对抗，而是拿起他最厉害的武器——讽刺，针对莫柏都依刚发表的一个小册子《关于科学的进步》，化名发表《教皇御医，阿卡基亚博士的讽刺》一书，由讥讽的手法猛烈攻击学术上和政治上的专制主义，它对弗里德里希的打击超过对莫柏都依的打击。普鲁士国王对伏尔泰竟敢暗中蔑视自己的权威怒不可遏，决定公开烧毁这部刚刚印出来的书。1752年12月24日，柏林公共广场举行仪式，将《教皇御医，阿卡基亚博士的讽刺》公开烧毁。

烧书事件标志弗里德里希与伏尔泰公开决裂。尽管伏尔泰误认弗里德里希二世是一位开明君主，为他喜欢谈论哲学和艺术，标榜崇尚理性、民主、自由和对宗教不虔诚的假象长期蒙蔽，一旦识破他专制君王的本质，便勇敢与之抗争。1753年元旦，伏尔泰把作为官符的侍从钥匙和十字徽章退还给国王，决意离开普鲁士。弗里德里希还想维系所谓“开明君主”的名声，不想让伏尔泰这样离去。他拒绝接受官符，并写信请伏尔泰原谅，希望和解。但伏尔泰不再受骗，他傲气十足地于3月26日踏上旅途。

途中，伏尔泰先在莱比锡逗留二十多天，在这个印刷业中心秘密重印他的《教皇御医，阿卡基亚博士的讽刺》一书，倔强地用行动对弗里德里希二世焚书做出回答，后又在法兰克福被地方当局根据普王的命令扣留一个多月，几经波折才于7月8日到达法国的美因兹地区，了结了与弗里德里希二世延续十六年的瓜葛。

伏尔泰在普鲁士宫廷的三年经历虽然只是他生平中的一段插曲，却像两进巴士底狱一样有力地影响了他此后的生活道路。在柏林尝到的甜酸苦辣使他终于确信，他的才华在德国和在法国一样都得不到统治者的重视和爱护，接近宫廷必以丧失人格独立为代价，这是他所不愿为的，也是与他所倡导的启蒙运动的原则相悖的。自由各式各样，压迫却到处一样。他决心寻找一个远离专制和压迫的所在，用他的笔，不仅对教会和宗教狂热，而且对专制和一切压迫形式展开新的进攻。他是顽强的思想战士，柏林受挫只激起了他继续战斗的决心和意志。

五、定居凡尔纳与凯旋巴黎城

脱离普鲁士王的控制以后，伏尔泰在法国边境的美因兹休息了三个星期，十月初转移到科尔马，准备隐居一个冬天。利用这段时间，伏尔泰一方面整理出版他应德意志哥塔公爵夫人请求编写的德国简史《帝国编年史》，撰写剧本《中国孤儿》，并开始写自传。这部自传的题目是《伏尔泰先生本人写的他的生平的回忆录》，完成于1759年，1786年他逝世以后才问世。另一方面，他在认真考虑今后的去向。虽经多方努力，他仍未获准回巴黎，法国的其他地方也不宜久居。几经辗转周折，伏尔泰于1754年底带着外侄女德尼夫人来到日内瓦，决心在这里购置房产定居下来，日内瓦是瑞士联邦的一个小共和国，环境优美，交通便利，政治上也比法国和德国自由。几年之间，伏尔泰先在日内瓦城墙外不远处购得一所豪华住宅，又在瑞士境内的洛桑长期租赁一所房子，后因日内瓦新教徒的宗教狂热有所抬头，为防不测，又在紧临瑞士的法国边境一侧凡尔纳和图尔纳两地购置两处地产。这样，他自称“有了四条腿”，狡兔三窟，可以进退自如。他自述这里没有国王，没有监督者，没有耶稣会士，除了自己的愿望外没有其他责任，获得了比较大的自由和独立，不必再过长途奔波的流亡生活。此后二十四年，伏尔泰一直在这个法国和瑞士的边境地带生活，为了叙述的方便，我们笼统地称之为定居凡尔纳时期。

定居凡尔纳是伏尔泰平生战斗生活的新阶段。这时伏尔泰已入晚年，普通人或者颐养天年虚掷而过，或者病魔缠身坐以待毙，而对伏尔泰来说，晚年却是他一生中最辉煌、最珍贵的时期。时间之长达四分之一世纪，历史时机恰逢启蒙运动高潮来临。正是这一时期最后奠定了伏尔泰在十八世纪法国启蒙运动中领袖和导师的历史地位。在这里，他进一步密切了与年轻一代启蒙思想家的联系，热情支持百科全书派的斗争，认为狄德罗和达朗贝尔所主编的《百科全书》是为国增光的空前巨著，是法兰西民族的纪念碑，并积极为它撰写条目；在这里，他利用通信与法国知识界及欧洲各国著名人士联系，了解各方面的动态，阐述自己的观点，把通信当作一种重要的宣传手段；在这里，他殷勤接待法国和其他国家的民主战士，他的家成为欧洲进步舆论的中心和反对封建专制、批判宗教狂热的圣地。人们尊称伏尔泰为“凡尔纳教长”，前来问候、拜会、请教他的各国客人络绎不绝。据他自己讲，在不到十年的时间里，仅前来拜访的英国客人就有两百多位，瑞士、法国和大陆其他各地客人之众自不待言；在这里，他用化名或匿名写作和印发大量小册子，猛烈抨击天主教和新教的宗教迫害，揭露专制政府草菅人命的暴行，产生了异常广泛的社会影响，有力地打击了敌人，教育和动员了广大群众；在这里，他除继续创作戏剧作品外，还完成了历史、政论、哲理诗、中短篇小说等一大批著作。

定居凡尔纳时期是伏尔泰创作的又一个高峰期。年迈和不平凡的阅历，使他的思想全面成熟，各方面的才华都达到了金黄的收获季节。同时，在这里他获得相对自由，对教会和专制政府的斗争越加勇猛顽强和直截了当，斗争的艺术也日臻完善，取得的成果有口皆碑。

在来到日内瓦前夕，伏尔泰终于完成了悲剧《中国孤儿》。这个剧作以中国元杂剧《赵氏孤儿》为蓝本，伏尔泰按照法国古典悲剧创作的“三一律”原则做了根本改造。《中国孤儿》是伏尔泰晚年最成功的悲剧作品，它的创作和演出也是中西文化交流的一件盛事。由于它涉及伏尔泰对中国文化和中国社会的认识和态度等深层问题，与它有关的内容我们留待本书第七章再向读者详细交代。

在定居凡尔纳时期，除《中国孤儿》以外，伏尔泰还创作了《唐克莱德》（1759）、《苏格拉底》（1759）、《苏格兰女人》（1760）、《奥林匹亚》（1762）、《祆教徒，或宽容》（1769）等多部悲剧。

1755年末，葡萄牙首都里斯本发生大地震，死伤惨重。地震恰巧发生在基督教的万圣节，葡萄牙耶稣会士借机污蔑无神论者和进步思想家，用地震是上帝对人类的惩罚恐吓群众，并在里斯本举办功德会，用活活烧死无辜者禳灾。里斯本大地震在欧洲其他各国也引起震惊和思想混乱，连有些科学家也相信地震体现了上帝的意志。伏尔泰于地震后七八天写了哲理诗《里斯本的灾难》，愤怒抨击教会及它的急先锋耶稣会士的胡言乱语和胡作非为，强调里斯本惨剧的原因应在自然界和自然法则中去寻找，而不应妄言什么“上帝的旨意”，体现了伏尔泰的科学精神和宗教迷误斗争的原则态度。伏尔泰写过另一首哲理诗《自然法则》，是1752年在柏林写的，题献给弗里德里希二世，阐释了伏尔泰的自然神论世界观，此时他把此诗与《里斯本的灾难》放在一起出版。这本书受到热烈欢迎，1756年一年之中就出了十八版，当然同时也遭到反动分子的攻击。

1756年，伏尔泰的重要历史著作《风俗论》出版。此书全名《试论通史与各国人民的风俗和精神》，《风俗论》只是简称。这部著作早在西雷时期在夏德莱侯爵夫人鼓励下开始动手撰写，陆陆续续直到伏尔泰逃离普鲁士以后方才完成，前后历时近二十年，其间部分手稿曾单独发表，1756年正式出版时共七卷，是体现伏尔泰的史学思想和在历史研究中创新的代表作之一。除此之外，伏尔泰在凡尔纳完成的史学著作还有《彼得大帝治下的俄罗斯帝国历史》《巴黎高等法院史》等。

1759年，伏尔泰发表《老实人，或乐观主义》。这部作品他伪称是译自德国拉尔夫博士的作品，是伏尔泰最著名、影响最大的哲理小说。他此后创作的哲理小说还有：《让诺和科兰》（1764）、《天真汉》（1767）、《有四十个金币的人》（1768）、《巴比伦公主》（1768）等。

本书第一章论述十八世纪法国启蒙运动的发展过程时，我们曾经谈到让·梅里叶神父和他的《遗书》在批判教权主义和宗教迷误中起了很大作用。但是《遗书》起初是以手抄本流传的。一部巨著靠手抄本流传所产生的影响毕竟极为有限，而它的全文直到1864年才在阿姆斯特丹出版，那已是启蒙运动乃至法国大革命大功告成七八十年以后的事了。真正使《遗书》在启蒙运动中产生广泛影响、发挥了巨大战斗作用的是伏尔泰。1762年，伏尔泰在日内瓦匿名出版了《遗书》的摘要本，题为《梅里叶号召教区人民反对腐朽透顶集团的呼吁书》⑤。伏尔泰是在1735年就从他的朋友、巴黎的出版商季里奥那里得知梅里叶的事迹，并且请季里奥设法为他找到《遗书》的手抄本。伏尔泰非常推崇梅里叶，赞赏梅里叶临终抛弃僧袍的勇气，说梅里叶善良、质朴、纯真、诚恳、善于议论和论证，比九十九个男爵加在一起还要机智，是像洛克一样的哲学家，认为《遗书》是罕见的一本书和了不起的著作。同时，伏尔泰认为《遗书》在写法上有冗长、拖沓、重复等毛病，不易普及。他根据《遗书》手抄本第一

⑤ 霍尔巴赫于1772年在阿姆斯特丹和伦敦两地同时出版《遗书》的另一摘要本，题为《神父梅里叶的健全思想》，与伏尔泰的摘要本在编选方法、内容取舍上均有不同。

卷的材料，侧重梅里叶对天主教教义、宗教产生发展的原因和对教会僧侣不法行为的批判，逐字逐句摘录成一个摘要本，克服原著文笔和论述上的缺陷，使这个摘要本具有流畅的文体和精炼的内容，易于理解和便于流传，附录梅里叶生平事迹简介以后付印出版。伏尔泰选编的这个《遗书》摘要本出版后大受欢迎，连续再版数次，在法国广泛流传。伏尔泰极为重视这本书的出版发行，从1762年到1764年的两三年间，他不断写信给在巴黎的友人，向他们寄送梅里叶的书，一再催促他们翻印和推销，请他们不倦地宣传这位反宗教神权的前辈。在这些通信中，伏尔泰热情地说，梅里叶的这本书应当人手一册；必须让它成为人人皆知的书，因为它可以在法国各省教育出许多新的反封建、反教权的战士；梅里叶的书是揭露宗教的欺骗性、反动性和打击教权主义份子的有力武器；任何著作在任何时候都不会比神父的这本《遗书》起更大的作用；等等。

早在去普鲁士前夕，1750年5月，伏尔泰发表《圣贤和百姓的声音》时，就提出一个口号——消灭败类，此后他在与友人的通信中经常署上这句话，以此表明自己与天主教会誓不两立的决心和激励启蒙学者们与宗教迷误进行顽强斗争。在凡尔纳，他进一步将这一口号付诸行动，掀起了“消灭败类”的高潮，梅里叶《遗书》摘要本就是投向教会的重磅炸弹。同年，伏尔泰还发表了自己的新作《五十个说教》。这是一篇伏尔泰对教会的宣战书，公开全面否定了基督耶稣和《圣经》，对新旧基督教进行全面讨伐。与“消灭败类”主题相关的还有《论宽容》（1763）、《哲学辞典》

（1764）、《英国绅士博林布罗克的重要研究》（1767）、《关于百科全书问题》（1770）、《终于得到解释的圣经》（1776）等。

凡尔纳时期，伏尔泰生平中另一重要内容是支持、捍卫《百科全书》的编撰出版。

伏尔泰与狄德罗、达朗贝尔主编《百科全书》工作一开始并没有直接关系。他支持和称赞这一宏伟工程，却没有参加这个工程的设计和开工典礼。当1751年6月和1752年1月，《百科全书》头两卷出版以后遭到教会势力的围攻、编辑工作遇到困难时，伏尔泰才卷入其中，从各个方面给它以支持、关心和协助，才开始直接参与出版《百科全书》的斗争。普拉德神父事件促成了《百科全书》与伏尔泰的结合。普拉德神父是为《百科全书》积极撰稿的神学家，他写的“确实性”词条曾引起轰动。1751年底，他向索邦学院神学系提交博士论文《天国的耶路撒冷》。1752年初答辩时，因论文有接近百科全书派启蒙学者的观点而未获通过，他的论文遭查禁，巴黎大主教又下令烧毁。早已伺机破坏《百科全书》出版的耶稣会士和冉森派教徒借机兴风作浪，大肆攻击百科全书派，甚至散布流言说《天国的耶路撒冷》一文是狄德罗的手笔。在他们的哄闹和压力下，已出版的头两卷《百科全书》被查禁，普拉德神父被索邦学院除名并遭通缉，神父不得不潜逃荷兰。为此，达朗贝尔写信给伏尔泰，请他帮助在柏林为普拉德神父寻求安身之地。伏尔泰当然愿意帮助任何一个被教会迫害的同道，他在弗里德里希二世那里为普拉德神父谋得御前侍读的职位。这件事之后，伏尔泰与《百科全书》关系密切起来。鉴于《百科全书》在法国被禁，他曾建议狄德罗和达朗贝尔到柏林来继续这一事业，只是由于狄德罗不同意而作罢。

《百科全书》的命运受到欧洲各国进步人士的关切，经过狄德罗和达朗贝尔等人的机智斗争，迫于国内外舆论的压力，专制政府不得不于1753年撤销了禁令，《百科全书》第三卷得以问世。这以后的三四年里，编辑出版工作较为顺利，从1753年到1757年，坚持每年出一卷，订户也由原来的两千人扩大到四千人，影响越来越大。这引起反动分子新的恐惧和仇恨，《百科全书》又遇到新的磨难。先是反动分子诽谤狄德罗、达朗贝尔与伏尔泰、卢梭等人秘密组织了一个旨在危害国家和推翻社会的作家集团，妄图败坏这些启蒙学者的声誉，造谣惑众，欺骗舆论。特别是一个叫巴里索的文人，写了一出三幕讽刺喜剧《哲学家们》，于1760年5月在巴黎上演，更把这场毁谤丑剧推向高潮。巴里索在《哲学家们》中借一个浅薄无聊的虚构故事，把哲学家们的理想描绘成对公共秩序和道德十分有害的东西，把几位著名启蒙思想家写成欺凌寡妇、诱骗孤女的道德败坏之徒。他让剧中人在形象上与卢梭、狄德罗、爱尔维修等人极为相像，并竭力加以丑化。例如，把卢梭描写成头顶蔬菜、四肢爬行的仆从，以讽喻卢梭“返回自然”的社会主张；剧中人罗狄德暗指狄德罗，被描绘成无耻的骗子，企图利用自己有关人性的知识诱骗天真无知的女性；把爱尔维修写成偷人钱包的扒手，揶揄他的“利己主义”学说等，手段十分卑鄙，投合了反动势力的需要，居然造成一时轰动，起了极坏的作用。与此同时，百科全书派内部由于意见不同发生分裂，1758年卢梭首先宣布与《百科全书》决裂，达朗贝尔由于厌倦内部争吵和外部受到反动派的压力退出了编辑部，后来魁奈、杜尔阁、马尔蒙代尔和杜克洛也先后脱身。不仅如此，当局也加紧对《百科全书》编撰工作的压迫。1759年，总检察长控告《百科全书》发表渎神言论和敌视宗教，当局指定专人组成审查委员会，对已经出版的七卷进行审查。同年3月，判决撤销《百科全书》的出版特许，并禁止继续出售、散发或重印。半年以后，罗马教皇克里门蒂十三世也专门发表诏书，谴责《百科全书》，勒令焚毁。

普拉德神父事件之后，伏尔泰一直全力支持狄德罗和达朗贝尔的工作。他激情满怀地对战友们说："写吧，勇敢的狄德罗和无畏的达朗贝尔，向宗教狂热分子和坏蛋们进攻吧！批驳他们愚蠢的夸夸其谈、卑鄙诡辩、历史谎言、自相矛盾的荒诞无稽之谈，阻止那些思想健全的人变成没有理智的人的奴隶；正在成长中的一代人得到自己的权利和自由应归功于你们。"⑥他积极为《百科全书》撰稿，对自己所写的词条精益求精，非常谦逊地总怕答应承担的词条写得不好而影响《百科全书》的质量。他在写给狄德罗和达朗贝尔的信中说，他常常颤抖着寄出给《百科全书》写的文章，要他们把不满意的东西烧掉，而不必顾及老头子的情面。事实上，伏尔泰为《百科全书》所写的短文极为精彩。他为《百

⑥ 阿尔塔莫诺夫：《伏尔泰传》，张锦霞、苏楠译，商务印书馆，1987年，第13页。

科全书》撰写了十二个词条，诸如“历史”“理智”“想象”“优美”“平等”“自由”“暴政”等均为伏尔泰手笔。他高度评价《百科全书》的价值，成为百科全书派积极的成员之一。他曾说：“当生命一息尚存，我愿为《百科全书》的光荣的作者们效劳。如果我能为最伟大和最美好的民族的和文化的作品贡献自己微薄的力量，我认为这对自己将是最高的荣誉。”⑦

因之，当内忧外患齐来，《百科全书》遇到空前困难时，伏尔泰强烈意识到自己的使命和责任，挺身而出尽全力保卫这一集启蒙运动各路英雄思想大成的文化成果。他一再规劝达朗贝尔不要辞掉《百科全书》副主编的职务，严厉批评卢梭挑起与达朗贝尔和狄德罗的争端及其“决裂”行为，强烈反对巴里索在舞台上丑化百科全书派哲学家，愤怒驳斥在《文学年鉴》上一再发表文章攻击《百科全书》的反动文人佛勒龙，无情嘲弄狂妄自大，积极参加反《百科全书》大合唱，并乘机抬高自己的小丑角蓬皮尼昂。伏尔泰在1760年7月上演的喜剧《苏格兰女人》中，特别挖苦讽刺佛勒龙热衷于诽谤和做伪证，赞赏低能者、蔑视真正的天才。第二年，他又发表《佛勒龙轶事》一文，公开揭露佛勒龙私生活中的卑劣行径。对于蓬皮尼昂，伏尔泰先用“克洛多雷”的笔名发表《何时》一文，运用他尖刻的讽刺向蓬皮尼昂进攻，后以“德利斯”笔名又写了《是》和《否》两文跟踪追

⑦ 阿尔塔莫诺夫：《伏尔泰传》，张锦霞、苏楠译，商务印书馆，1987年，第13页。

击，百科全书派的莫尔莱神父也发表《如果》和《为何》助战，这一系列短小精悍的文章像一阵排炮，连续射向恣意攻击百科全书派的小诗人蓬皮尼昂，形成一场引起轰动的“小品词之战”，狠狠反击了对《百科全书》的围攻。

《百科全书》的死敌耶稣会在巴黎有一份机关报《特尔沃报》，其主编贝蒂埃神父发表文章攻击《百科全书》。伏尔泰当即写了一篇讽刺文章《耶稣会士贝蒂埃患病、忏悔、死亡和显灵的记录》，辛辣嘲讽贝蒂埃由于在他所主编的报纸上发表太多的恶毒言论而中毒，医生开给他的药方是吞下一页《百科全书》！这神来之笔活现伏尔泰的爱憎感情和老而弥坚的斗争意志。

在狄德罗的顽强努力下，在达朗贝尔退出后一直做狄德罗助手的柔古等人的埋头苦干和其他同仁的鼎力相助下，加上伏尔泰等老一辈启蒙学者的全力支持，《百科全书》被迫停止出版八年后，于1765年不顾禁令恢复出版，到1772年按计划全部出齐。一开始，重新出版的《百科全书》只能秘密发售，但是当局越禁止，人们越是要购买和阅读，禁令变成一纸空文，百科全书派取得了最后胜利。

在保卫《百科全书》的斗争中，伏尔泰以一位启蒙老人和文坛巨擘的身份参加进来，无私地爱护和支持第二代、第三代启蒙学者的事业，在启蒙学者中间和社会上赢得普遍赞扬和钦佩。1770年初，支持和参加启蒙运动的银行家雅克·内克尔和他的夫人苏娜纳，在他们的巴黎寓所宴请启蒙学者，应邀参加的有狄德罗、达朗贝尔、絮阿尔、爱尔维修、马尔蒙代尔、格里姆、圣朗贝、托马斯、索兰、伯尔纳、夏斯特里爵士、舒恩伯格伯爵、雷纳尔神父、阿尔芒神父、莫尔莱神父，加上内克尔夫妇一共十七位哲学家和学者。宴会过程中，内克尔夫人提议，为向伏尔泰表示敬意，大家集资为这位启蒙前辈塑像。在座的朋友们一致同意，决定委托当时法国最负盛名的雕塑家皮加尔完成。宴会后，消息不胫而走，到四月份已有四十多人捐款。起初，捐款范围只限伏尔泰的朋友和崇拜者，后来扩大到一切愿向伏尔泰表示敬意的文人学者，连丹麦国王和弗里德里希二世也捐了款，甚至已与伏尔泰反目成仇的卢梭得知这个消息后，也表示愿意捐款，并热情地说："这是法兰西和这个世纪的荣誉。"普鲁士国王大约为了悔过，或者为了挽回影响，除捐款外还特意写了一封信请达朗贝尔在法兰西学院宣读。信的一开头便说："伏尔泰得到的最美的纪念碑是他自己树立起来的，他的著作将比圣彼得教堂、罗浮宫或人类献给永恒未来的一切建筑物都会存在得更为长久。"

皮加尔为伏尔泰雕塑的是一座古典风格的裸体坐像，充分体现出伏尔泰一贯主张的美学原则，伏尔泰本人对此甚为满意。后来又有两位杰出的雕塑家为伏尔泰塑过像，彭赛为伏尔泰雕了一座与真人尺寸相等的白色大理石胸像，乌东为伏尔泰塑了几个胸像和全身坐像。可惜他们的作品完成时，伏尔泰已经去世，未能目睹他留给后世的形象。

1774年，路易十五一命呜呼，新继位的路易十六无法扑灭群众热爱伏尔泰的一往情深。伏尔泰决定回到巴黎。他已经有二十九年没有到过巴黎了。自他初涉社会以后，他从来没有在这个他出生和度过学生时代的城市再连续生活两年以上。巴黎是政治和文化中心，身为天才政论家和文坛泰斗的伏尔泰却不得不大半生在外国做客、在穷乡僻壤隐居、在边境栖身。现在，时机终于成熟，尽管当局仍然没有撤销不准他返回巴黎的禁令，形势却已今非昔比。伏尔泰明了，经过启蒙学者的长期斗争，人民日益觉醒，教会受到沉重打击，专制王朝也已丧尽人心，封建势力已经奈何他不得。

1778年初，伏尔泰凯旋巴黎，受到首都人民狂热欢迎。他的住所前车水马龙，知名人士纷纷前来拜访，期待一睹这位时代巨人风采的巴黎群众云集不散，报刊连篇累牍报道伏尔泰到来和活动的消息，气氛热烈至极。列在欢迎队伍之首的，当然是拼搏已久的启蒙学者和自由思想家——狄德罗、达朗贝尔、马尔蒙代尔、杜尔阁、内克尔夫人等。法兰西学院的惯例是只接待来访者，不拜访任何人，这次却破例派遣两位院士前往拜谒伏尔泰，另有十位院士自发加入这个特殊的院士朝觐团。法兰西喜剧院的演员也集体拜访伏尔泰。伏尔泰一生为这个剧院写过二十多个剧本，他的大部分剧作都是首先在这座剧院面世的。但是，与学者、文人、艺术家和广大群众的热忱形成鲜明对照，贵族和宫廷对伏尔泰十分冷淡，来看望和陪伴回乡老人的只有老同学、老朋友里舍利厄公爵和达让塔尔伯爵。

已届八十四岁高龄的伏尔泰回到巴黎以后仍然充满活力。他兴奋地接待各界来访者，积极参加许多社交活动，出席观看他所创作的最后一部悲剧《伊兰纳》的演出，参加法兰西学院院士会议等，人民的爱戴仿佛使他焕发出新的青春。

伏尔泰重返巴黎期间，正值美国独立战争激烈进行之时，北美十三州原英国殖民地人民正在用血与火实践伏尔泰、孟德斯鸠、卢梭和其他法国启蒙学者所倡导的政治原则与社会理想。早在二十五年以前，当伏尔泰准备逃离普鲁士时，他曾想去北美宾夕法尼亚定居，他在写给蒂埃里奥的信中谈到过这一计划，只是因为他严重晕船，无法忍受远渡重洋的痛苦，才放弃这个打算。假设他的身体不是这般羸弱，他也许将成为美利坚合众国的奠基人之一。由于有这一段隐秘的前因，伏尔泰十分关注北美的事态发展。法国政府基于与英国的利益冲突，对于1775年举行起义的北美人民持支持态度。1776年7月4日美国建国以后，法美关系十分密切，法国曾派志愿军到美洲参战。伏尔泰返回巴黎，适值美国著名民主主义者和科学家本杰明 • 富兰克林（1706—1790）出使法国。伏尔泰到达巴黎的第一个星期里就热情接待了美国客人。富兰克林信奉自然神论，是美国《独立宣言》的起草人之一，过去曾与伏尔泰有过书信往来。这次拜谒伏尔泰，富兰克林带着自己的小孙子本杰明 • 富兰克林 • 巴赫。祖父请伏尔泰为宠孙赐福，伏尔泰的祝福是“上帝和自由”，极为准确地表达了他与富兰克林的共同信仰。在以后的几个月里，他们在公共场合曾多次相见，无论二人在哪里见面，四周总是掌声不绝，情景令人十分感动。伏尔泰的传记作者安德烈 • 莫洛亚说：“富兰克林与伏尔泰的相会，民主政治与自然神论的握手，这已是大革命开始的预兆。”[8]这是一句

⑧ 安德烈•莫洛亚：《伏尔泰传》法文版。译文转引自傅雷：《傅译传记五种》，生活 • 读书 • 新知三联书店，1983年，第706页。

颇富历史感的评论。

重返巴黎以来的紧张活动和神经高度兴奋严重损害了伏尔泰的健康。不久他就病倒，并于这年5月30日与世长辞。伏尔泰至死不与僧侣统治者妥协，他在人生旅途的终点所写的辞世辞《与生命诀别》仍然是一首辛辣嘲讽“大主教”“法官”“伪君子”的讽刺诗。在最后的日子里，卧床不起的伏尔泰仍然顽强地与纠缠不休的教士们周旋，拒绝忏悔和做临终仪式。

伏尔泰生病和逝世的消息使教会和一切反动分子欣喜若狂，他们阴谋凌辱伏尔泰的遗体。1730年，伏尔泰年轻时的情人、著名女演员勒库弗勒小姐逝世时没有履行天主教的临终仪式，曾经遭到教会惨无人道的迫害，现在伏尔泰也逝世了，一些穿僧袍的恶棍又想重施故技，要求教会下令不准埋葬伏尔泰。狂热的教士们的请求已被巴黎大主教认可。在这种情况下，伏尔泰的朋友们只得把他的遗体秘密运出巴黎，暂时安葬在距西雷城堡不远的香槟省塞里耶尔修道院。当局则禁止报纸上提到伏尔泰的名字，禁止剧院演出他的戏剧，禁止法兰西学院按惯例为他举行宗教仪式。

但是教会和专制王朝枉费心机，人民不会忘记伏尔泰。十一年以后，法国大革命爆发，1791年5月8日和5月30日，国民议会两次发布公告，决定把伏尔泰的遗骨迁葬先贤祠，并补行国葬。7月10日举行的重葬伏尔泰仪式极为隆重，送殡的群众在这位伟大启蒙思想家的柩车上大书“他教导我们走向自由”，一语道尽伏尔泰终生活动的历史价值。

第三章　伏尔泰的自然神论及其对宗教迷误的批判

一、伏尔泰哲学思想的理论来源

伏尔泰脍炙人口的戏剧、诗歌、小说、政论、历史著作及大量书信，为这位多才多艺的启蒙巨人塑造了极为丰满的历史形象。然而，构成他所建造的精神大厦的基础的，是他的哲学思想；奠定他成为十八世纪法国启蒙运动领袖和导师历史地位的，是他运用他的哲学与天主教会和宗教迷误六十年如一日的顽强斗争。

伏尔泰最早的哲学著作是《哲学通信》，这是他流亡英国期间深入研究牛顿的自然哲学和培根、洛克的唯物主义经验论的成果。在这部著作里，他把牛顿、培根和洛克介绍给法国读者，也表明自己是英国的实验哲学和经验论的信徒。此后，无论是在哲学专著、哲理诗、谈论哲学的大量书信中，还是通过文学作品所表达的哲学思想里，伏尔泰从来没有背离过这种哲学信念。他始终未能超越他的老师，但他严格地遵循了他们的唯物主义路线。他在《哲学通信》里所阐发的哲学思想，后来在《形而上学论》《牛顿哲学原理》《哲学辞典》《无知的哲学家》等哲学著作中得到详细的分析论证，从而在以笛卡尔为代表的唯理论思辨哲学占统治地位的法国学术界，吹进一股新风。唯物主义的经验论和实验哲学从此在法国思想界大行其道，构成法国启蒙运动的哲学基础和摧毁宗教神学的理论武器，并为自然科学家提供了先进的世界观和方法论，有力地促进了十八世纪法国自然科学的发展。

伏尔泰推崇近代哲学的鼻祖弗朗西斯•培根（1561—1626），在《哲学通信》第十二封信中，他集中评述了培根对当代哲学发展的贡献。在伏尔泰看来，中世纪的经院哲学不过是用抽象的“本质”“实体的形式”等莫名其妙的概念糟蹋理性。这些词语被无知的人尊敬，被教会和神学家利用，阻碍科学的发展和社会进步，人们“不懂得血液循环、空气的重量、运动规律、光、星球的数目等，而如果有人提出关于亚里士多德的范畴、关于事物共相或是其他此类糊涂问题的论文，他却会被人看成是非凡的人物。”[1]哲学仍然被禁于神学之中。正是培根，通过他“最奇异最精粹”的著作《新工具》，打破了这种局面，开启了人类认识自然、发展科学技术的新时代。伏尔泰说，《新工具》是人们用以建立新哲学的脚手架，培根是“实验哲学之父”，在培

---

① 伏尔泰：《哲学通信》，高达观、徐仲年等合译，上海人民出版社，1961年，第46页。

根以后，一扫经院哲学的陈腐说教，实验物理学在欧洲兴起，培根自己不但做过关于空气弹性和空气重量的实验，而且预言，人们将解开许多自然之谜，在培根那里，哲学不再是抽象推论和空谈，而成为研究自然现象、探索自然规律的工具。伏尔泰特别强调，培根曾在《新工具》中预言了引力的存在。他引证培根的两段话："应该研究有没有一种磁力在地球与重物之间、月球与海洋之间、各个星球之间发生作用"[②]；"或者有重量的物体必然地被引向地心，或者它们彼此之间互相吸引，在后一场合，物体下坠时，离地越近，互相吸引的力量显然就越大。"[③]这分明是培根早于牛顿一百多年就已根据自己"认识的新方法"推测到后来为牛顿所证实的万有引力论。这个事实使伏尔泰惊讶不已。伏尔泰后来在《哲学辞典》中为"哲学家"所下的定义是"智慧爱好者"和"真理爱好者"，他本人一生以这两个原则为行动指南，在孜孜于人文科学研究的同时，努力学习和研究自然科学。虽然他在自然科学方面没有什么杰出发现、发明和创造，但他不但写了《牛顿哲学原理》等宣传自然科学成果的著作，而且始终倡导科学精神，高扬文明进步，所以当他研究培根的著作时，培根关于引力问题的推测令他叹服实验哲学的威力。既爱智慧又爱真理的伏尔泰自己的哲学思想，自然受到培根哲学在方法论和认识论方面的巨大影响。

---

② 伏尔泰：《哲学通信》，高达观、徐仲年等合译，上海人民出版社，1961年，第47页。

③ 伏尔泰：《哲学通信》，高达观、徐仲年等合译，上海人民出版社，1961年，第47页。

不过伏尔泰哲学思想的最直接的理论来源是英国唯物主义经验论的代表人物洛克。约翰•洛克（1632—1704）在斯图亚特王朝复辟时期站在辉格党一边，因而受到保皇派的迫害，曾逃亡荷兰，直到1688年“光荣革命”后才回到英国，并担任政府要职。他结识牛顿，信服牛顿学说，他在所著《人类悟性论》和《政府论》两部著作中，系统地阐述了唯物主义的经验论哲学和政治理论。洛克发挥培根、霍布斯的唯物主义，建立了比较完整的感觉主义的经验论认识体系。当时欧洲大陆盛行笛卡尔的“天赋观念论”，英国的剑桥柏拉图学派又公然复活柏拉图的理念论，洛克尖锐批判了这些替宗教神学辩护的唯心主义哲学，提出著名的心灵是一块“白板”的学说，认为人的观念和知识都是从感觉经验中得来的。他对认识的起源、过程和获得知识的途径，进行了系统论证。洛克研究了人类知识的范围，认为人不可能获得绝对的和超验的知识，人的认识能力和思维活动仅限于永远是相对的经验范围之内。洛克的经验有力地打击了笛卡尔的天赋观念论和宗教神学的灵魂不死说。

伏尔泰十分推崇洛克，认为洛克是柏拉图之后最伟大的哲学家。他说：

洛克一个人足以成为我们时代对于希腊极盛时期的优越性的重要例证。从柏拉图到洛克，哲学毫无进展。在这段时期内，没有人把人类的精神活动推进一步……只有洛克在他的一部著作中阐述了人类的理解力。这部书的内容全是真理。这些真理明白易懂，使这本书成了完美

> 无缺的著作。[④]

伏尔泰在他1759年所写的《回忆录》中更直率地指出了洛克在其哲学思想形成过程中所起的作用。他说：

> 我是极端尊敬洛克的，我把他看成唯一合理的形而上学家，我特别推崇他的那种极新、极明智、极大胆，同时又极严谨的态度。

在《无知的哲学家》中，伏尔泰甚至这样描述他的哲学思想与洛克哲学的关系：

> 我跑了很多不幸的弯路，疲惫困顿，以为寻求了不少真理，所找到的却是许多空想，深觉惭愧，我又回到洛克这里来了，就像一个浪子回到父亲身边一样，我投入到一个谦虚的人的怀抱。

事实上，伏尔泰的哲学思想始终以洛克为依据，无论正面阐述还是驳辩时的应用，都是从各个方面发挥洛克哲学的基本原理。伏尔泰当然对洛克的经验论有所发展和贡献，但是他在哲学研究和著述中的主要功绩，是把洛克哲学介绍到法国，并忠诚不渝地宣传它，捍卫它，从而为十八世纪法国唯

④ 伏尔泰：《路易十四时代》，吴模信译，商务印书馆，1982年，第497—498页。

物主义的形成提供了理论蓝本和思想借鉴。他常自诩是他第一个把洛克的著作译成法文，并向法国思想界宣传这位英国哲学家，把这看作是自己对法国启蒙运动的一大贡献。

伏尔泰虽然极端推崇和不倦地宣传洛克，他自己的哲学思想却不是洛克哲学的简单翻版。他针对十八世纪法国思想界的独特环境和思想斗争的时代特色，融合法国十七世纪的思想遗产和科学成果，源于洛克又推陈出新，从而形成伏尔泰自己独立的哲学理论。这里所谓法国的思想遗产和当代自然科学成果两项内容，也应属于伏尔泰哲学思想的理论来源。

其一是笛卡尔，以及笛卡尔之后的一些法国哲学家。

笛卡尔（1596—1650）是十七世纪法国杰出的唯理论哲学家，是近代哲学的奠基人之一，同时又在数学和物理学领域做出了重大贡献。在封建专制压迫下，他终生流亡国外，他的著作被罗马天主教会列为禁书。笛卡尔的主要哲学著作是《方法谈》《形而上学的沉思》和《哲学原理》。笛卡尔的哲学体系是二元论。他认为世界存在物质和精神两个平行体系，上帝是最高的统一实体，因而笛卡尔把他的哲学分为两个部分，即关于自然的学说“物理学”和关于超自然的学说“形而上学”。他的“物理学”是一个宽泛的概念，实际上包括了全部自然科学，而形而上学是关于上帝、灵魂等超验存在物的学说。笛卡尔企图用这种二元的办法，从宗教神学那里为自然科学争取存在和发展的机会。他把他的物理学和形而上学完全分开，在他的物理学范围内，物质是唯一的实体，是存在和认识的唯一根据。根据这种“物理学”，他认为自然界由物质微粒构成，充满无限的空间，没有绝对的真空；物质具有广延性，进行分离和组合运动，物质和运动是永恒的；宇宙是一架大机器，一切现象均可用力学规律说明，甚至动物也是像钟表一样的自动机械。笛卡尔的自然观是与十七世纪自然科学水平相适应的机械唯物主义。在认识论和方法论上，笛卡尔主张天赋观念论和唯理论，认为理性演绎法是唯一科学的认识真理的方法，排斥归纳，否认经验的认识作用。

笛卡尔的二元论虽然引起很大争议，但是他推崇理性、强调“普遍怀疑”的原则和唯物主义的物理学，对十八世纪的法国唯物主义的发展有很大影响。笛卡尔认为理性是每个人天然均等具备的、能正确地做出判断和辨别真假的能力，“普遍怀疑”是科学研究的出发点。他主张对人类以往的知识，要根据“普遍怀疑”的原则，用“理性的尺度”大胆地重新审视，凡属违反理性的迷信和偏见一概抛弃。显然，笛卡尔的这些观点是针对宗教神学的。他用推崇理性对抗宗教的信仰主义，鲜明地否定了经院哲学和充满愚昧、偏狭和矛盾的神学知识体系。他建立了系统的唯理主义认识论，倡导发扬理性，改进认识，改造社会。

伏尔泰信奉洛克和牛顿，他的哲学思想是唯物主义的经验论，是实验哲学，当然原则上反对唯理论和思辨哲学。但是，笛卡尔的物理学唯物主义与伏尔泰的唯物主义又是一脉相通的，在推崇理性、提倡科学、反对神学上更是志同道合。伏尔泰虽然也像洛克一样批判笛卡尔的天赋观念论，但是他承认笛卡尔的天才，肯定笛卡尔的历史地位，认为笛卡尔是先驱者，是开辟了哲学和科学的崭新道路，又没有失误的前辈，是属于哲学上的荷马和高乃依一类的人。在《哲学通信》第十四封信中，伏尔泰将笛卡尔和牛顿做了对比，尊称为“两个伟人”，在批评笛卡尔的错误的同时，赞颂笛卡尔破除了两千年来迷惑青年的那些荒谬的幻想，说笛卡尔给盲人恢复了光明，从而使人们看见了古代人和笛卡尔自己的错误，在他之后，他所开辟的道路已经变得广阔平坦。伏尔泰在这封信中还说，当牛顿逝世时，法国科学家丰特涅尔发表了一篇颂扬牛顿的演讲，把牛顿和笛卡尔相提并论，伦敦有人写文章批评丰特涅尔的演讲，否认笛卡尔能与牛顿比肩而立。伏尔泰说写这种文章的人“忘恩负义”，他认为笛卡尔在哲学、几何学、屈光学、物理学等领域有许多开创性研究，开辟了一条伟大的道路，并不亚于牛顿在笛卡尔以后开辟的道路。倘若他有失误，就像一个人发现新陆地不能一下子把新陆地的一切情形都弄清楚一样，后来的人使这块陆地肥沃起来，至少也要感激他的发现。伏尔泰感慨道：“我不相信人们就敢认为笛卡尔哲学与牛顿哲学相比半文不值：前者是一种尝试，后者是一种杰作。但是把我们引上真理之路的人，或许足以跟那时以来一直站在真理之路上的人媲美。”⑤

研究伏尔泰哲学在他本国的思想渊源，当然不止笛卡尔。可以谈到拉伯雷（约1494—1553），可以谈到蒙台涅

⑤ 伏尔泰：《哲学通信》，高达观、徐仲年等合译，上海人民出版社，1961年，第62页。

（1533—1592），可以谈到伽桑狄（1592—1655），甚至可以谈到童年时教父沙多纳夫教他背诵的散布怀疑论的反诗《摩西亚特》和大路易中学某些染有自然神论色彩的讲义等，然而除笛卡尔之外，对伏尔泰影响最大的当属另一位怀疑论哲学家贝尔。

皮埃尔·贝尔（1647—1706）是法国启蒙运动的直接先驱。贝尔的主要著作是1695年发表的《历史批判辞典》。贝尔的怀疑论比笛卡尔的怀疑论更为深刻彻底。他不仅批判宗教神学，而且批判十七世纪的形而上学。他宣称真理是客观存在的，怀疑是认识世界、通达真理的必由之路。他颂扬理性，认为宗教神学和形而上学都是理性不能理解的荒谬的东西。荒谬性是宗教神秘主张的本质，因而理性与信仰水火不容。他不同意道德以宗教为基础，认为笃信宗教的人可能是最没有道德的人，无神论者却可能具有崇高道德。玷污人的尊严的不是无神论，而是迷信和偶像崇拜。无神论者能成为可敬的人，由清一色无神论者组成的社会是可能存在的。他尖锐批判了莱布尼茨的形而上学，指出根据莱布尼茨的所谓“前定和谐”论，上帝创造的我们这个世界是最好的世界，一切都趋向尽善尽美，可是应该如何解释现实存在的种种罪恶、灾难和混乱呢？他提出，人的社会生活不应由福音书决定，而应由法律支配，只有改进国家的立法，才能使社会进步。

伏尔泰十分尊敬贝尔，肯定贝尔《历史批判辞典》在宣扬理性、反对宗教狂热、提倡宽容精神和信仰自由方面的功绩。在《路易十四时代》中，伏尔泰说贝尔是使那个时代增光的作家之一；在《哲学辞典》中，称之为“不朽的贝尔”，说“他的存在是人类的荣誉”，同时痛斥教会和专制政府迫害具有自由思想的哲学家，说迫害笛卡尔、伽桑狄、贝尔等人是一个国家永久的耻辱。他接续贝尔的事业，反复批判了形而上学，在他著名的哲理小说《查第格》中，就有十分生动地对莱布尼茨的批判。对于贝尔关于一个由无神论者组成的社会可能存在的著名论断，伏尔泰多次予以评论，总的态度是有条件地赞同。在这个问题上，正生动具体地反映出十七世纪法国进步哲学家对伏尔泰的影响。

几乎所有十八世纪的法国哲学家都无法回避贝尔的论断。为教会和神学辩护的哲学家极力诋毁贝尔。宣传无神论的狄德罗、霍尔巴赫等人竭诚拥护和发挥贝尔的观点。伏尔泰力主自然神论，就哲学理论本身而言，他的观点与狄德罗等人并无本质区别，自然神论和无神论都是唯物论。下文还要谈到，伏尔泰的“神”是一个哲学概念，并非宗教意义的超自然的实体。就这个意义上说，伏尔泰完全赞成贝尔的论断，认为一个由无神论者组成的社会可能存在，而且非常理想。在《哲学辞典》的“无神论者”词条中，伏尔泰写道：

> 许多有学问的中国人是无神论者，在北京与这些温良恭俭让的人一起生活非常愉快，无神论者的社会可能存在的主张是正确的。中国的这些无神论者是哲学家，可以在一定的社会法则下过着非常明智和幸福的生活，在他们当中度过一生，比在迷信和狂热的人中度过一生要惬意。

伏尔泰还用揭露贝尔论断反对者自相矛盾来支持贝尔。他指出，那些最猛烈攻击贝尔论断的人，那些以疯狂的辱骂来否定一个无神论社会存在的可能性的人，同样坚定不移地认为中国是一个无神论国家，这些人如何自圆其说呢？为了论证贝尔论断的正确性，伏尔泰不仅依据传教士介绍的情况一再讲到中国，而且还举出西方社会存在的许多无神论群体：怀疑论者怀疑一切，学院派对一切事物的判断采取悬而不决的办法，伊壁鸠鲁派深信上帝不能干涉人类的事务，他们实际上在心里深处不承认上帝。他说，罗马元老院的议员和骑士更是真正的无神论者，因为对既不畏惧神又不希望从神那里得到任何东西的人来说，神根本就不存在，因此在凯撒和西塞罗的时代，罗马元老院确实是无神论者的议会。西塞罗就说过："我们根本不相信所有关于地狱的愚蠢传说。"伏尔泰指出，认为一个无神论社会不可能存在的观点的论据是，不受约束的人被认为无法和睦相处，以上这些群体的存在证明这观点错了。不仅如此，伏尔泰还补充贝尔对他的论断的论证。他说，贝尔似乎本该问一问，宗教狂热和无神论相比哪个更危险。狂热肯定要有害一千倍，因为无神论不会激起血腥的激情，而狂热则会激起；无神论不赞成罪行，可是狂热引起罪行。

然而，伏尔泰赞成贝尔的论断是"有条件的"。在他看来，一个无神论者组成的社会是可能存在的，但这些无神论者必须都是有学问的人或者哲学家。他认为社会的两极，即君主和下层群众不能没有宗教，一个无神论国王可以无所顾忌地杀人，而不畏惧上帝的民众不好治理，因此伏尔泰说：

"要让各国君主和人民把一个可以赏善罚恶的至高无上的存在的观念铭记在心，这是绝对必要的。"这里反映了伏尔泰思想中的深刻矛盾，详细地解释它留待后文进行，此时我们所要强调的是，贝尔无疑是伏尔泰哲学的理论来源之一。

二、伏尔泰的"神"与哲学唯物主义

伏尔泰服膺洛克和牛顿，又受到笛卡尔和贝尔等人的影响，终于形成自己的哲学思想。

他承认物质世界的客观性，认为这是不言自明的道理，要不是唯心主义哲学家千方百计怀疑一些最明白的事实，人们做梦也想不到要讨论这样的问题。他说，有人怀疑外在对象的客观存在，认为外在对象很可能是人的想象力造成的。他们认为虽然理智从感官得到一些知识，却并没有任何外在对象，正如我们在做梦时看见和感觉到一些并不存在的东西一样。伏尔泰驳斥了这种梦呓。他提出，如果没有外界对象，如果人的想象力造成一切，为什么人在碰到火的时候被烧痛，而梦中以为碰到火的时候并不被烧痛？就人们之间的关系而言，如果否定物体的客观性，不承认有一个社会和一些对象在我们之外，那么就谈不到人们之间的任何交往，我在与这些怀疑论者先生讨论问题之前，首先必须拒绝承认这些先生的存在，这显然是荒谬的。伏尔泰进一步指出，不管我下多大功夫去怀疑，我还是相信物体的存在，有过于相信若干几何学真理。因为尽管我无法对我有一个父亲和一个母亲做出几何学上的证明，但我绝不会怀疑双亲的客观存在。巴克莱主义者认为，物体是人的颜色、声音、气味等各种主观感觉的结合，并非真实的客观存在。伏尔泰根据洛克的唯物论驳斥说，物体的本质无不在于物体具有颜色和声音，而是具有广袤和不可入性，因此一个人虽然又聋又瞎，由于他有触觉，他就不会怀疑那些使他感到坚硬的东西的存在。伏尔泰在流亡英国期间，曾经拜访过巴克莱（1685—1753），但是他对巴克莱歪曲利用洛克关于物体两种性质理论所建立的主观唯心主义哲学并不赞同。伏尔泰不仅否定主观唯心论，而且反对客观唯心论，如他把剑桥柏拉图学派的一班人视为文雅的饶舌之徒等。

以上可见，与唯心主义的原则相反，伏尔泰的哲学思想以承认世界的客观性为前提，这是他的哲学的出发点。

肯定了物质世界的客观性，伏尔泰进而论证人的一切观念都来自感官对外界事物的感觉。他首先明确指出：

我们的最初的观念乃是我们的感觉。⑥

感觉是从外物对感官的刺激中得来的。他比喻说，人从外物获得感觉和观念，正如我们吸收身外的物质，让它变成我们自身的物质，来营养我们的身体一样。他描述这种认识过程说，我们一点一点从刺激我们感官的东西得到一些复杂的观

⑥ 北京大学哲学系外国哲学史教研室：《十八世纪法国哲学》，商务印书馆，1963年，第74页。

念，我们的记忆力保存下这些知觉，头脑则对一个个孤立的观念或知觉进行加工，于是就产生出人的全部广阔的知识来。感觉是观念的唯一来源，当我们的某些感官有缺陷，因而缺乏某些感觉的时候，也就缺乏某些观念。人的头脑唯一具有的能力只是对感觉得来的观念进行组合和整理。这里我们看到，伏尔泰重述了洛克唯物主义感觉论的基本观点，并且力图克服洛克的不彻底性。洛克在他的《人类悟性论》中谈到观念的来源时，除主要强调感官对外物的感觉从而产生观念之外，还提出人心可以通过反省活动，不依赖感觉得到某些观念，他称之为“反省观念”。显然，洛克的所谓“反省观念”是唯心主义理论，是与洛克全部哲学的唯物主义经验论基本精神相矛盾的。伏尔泰强调感觉是观念的唯一来源，这就把唯物主义的感觉贯彻到底，纠正了洛克的错误。

但是，由于形而上学机械论的局限性，伏尔泰不能理解从感性认识到理性认识的辩证过程，狭隘的经验使他不懂得抽象在认识过程中的地位和作用。因此他说：

> 追问我们是如何思想、如何感觉的、我们的运动是如何服从我们的意志的，乃是追问创世主的秘密；我们的感官不能为我们提供获得这种知识的途径。⑦

从而陷入极大的困惑之中。然而，不能由此认为伏尔泰陷入

---

⑦ 北京大学哲学系外国哲学史教研室：《十八世纪法国哲学》，商务印书馆，1963年，第75页。

了不可知论。因为在伏尔泰看来，虽然人们还不了解认识的机制，但这并不妨碍我们承认观念通过感官得来。他在《哲学辞典》的“观念”词条中比喻说：

> 古埃及人不知道尼罗河的来源，但是他清楚地知道河水通过河床达到他们那里。[⑧]

感觉是可靠的。伏尔泰知道，由于科学知识的限制，人类还无法解答许多自然界的奥秘，可是这丝毫不意味着我们要放弃认识世界的努力。他说：

> 我们不应当因为人类不能认识一切，就阻止人类去寻求于自己有用的东西。[⑨]

还说：

> 我们认识了许多真理，我们找到了许多有用的发明。倘使我们还不知道一只蜘蛛和土星光环之间可能存在的关系，也不必难过，我们继续考察我们能力所及的事物罢。[⑩]

---

⑧ 伏尔泰：《哲学辞典》，《伏尔泰全集》英文版，第五卷下册，第107页。

⑨ 伏尔泰：《哲学通信》，高达观、徐仲年等合译，上海人民出版社，1961年，第143页。

⑩ 伏尔泰：《哲学通信》，高达观、徐仲年等合译，上海人民出版社，1961年，第144页。

他用两句诗形象地表达了自己的信念：

你的眼睛虽然比不上林赛的尖锐，
但切不可因此不擦掉你的眼眵。[11]

伏尔泰哲学思想的一个重要内容是关于上帝——神的问题。他承认客观世界之外存在一个上帝。伏尔泰像洛克和牛顿一样，主张自然神论。在启蒙时代，伏尔泰就因这个“神”而与狄德罗、霍尔巴赫等人有过争论，后世的一些研究者，也因伏尔泰口中念念有神而对他的哲学思想的性质产生误解。一种偏狭的观点认为，伏尔泰始终不肯放弃“神”这个概念，证明他在哲学上不是唯物论者，至少不是个彻底的唯物论者，带有很大的妥协性，在十八世纪法国启蒙运动的理论基础——激进的唯物主义哲学思潮中，他是一个保守派。

为了确定伏尔泰哲学的性质，明确他的哲学在十八世纪法国启蒙哲学中的地位和作用，进而在研究启蒙哲学发展历史时，克服偏狭情绪、教条主义和自以为是，有必要对伏尔泰的“神”和他的自然神论做一些具体分析。

如前所述，伏尔泰唯物地解决了物质和意识的关系。但是，伏尔泰是机械论者，缺乏对物质和运动统一性的认识。

⑪ 伏尔泰：《哲学通信》，高达观、徐仲年等合译，上海人民出版社，1961年，第144页。林赛，希腊神话中搜求金羊毛的五十勇士之一，以目光锐利出名。

他是牛顿力学的宣讲者和崇拜者，他用牛顿力学的原理解释物质和运动，把物质看作消极被动的因素，相信如果没有外力的推动，物质不会自己运动。他宣传牛顿的这种观点：宇宙犹如一座时钟，引力是发条，钟的各部分可以精巧和谐地运转，但它需要外力的推动。伏尔泰不理解运动是物质的根本属性，物质处于永恒的运动之中。没有不运动的物质，也不存在没有物质的运动，物质和运动是不可分割的。由于伏尔泰缺乏这种物质和运动辩证统一关系的认识，迫使他只能从物质世界之外虚构运动的原因，承认神的存在，求助于超自然的力量。他说：

> 运动并不是凭自身而存在的；因此必须求助于一个最初的推动者……整个自然界，从最遥远的星辰直到一根草芒，都应当服从一个最初的推动者。⑫

伏尔泰的这些观点，与牛顿“第一推动力”的说法如出一辙，显然是由十八世纪整体的科学发展水平所决定的。

除机械论的物质观使伏尔泰不得不在物质世界以外虚构物质运动的原因以外，伏尔泰也不知道物质及其运动形式的多样性和规律性，不了解除去机械运动，物质还有其他物理的、化学的、生物的等更高级的运动形式，不理解物质世界正是按其内在的、本质的、必然的联系，即按其固有的规律

⑫ 北京大学哲学系外国哲学史教研室：《十八世纪法国哲学》，商务印书馆，1963年，第71—72页。

运动、变化、发展，形成丰富多彩、千变万化的统一整体。因此，所谓大自然惊人的“协调性”和“合理性”使他困惑不解。本来，伏尔泰是由于不了解物质和运动的必然联系才不得不引出神的，而现在，物质世界存在和运动的规律性反过来似乎又在向他证明：的确存在超自然的神明。于是，伏尔泰得出了这样的结论：不存在自然的东西，万物都是宇宙中的艺术，而艺术证明创造主的存在。在《无知的哲学家》中，伏尔泰进一步论证了这一思想。在他看来，既然世界上的每一件作品都有一个创造者，大自然也应有它的创造者。这个具有最高智慧的工匠什么时候创造了人，在此之前他做了什么？他是存在于物质之中还是存在于虚空中，他是否固定在某一地方？他怎样发挥作用，他在自身之内还是在自身之外发挥作用？对这些问题我们一无所知。但是我们应该承认我们是上帝的创造物。我们的身体，这个由发条、滑轮、动力装置、水压机、液体平衡机能和化学装置组成的机器运转起来如此灵巧，显然是被一个智慧安排好的。他说：

> 我并不把这种安排归功于我父母的智慧。因他们生我时，肯定不知自己做了什么。“他们只是永恒制造者的盲目仪器，正是那位永恒制造者给地球上的蛆虫以生命，也使太阳绕着他运行。”⑬

⑬ 北京大学哲学系外国哲学史研究室：《十八世纪法国哲学》，商务印书馆，1963年，第71—72页。

然而，伏尔泰所承认的“神”或上帝与宗教信仰的对象迥然不同。在他的哲学著作中，他不是怀着宗教情绪谈论上帝。（伏尔泰反对一切具体形态的宗教和宗教仪式，他是天主教会不可调和的敌人，这一问题本书第二章有关伏尔泰生平的文字中已有涉及，下文还要做更充分的阐释。）在他看来，上帝除一次创造活动创造了现实世界之外，就不再干预世间的事务。犹如一位建筑师，他完成宇宙大厦的建筑之后，就不再过问这所大厦的使用。他说，上帝发一次命令，宇宙便永远服从，这就是上帝与物质世界的关系。在《哲学辞典》的“上帝—诸神”词条中，伏尔泰进一步解释他所理解的上帝与物质世界的关系，说我们的理性只向我们证明有一个存在，他安排了这个世界的物质，但是我们的理性不能证明他创造了物质，他不能从虚无中把它创造出来，我们所能做的只是相信这个世界是永恒的和自存的。他指出，人们可以把上帝理解为是一位“伟大的数学家”，他为自然界立法，是使世界机器运转又不干涉它的运转的“几何学家”。基督教把上帝描绘成万能的精神实体，侈谈“三位一体”之类所谓神的本质和属性。伏尔泰却认为上帝既非精神亦非物质，既不是有形的实体，也没有被感知的标志，人们无从了解他的本质和属性，上帝是不可认识的。他说：

> 有一个神这一命题并不能给我们一个关于神是什么的观念。[14]

---

⑭ 北京大学哲学系外国哲学史研究室：《十八世纪法国哲学》，商

> 我不知道所以然，确实如此；我宁愿到此为止，不愿走入迷途；神的存在对我来说是证明了的，至于他的各种属性和他的本质，我认为向我证明的是：我是生成不能理解他们的。⑮

总之，伏尔泰以承认神的存在来摆脱割裂物质与运动辩证统一关系所陷入的困境。在他以唯物论的感觉论为特征的哲学思想中，上帝不过是一个遁词，一个假设，一个哲学而非神学的概念，一个连接物质与运动的中介。承认神的存在可以使他的哲学自圆其说，而他关于神不可认识的学说又使他与宗教神学划清了界线，可以自由地与宗教迷信，特别是与新旧基督教神学斗争。

伏尔泰的哲学思想也有明显的缺点和错误。这不仅表现为他的哲学思想具有同时代的唯物主义者形而上学机械论的共同缺点，而且在社会历史观上也同样是唯心主义者。像十八世纪法国唯物主义的其他代表人物一样，伏尔泰也崇拜抽象的理性，追求“理性的王国”，把人类历史归结为理性同愚昧和宗教狂热斗争的历史，视精神、思想、意见为社会发展的根本动力，主张社会意识决定社会存在。这种社会历史观与他们的自然观是不协调的，是一种半截子唯物主义，或者说下半截是唯物主义，上半截是唯心主义。就伏尔泰而

务印书馆，1963年，第75页。

⑮ 北京大学哲学系外国哲学史研究室：《十八世纪法国哲学》，商务印书馆，1963年，第71页。

论，他的历史唯心论特别集中地体现在有关神及其属性的一些自相矛盾的论述中。前边我们刚刚谈过的伏尔泰对贝尔关于一个无神论者组成的社会可能存在论断的矛盾和含混不清的意见，正是这种历史唯心论的反映。

在自然观上，伏尔泰严格遵循自然神论的基本思想，认为承认上帝存在只具有理论意义，纯粹是哲学理论的逻辑需要，并且根据上帝不可认识的学说拒绝追究上帝的属性问题，不愿在神的问题上纠缠不休，他甚至说过：

> 如果整个大自然的声音只是一味向我们高喊有一个上帝，它越喊得起劲，这些微妙道理越有弱点。[16]

但是，伏尔泰认为理性的对象与信仰的对象性质两样，在谈到社会问题时，他又提出承认上帝存在可以约束人们的行为，是维护社会道德的必要前提。例如，伏尔泰在《哲学辞典》中解释“上帝”这个概念时说，促使我们相信上帝存在的主要原因，并不是形而上学的理由，而是因为相信上帝存在是社会生活的需要，出于维护社会公德的考虑，承认神要比否认神好。因为普遍相信有一个上帝并且相信上帝可以赏善罚恶，能够防止人们从事罪恶的活动，或者避免陷于邪恶而不能自拔，以及做了坏事不受良心谴责。他在《甲乙丙对话集》中借一个人物的口说：“我希望我的律师、我的裁

---

⑯ 伏尔泰：《哲学通信》，高达观、徐仲年等合译，上海人民出版社，1961年，第121页。

缝、我的仆人、我的妻子都来信仰上帝，这样我就可能很少被抢劫和戴绿帽子了。”总之，伏尔泰认为在实际的社会生活中，神可以起到司法起不到的作用，可以杜绝法律无法杜绝的事情。

在所谓“灵魂”问题上，伏尔泰也有类似的观点。一方面，他反对宗教宣扬的灵魂不灭和天堂地狱的鬼话，认为“人类的理性很少能靠它本身来证明灵魂不死”[17]。主张无神论的拉·梅特里曾特别引用伏尔泰的一首诗作为他的《人是机器》一书的题解，这首诗更集中地反映了伏尔泰反神学的唯物主义立场和否定灵魂不死的基本信念：

那是不是最高本体的光芒？
人们把它描绘得如此辉煌，
那是不是圣灵保存在我们身上？
但是精神和我的官能同生同长，同样萎黄？
哎呀！它一样要死亡。[18]

另一方面，伏尔泰却又提出，“一切人的共同福利要求我们相信灵魂永生”[19]，认为否认灵魂不死将使人们无所畏惧地

---

⑰ 伏尔泰：《哲学通信》，高达观、徐仲年等合译，上海人民出版社，1961年，第53页。
⑱ 拉·梅特里：《人是机器》，顾寿观译，商务印书馆，1959年，扉页。
⑲ 伏尔泰：《哲学通信》，高达观、徐仲年等合译，上海人民出版社，1961年，第53页。

作恶。

伏尔泰关于承认上帝存在可以约束人们行为的观点，给他的自然神论带来了困难。他本来认为上帝全部活动只限于创造世界并使之运动，所谓上帝的本质和属性无从了解。现在，他又承认上帝具有在人间赏善罚恶的能力。这不但自相矛盾，而且这样的上帝已经与宗教宣扬的上帝并无本质区别。伏尔泰意识到自己的矛盾，他企图用确立两套标准的办法来摆脱这种困境。伏尔泰认为，作为一个哲学家，应该遵循严格意义上的自然神论，上帝只具有抽象价值，甚至贝尔所谓无神论者组成的社会可能存在的论断也成立，只是这个无神论社会必须全部由学者和哲学家组成；但是对现实社会来说就不同了，承认上帝可以赏善罚恶还是必要的，上帝可以具有实践意义。他说，不要说让贝尔来管理整个社会，哪怕只让他管理一个小庄园，如果庄园里的农奴全都信奉无神论的话，他就会知道管理起来将会多么困难。因此，伏尔泰喊出了一句广被引用的名言："即使没有上帝，也必须创造一个！"

显然，伏尔泰用对不同的人讲不同的上帝的办法并不能真正使他摆脱困境。然而，他对所谓承认上帝存在的实践意义的解释却使我们看到，他之所以陷于混乱、矛盾和向宗教信条妥协，关键在于他对广大下层群众的看法。在他看来，作为社会下层的劳动群众是无知而盲目的，既易被教士们蛊惑陷入宗教狂热，又可能因无神论而变得肆无忌惮、胡作非为，为了社会的安定和维持一定的道德水平，应该保持一种社会宗教，通俗而易于为群众接受。他认为这种社会宗教区别于新旧基督教，不是制度化的宗教，没有迷信和狂热，也不需要教士和宗教仪式，但是它承认上帝能赏善罚恶。他有时也把这种“纯洁的崇拜”称为人民宗教或大众宗教。定居凡尔纳以后，伏尔泰长期与到他的庄园工作的钟表匠和其他工匠，以及当地农民接触往来，他也举办工场和救济穷人，对下层劳苦大众有了较为深入的了解，对群众的看法有了很大改变。但是，他仍然认为强制性的法律代替不了信仰，要维系社会秩序和道德水平，就得把群众限制在上天报应和惩罚的成见以内。

三、自然神论是唯物主义的一个历史形态

抛开伏尔泰在少数著作中企图赋予他的神具有在人间赏善罚恶功能违背了他的自然神的基本精神，因而陷入矛盾和混乱不论，就纯哲学角度说，伏尔泰的自然神论明白无误坚持了唯物主义原则。我们已经指出，伏尔泰假设一个“超然物外”的神的存在，是由于他的物质观的机械论性质所致。割裂物质与运动的统一性，无法理解物质何以运动，只能求助于超自然的力量。承认神的存在是他形而上学物质论的无可奈何的选择。然而，这只是就他的哲学理论本身的逻辑需要而做的分析。除此之外，伏尔泰的哲学思想中保留了“神”，还有更为复杂的社会历史原因。当十八世纪二三十年代伏尔泰开始其启蒙宣传活动的时候，法国的封建政权，特别是它的精神支柱天主教势力还十分强大，宗教迫害仍然

肆行无忌，没有条件公开宣扬无神论，而打起一个有神的幌子，用自然神论的形式与宗教唯心论斗争，在某种程度上可以逃避教会迫害，当迫害降临时，也便于利用敌人之间（例如教皇和国王、各教派之间等）的矛盾进行抗争。同时，启蒙运动初期，长期被天主教会欺骗、毒害的广大群众还存有强烈的宗教情绪，社会上宗教气氛仍十分浓厚，人们的生活方式、思想方法、风俗习惯，乃至社会用语，与宗教生活水乳交融，一般群众所能理解的唯一语言是宗教语言。伏尔泰为达到启迪民智的目的，在“神”的掩护下向群众宣传启蒙哲学，容易被群众接受，可以更顺利地帮助他们逐渐摆脱宗教世界观的影响。也就是说，根据法国社会的现实情况，伏尔泰承认一个抽象的神的存在，还有其便于进行启蒙宣传的策略意义。逃避教会迫害和便于教育群众这两个源于社会历史环境的因素，也促使伏尔泰保留了神。这个事实表明，自然神论是摆脱宗教的简便易行的途径，是唯物主义哲学冲破神学禁锢、谋求发展的必经阶段，是唯物论的一个历史形态。

十八世纪法国唯物论哲学的演进过程充分证明了这一论断。

十八世纪法国唯物论是一个完备的哲学体系。它除了在内容上具有社会性、革命性和把西方哲学史上的唯物主义推向高峰等特点外，在形式上与其他哲学体系不同的是，这个体系不是由一两个哲学家建立起来的，而是由前后好几代哲学家共同完成的。十八世纪法国唯物论自发轫到完成经历了将近一个世纪，参与创立的著名哲学家就有十多位。他们的哲学思想各有其鲜明的特点：有的侧重于阐释英国的经验论，有的发挥笛卡尔物理学唯物主义，有的对十八世纪法国唯物主义的自然观做了全面论证，有人全面分析了基于十八世纪自然科学水平的认识论原则，好几位对政治哲学、历史哲学做出突出贡献，有人则在美学、伦理学、教育学研究中取得划时代成就等。孤立地看他们之中的任何一人的哲学思想都显得有些单薄，不成体系，把他们的哲学研究专著综合起来，人们就会看到一部人类认识史上空前博大丰富的哲学全书。

十八世纪法国唯物论是启蒙哲学，是法国启蒙运动的理论基础，因此它的产生、发展和演化与启蒙运动同步，大体上可以以启蒙运动的高潮来临——其标志是《百科全书》的编撰出版——为分界点，分为前后两个时期，表现形式则分为自然神论和无神论两个形态。前期以伏尔泰为主，主要代表人物是伏尔泰、孟德斯鸠、卢梭、孔狄亚克和被伏尔泰改造了的梅里叶，以及早年的狄德罗等。这几位哲学家都是自然神论者。他们的哲学思想，在自然神论旗帜下，坚持了唯物主义原则，批判了宗教神学，以及各唯心主义体系。他们的著作在当时的社会上无不产生振聋发聩的效应。其中梅里叶本是无神论者，但他的唯一著作《遗书》是十九世纪才出版的，《遗书》在十八世纪法国启蒙运动中发挥巨大战斗作用，归功于伏尔泰根据《遗书》手抄本摘编出版的《遗书》摘要本。在这个摘要本中，伏尔泰把梅里叶打扮成了一个自然神论者。后期以狄德罗为首，包括拉•梅特里、爱尔维修、霍尔巴赫和孔多塞等第三代启蒙学者，他们在新的形势下勇敢地高扬战斗的无神论，把十八世纪法国唯物主义哲学推向高峰。

法国唯物论从自然神论发展为无神论，是一种历史的必然。前后两种表现形式的不同，既有哲学理论自身的发展逻辑，也受社会历史条件的制约，是事物按照螺旋式上升方式发展这个客观辩证法规律的一次生动展示。可以这样归纳二者之间的关系：没有启蒙运动前期伏尔泰等人的自然神论对宗教神学的冲击，历史绝不会凭空吹响百科全书派哲学家的无神论号角。从自然神论到无神论，真实地记录了法国唯物论哲学历史发展的思想轨迹。十八世纪法国唯物论是当时世界上最进步的哲学体系，是资产阶级反封建斗争的理论武器，每一个参与锻造这柄思想利剑的哲学家都应分享它的荣誉。

法国唯物论分为自然神论和无神论两个发展阶段。这个哲学史现象表明，伏尔泰主张自然神论是时代使然，有其历史必然性，是完全合乎规律的事情，并非伏尔泰个人思想的特殊性。不仅如此，如果我们扩大视野，把对自然神论的分析，从伏尔泰和法国唯物论者移向西欧各国，并从十八世纪再向前推移，我们对自然神论是唯物论的一个历史形态这一论断就能有更充分的认识，并对西方近代唯物论史形成一个全新的概念。

按照辩证法的观点，任何事物的发展都不是直线进行的，而必遵循否定之否定规律，呈螺旋式上升趋势发展，即任何事物发展的全过程分为三个阶段：肯定、否定、否定之否定，三个阶段构成一个螺旋（或如黑格尔，称之为圆圈），螺旋的完成，即是事物产生了质的飞跃，发生了脱胎换骨的变化。西方近代唯物主义哲学正是按照辩证的历史法则，经历了泛神论、自然神论、无神论三个阶段而完成了自己的发展过程。三个发展阶段相互区分的表面现象是对“神”的不同认识，实质根据是对物质世界运动变化动力问题的不同理解和持续探索。且让我们做一点具体考察：

经过封建中世纪天主教会漫长的黑暗统治，宗教和神学成为欧洲中世纪唯一的意识形态，哲学沦为神学的婢女。罗马教廷用极其凶残的手段对付一切“异端”，使唯物主义受到极大压抑，古代唯物论的辉煌成果几乎被摧残殆尽。当近代唯物主义哲学在文艺复兴的历史大潮中破浪而出的时候，它一方面在自身发展中不得不几乎从头做起，另一方面又要经受宗教裁判所留下的血与火的洗礼。这样严峻的形势一直延续到十八世纪，形成近代唯物主义在内容和形态上的两大特点：第一，它以比古代唯物论明确得多的唯物主义原则自觉投入反宗教唯心论的斗争，具有鲜明的革命性和战斗性；第二，在它三百年的发展过程中，曾长期以有神论的面貌出现，“神”既是唯物主义的时装，又是理论自身的需要，具有双重意义。

近代唯物主义的第一个历史形态是泛神论。从文艺复兴的发源地意大利到荷兰，重要的唯物主义哲学家都是泛神论者。布鲁诺、特莱肖、康帕内拉、斯宾诺莎无不如此。

在反对宗教唯心论的斗争中，布鲁诺是近代唯物主义的第一位殉道者。他在坚持和发展哥白尼学说的同时，还对经院哲学发难。他反对被经院哲学利用的亚里士多德的形式质料说，认为物质（质料）不仅具有客观实在性，是自然万物常住不变的永恒本原，而且具有积极的、创造的本性，自身中就包含着所有形式，形式处于物质之中，并以物质为自身存在的基础。亚里士多德认为具体事物是由形式和质料组合而成的，决定事物本质的不是没有属性的质料（物质），而是先已存在的一般的形式。经院哲学家利用亚里士多德的说法提出，既然每一事物的个体性是由形式的参与决定的，没有形式的参与，纯质料永远是没有任何规定性的抽象存在，这就证明了上帝创造世界的宗教信条。显然，布鲁诺关于形式处于物质之中，物质具有创造本性的观点，是对经院哲学的有力驳斥，尽管他所使用的思想材料和辩驳方式带着深刻的时代烙印。

但是物质具有创造本性的根据，或者说物质形成形式的内在能力是什么呢？布鲁诺认为宇宙及其每一部分都存在一种叫作“世界灵魂”的东西。“灵魂”处于物质之中，并且操纵物质，它是物质发展和运动的原因。这个“世界灵魂”也可以叫作“自然”或者“上帝”。他说，“自然”无非就是事物中的“上帝”，上帝则是从内部作用于物质的神圣力量，和在一切之中有着深刻印迹的永恒秩序，是体现于万物之中的力量，是万物完成自身行程时所依据的规律。布鲁诺关于世界灵魂、自然、上帝的议论，使我们不禁想到古希腊米利都学派唯物主义哲学家泰勒斯“磁石也有灵魂”的哲学命题。在泰勒斯那里是万物皆有灵魂，在布鲁诺这里是上帝融于自然，同样是要在现实事物内部设想事物运动变化的原因，排除外在的、非物质的干预，这就明白显示了布鲁诺泛神论的实质是坚持唯物主义原则。

斯宾诺莎哲学的核心和基石是他的实体学说。他认为客观存在的物质世界是紧密联结、互相关联的总体，按照自身的规律运动和发展。这个宇宙总体就是实体，也叫自然或神。

斯宾诺莎等同于自然的神，是反对宗教唯心论的武器。他利用有神论的语言论述无神论的唯物主义哲学原则。他说："我对于神和自然持有一种非常不同于那些近代基督徒惯常所主张的观点，我认为神是万神的内因而不是外因。"斯宾诺莎的这种"内因论"与宗教对神的理解大相径庭，实际上是用自然的原因说明自然的事物，超自然的神并无立足之地。他说，神（即自然）是在自身之内产生一切结果，所产生的结果又是神的一个组成部分。神作为世界的原因不能同作为结果的世界分离，原因和结果是同一的，因而神在世界之内，世界在神之中，神即自然。他提出神有广延，神是物质，说广延是神的一个属性。

斯宾诺莎"神即自然"的命题，否认了宗教唯心论关于"神有理智和意志"的信条。他认为神既不为目的而存在，也不为目的而行动，神的活动正如神的存在一样基于自然的必然性。因此，神的力量就是自然的力量，神的法则就是自然的法则，神的表现就是自然的秩序。神不会在已有的命令之外再有别的命令，不会在已有的世界之外再创造新的世界。他明白宣称，《圣经》中上帝的命令、意志和神意只是指必然遵循作为自然永久的法则的自然秩序而言，确定无误地表明了他的泛神论的唯物论本质。

斯宾诺莎的泛神论显然比布鲁诺的泛神论又进一步，以更为明确的语言使神与自然合而为一。这里再也看不到原始的、朴素的物活论的思想痕迹，而是自觉地在“神”的掩护下反对宗教唯心论的哲学斗争。

在近代唯物主义历史发展的螺旋中，处于“否定”阶段的是自然神论。唯其处于近代唯物主义三个历史形态中承前启后的特殊地位和辩证法则的中间环节，有时显现出较为复杂的矛盾现象，人们对它的了解和认识也最易产生分歧。

在近代著名唯物论哲学家长长的名单中，半数以上是自然神论者。除前述法国的伏尔泰、孔狄亚克等人以外，英国的培根、洛克、托兰德、博林布罗克、舍夫茨伯利等人莫不如是。可以说，直到十八世纪中叶以狄德罗为代表的百科全书派无神论哲学家出现以前，英法两国唯物论哲学家中不主张自然神论的（例如霍布斯）只是例外。泛神论浪潮之后，在英法两国集中产生如此众多的自然神论者不可能是巧合，定有其深刻的历史必然性。其实，在分析伏尔泰保留神的原因时，我们已经找到这种必然性。除逃避宗教势力迫害这个非哲学原因之外，迫使自然神论者承认神的存在的理论根源，是他们割裂物质与运动统一性的物质论。原来还是物质与运动的关系！自古希腊以来，这个问题就像梦魇一样纠缠着所有唯物论哲学家。泛神论强调神与自然合一，实际上赋予物质以主动性，物质运动的动力来自自身；自然神论把物质看作消极被动的因素，不得不从物质之外寻求物质运动的动力之源，不得不假设一个神和神力以推动物质运动。正是由于近代唯物主义的多数代表人物都囿于十七、十八世纪流行的形而上学机械论，才形成唯物主义发展历史上自然神论者一时群星灿烂的奇观。然而，自然神论的神不是宗教的神。所以，尽管这些大哲学家以不同的方式承认神的存在，但在哲学基本方面他们都坚持了唯物主义的立场，并且把他们攻击的矛头始终指向宗教神学和其他唯心主义哲学流派，这就不但保证了自然神论的唯物论本质，而且形成近代唯物论哲学发展史的坚强一环。

近代唯物主义的第三个形态是公开的无神论。在英国，它的代表者是霍布斯；在法国，是以狄德罗为首的百科全书派哲学家。近代唯物主义这一最高历史形态的代表人物集中在十八世纪的法国并非偶然。以伏尔泰为首的自然神论者沉重打击了天主教会和宗教神学，以及“神学的最后支柱”——思辨哲学和一切唯心主义哲学流派。自然神论的广泛传播为唯物主义转换表现形式和公开举起无神论的旗帜创造了社会的和思想的条件。从唯物论自身发展的辩证法来说，克服物质运动的外因论，坚持从世界本身来说明世界，是唯物论哲学进一步发展的必然要求。近代唯物主义螺旋式上升的客观规律决定了，当自然神论完成了自身的发展过程和发挥了打击宗教唯心论的历史作用以后，自己也成了被否定的对象。没有这个否定之否定，近代唯物主义就不圆满，就还没有走完发展的螺旋。

然而，近代唯物论发展过程第二个“否定”的关键，仍然是物质与运动的关系。必须扬弃牛顿总结和正式提出的“第一推动力”思想带给唯物论哲学的矛盾和弱点，从物质自身寻找运动的原因，恢复物质积极、主动的固有性质。客观辩证法的这一要求，狄德罗通过自己由自然神论向无神论的转变完成了。转变的契机是他建立起包含丰富辩证法思想的物质学说。

狄德罗物质学说的特点是深刻地论证了物质与运动的关系。他认为运动是物质的固有属性，物质与运动不可分割。物质世界处于永恒运动之中，物质的运动具有普遍性和必然性。物质运动的动力来自物质自身，来自物质内部分子间的相互作用。狄德罗继承原子论思想，认为物体是由物质粒子构成的。构成物体的物质分子具有能动性，分子包含着一定的“力”，并为这些力所“鼓动”。他具体指出每一个物质分子都蕴涵着三种力，即固有的运动力、重力或引力、其他分子的作用力。他说，物质分子具有的这些力在分子之间产生一种“抵抗”和“吸引”的相互作用，形成物质运动的根源。显然，狄德罗的看法流露出吸引和排斥的矛盾是物质运动根本原因的辩证法观点，尽管他表述得既不明确，也不自觉，而且还受着机械论传统观念的束缚，但已突破十七、十八世纪以力学为根据的物质运动理论，对唯物主义哲学最终排除外因论，从发展的更高层次上恢复物质自己运动的观念，从而完成近代唯物主义否定之否定的发展过程，为把近代唯物主义推进到无神论历史形态打下理论基础。

简单回顾近代唯物主义哲学发展的全过程，认识自然神论在这一发展过程中的重要地位以后，再来研究伏尔泰的哲学思想，我们发现有两个问题值得注意。其一，伏尔泰的自然神论与狄德罗等人的无神论前后相继，分别构成十八世纪法国唯物论哲学的两个阶段和两种形态，对比鲜明，反差强烈；其二，伏尔泰倾其全力反对教权主义和宗教唯心论，宗教势力也把伏尔泰当作危险的敌人不断施加迫害，辩驳神的问题贯穿他一生事业的始终，“神”构成他的哲学思想的重要内容。这两个问题，使伏尔泰在诸多自然神论哲学家中显得十分突出，十分典型。人们可以不谈培根、洛克哲学中的“神”，却不能不理会伏尔泰的“神”。不研究伏尔泰的自然神论，就不能理解伏尔泰哲学的唯物论精髓，就不能理解伏尔泰何以成为启蒙泰斗，就不能理解伏尔泰对十八世纪法国唯物主义哲学体系的形成所做出的杰出贡献。

总之，正是伏尔泰使自然神论在西方哲学史，特别是唯物论史中引人瞩目和居于重要地位。伏尔泰的自然神论表明，有神论也可以是唯物论，并且导致无神论，自然神论是西方近代唯物主义哲学的一个重要历史形态。

四、伏尔泰对基督教神学和宗教迷误的批判

伏尔泰不是书斋哲学家。他既反对脱离现实生活潜心构筑思辨的体系，也不屑于蜗居象牙之塔自鸣得意。他是启蒙学者，以反对封建秩序、启迪民智及争取社会解放为己任。像所有百科全书派哲学家一样，他的哲学是社会哲学，是启蒙哲学，贯穿着强烈的批判精神和战斗意志。在十八世纪的法国，与这种启蒙哲学对立的既有传统的基督教神学，也有已经蜕变为新的经院哲学的十七世纪形而上学，因此批判宗教神学和形而上学，锲而不舍地与宗教狂热、偏执和迷误斗

争，便构成伏尔泰哲学思想的重要内容。

伏尔泰曾斗志昂扬地宣称：

> 许多人说基督教义是十二个门徒建立起来的，这种论调我早已听厌，我真想证明给他们看，要破坏它时，一个人便已足够。[20]

怀着如此豪情，伏尔泰对教会和宗教迷误进行了无情的揭露、嘲讽和批判。

伏尔泰认为，宗教迷信和教会统治是人类理性的主要敌人，一切社会罪恶都源于教会鼓吹的信仰主义和蒙昧主义，造成社会上普遍的愚昧和宗教狂热。在他看来，宗教迷误的原因在于人们的无知和僧侣的欺骗。他说，基督教就是建立在最下流的无赖编造出来的最卑鄙的谎言基础上的，是卑劣的人做出的卑劣的欺骗的产物。伏尔泰从他所谓“人类健全的理性”角度和历史事实两个方面无情地揭露和鞭笞了基督教教义的荒诞不经和教权主义的罪恶。他指出，《圣经》和福音书充满了胡说八道，所谓原罪、方舟、神迹等都是滑稽可笑、荒唐透顶的神话故事，宣传这些东西是对人类理性的侮辱。他认为所谓基督耶稣不过是一个凡人，并不是神，也没有神性，耶稣的画像不过是一幅画着一个难看的裸体男人的画片而已，教会对耶稣的神化是侮辱人性的偶像崇拜。在

⑳ 安德烈•莫洛亚：《伏尔泰传》。见傅雷：《傅译传记五种》，生活 • 读书 • 新知三联书店，1983年，第680页。

事实方面，伏尔泰收集古今大量事例，揭露全部教会史是充满迫害、抢劫、谋杀等暴行的历史，是教会僧侣煽动宗教狂热和偏见的罪恶史。特别是宗教裁判所，更是犯下了无数反人类罪行的罪恶的渊薮。他说，自从圣处女的儿子死后，恐怕没有一天没有人因他而被杀。为了表达自己对宗教和教会的仇恨，伏尔泰在许多书信中总是签上一句著名的格言：“消灭败类”。

“消灭败类”指的是与基督教斗争。伏尔泰用这句话激励自己，也用它鼓舞百科全书派哲学家和其他启蒙学者。他用不倦的斗争贯彻这个口号，写了许多宣传小册子广为传播，像梅里叶《遗书》摘要本那样的宣传品接连不断地猛烈袭击教会势力。在这些著作中，有两部最为著名，在伏尔泰与教会和宗教迷误的全部斗争中别具价值。其一为1750年发表的《圣贤和百姓的声音》。这是伏尔泰为支持法国财政总监马肖尔特进行税制改革，向拥有法国三分之一财产的教会征税而写的政论。在势力强大的教会的反对下，马肖尔特的税制改革很快就失败了，但是《圣贤和百姓的声音》却成了伏尔泰的名作。这是伏尔泰所写的第一部，也是最重要的政治性著作。伏尔泰发表过许多抨击新旧基督教和教会的作品，大多匿名发表或者婉转曲折地表达主题，这一次他却公开承认自己是《圣贤和百姓的声音》一书的作者，也是第一次提出“消灭败类”的口号，而且是直截了当地批判教会特权，旗帜鲜明地反对教权主义。这部著作写得简洁、尖锐、机智、发人深省，它的发表标志启蒙运动高潮到来以后，伏尔泰反对天主教势力的斗争进入了一个新阶段。其二是1762

年出版的《五十个说教》一书。这部辛辣讽刺基督教神学的作品写于西雷时期，正式出版以前一直以手抄本流传。在西雷城堡，伏尔泰曾经与夏德莱侯爵夫人一起逐字逐句研究过《圣经》，所以这部作品对《圣经》内容的剖析鞭辟入里。作品的内容是：五十个有教养有理性的人，每逢星期日聚餐，饭后发表宗教演说。这些演讲暴露了《圣经》中神的残酷无情，以及《圣经》文字上的矛盾。伏尔泰写道，《圣经》是一部最不可靠、充满矛盾的书，书中有些奇迹的记述是东方的民间传说，诸如把面包和酒变成肉和血等，全是一派胡言。《圣经》中有些篇章是可靠的，它们准确地记载了犹太人的理想和实践，然而，犹太人的这些理想和实践却是可憎的，他们的上帝是爱虚荣和自私的，他选择的民族是残酷、爱撒谎和放荡的。伏尔泰通过作品中人物的演讲，否认耶稣的神性，指责教士们蓄意欺骗，说真正的基督不可能由处女所生，也不会被杀死在绞架上，更不会吃一片面包，不会创作这些充满矛盾、疯狂和恐怖的书。伏尔泰在这本书中宣传自然神论，说上帝只是一位慈父，一个创世主，他一定对亵渎他的基督教感到遗憾。

伏尔泰坚决反对天主教会在法国的教权和不断煽动起宗教狂热，同时也反对新教的信仰主义。早在年轻时创作的史诗《亨利亚特》中，他就宣布："我不在日内瓦和罗马之间做任何选择。"1757年，当《百科全书》第七卷出版以后，因其中所载达朗贝尔撰写的"日内瓦"条目而引起日内瓦新教徒对百科全书派的攻击时，伏尔泰给达朗贝尔写信说："天主教的狂热分子和加尔文教的狂热信徒，都是用腐烂的血湿润了的同样材料制造的。”

伏尔泰利用各种创作形式与教会和宗教狂热斗争，除去正面阐述他的自然神论唯物主义哲学理论的著作《哲学通信》《形而上学论》《哲学辞典》《无知的哲学家》和大量抨击宗教唯心论的小册子以外，直接面对群众，往往能够产生轰动效应的文艺创作是他得心应手的工具，其中悲剧和诗更是他最有力的武器。伏尔泰一生创作了许多悲剧，从1718年他的第一部悲剧《俄狄浦斯王》上演，到1778年逝世前首演他的最后一部悲剧《伊雷娜》，伏尔泰终生试图用撼人心灵的悲剧的力量驱散弥漫法国社会的宗教秽气，向广大群众灌输对教会和宗教偏见的仇恨，宣扬理性、科学、信仰自由和宽容思想，为十八世纪法国唯物主义哲学的发展，和使这个哲学体系最终成为政治革命的思想先导准备了深厚的群众基础。

诗是伏尔泰与宗教观念和教会势力斗争的另一武器。史诗和即兴诗，庄重的叙事诗和辛辣的讽刺诗，都是他表达自己的哲学信念的形象语言。对于伏尔泰创作的宏伟史诗《亨利亚特》和《奥尔良的少女》等长篇力作，本书后面还要进行专题讨论，它们无疑是伏尔泰运用写诗与宗教迷误斗争的重型武器，这里仅举其随手拈来的即兴讽刺诗，看他与宗教势力的斗争何其顽强与机智。事实上，伏尔泰所写的大量讽刺短诗更像一把把犀利的匕首，将教会和基督教信仰体系刺得体无完肤，每一首都达到了一针见血的效果。讽刺、嘲笑，有时候比艰深的理论更能使“神圣的”宗教威信扫地。伏尔泰的嘲笑简直像闪电一样在教堂里打击和燃烧。例如，为反击日内瓦新教徒狂热分子对《百科全书》的攻击，伏尔泰在一首题为《错误》的讽刺诗中说：

当我嫌恶信宗教的杀人犯时，
我没有错误，
他们用剑和火以及流血
为圣父造福。㉑

在一首题为《题在装殓遗体的小匣子上》的短诗中伏尔泰这样嘲弄教会：

“愚昧”收到一个匣子，
这是“偏见”送给她的礼物。
我亲爱的，可不许向“理智”乱说那回事，
教会的荣誉不是开玩笑的东西。㉒

在《赠给一位向作者布讲神圣的三位一体的日内瓦女工》这首即兴小品中这样嘲笑宗教教义：

我一直到今天还不曾信仰过三位一体，
我总觉得三位一体的上帝无从想象；

㉑ 阿•欧•奥尔德里奇：《伏尔泰与启蒙时代》英文版，第241页。
㉒ 阿尔塔蒙诺夫：《伏尔泰评传》，马雍译，作家出版社，1958年，第124页。

但我一遇见您，我就有了信仰，
我崇拜的是您这位三个格拉霞合为一体的女神。[23]

总之，伏尔泰对教会和宗教神学的批判是执着的、无情的、机智的，给教会势力以沉重打击。可以用伏尔泰自己的一句话来评论他在这场持久战中的功绩："我对我的时代的影响远过于路德和加尔文。"[24]应该说，就与宗教迷误斗争而言，的确如此。路德和加尔文向罗马天主教会的权威挑战，创建了适合新的时代里市民资产者需要的廉价教会，不过是希图用新教取代旧教，并未超出基督教信仰体系，伏尔泰却是要彻底否定基督教，二者有本质不同。

伏尔泰哲学思想的批判精神，除去体现在坚持不懈与宗教神学和宗教狂热斗争之外，还集中体现在驳斥已经走向反动的形而上学思辨体系上。

十七世纪，笛卡尔、斯宾诺莎、莱布尼茨等人的哲学本来是同现代自然科学的开始出现相联系的，起过进步作用。但是到了十八世纪，自然科学有了长足进步，以数学和力学为中心，自然科学的许多部门，包括化学和生物学等，已经独立地发展起来，旧的形而上学失去了与自然科学的有机联系，蜕化为一种毫无价值、空洞抽象的思辨体系。此时，罗

㉓ 阿尔塔蒙诺夫：《伏尔泰评传》，马雍译，作家出版社，1958年，第124页。格拉霞，希腊神话中的女神，通常有三个化身，都是娇美的象征。

㉔ 安德烈•莫洛亚：《伏尔泰传》。见傅雷：《傅译传记五种》，生活•读书•新知三联书店，1983年，第680页。

马天主教会和教会派哲学家也改变策略，对笛卡尔等人的著作变查禁为利用。因此，旧的形而上学哲学体系所起的作用，是代替经院哲学为宗教信条做理性主义的辩护。形而上学已经成为新的经院哲学。思辨是神学的最后支撑物。要摧毁封建制度的精神支柱，要彻底揭穿宗教神学的骗人面目，要为科学的发展开辟道路和确立合理的研究方法，就必须首先清除形而上学的迷雾。

伏尔泰用实验哲学和洛克的感觉论对抗唯心主义的形而上学。他批判形而上学哲学家只醉心于构筑思辨的体系，用抽象的臆测代替对自然界的科学研究。他在《哲学辞典》中指出，我们应该进行计算、衡量、测定和观察，而不是去幻想空中楼阁。他在“形而上学”这个词条中列举了物质、精神、感知和思想的途径与方式，上帝，数学的一些原则诸如没有广延的点、没有宽度的线、没有厚度的面、无限可分的基数等，然后讥讽说：“一个人可以是形而上学家，而不是几何学家。形而上学比较有趣，它常可构成灵魂的幻想。相反，在几何学中，我们必须测量和计算，这永远是一件麻烦的事。大多数人宁可快乐地梦想，而不愿用艰苦的工作使自己劳累。”[25]他认为那些形而上学家所杜撰的“精致的原理”，只能蒙蔽人们的眼睛，把人类的理智引向歧途。例如关于莱布尼茨，伏尔泰说，莱布尼茨告诉我们物质是单子的结合，可是他自己和我们一样，根本无法理解这一点。他认

㉕ 伏尔泰：《哲学辞典》，《伏尔泰全集》英文版，第6卷，上册，第270页。

为莱布尼茨在数学上是天才，在哲学上却在某种程度上像个江湖术士。总而言之，伏尔泰认为形而上学是听话人听不懂人家在说些什么、说话人也不知道自己在说些什么的伪科学。在他看来，要丰富人们的知识和发展真正的科学，就必须彻底抛弃“关于神的宏大”“关于无限”等抽象空洞的议论，而应该精确地研究自然界本身。他提出：“不应当说：我们从制造一些原理开始吧，用这些原理就可以力求解释一切。而应当说：我们来对事物做出精确的分析吧，然后我们可以带着很大的疑虑，去看看它们是否与某些原理有关。”㉖

伏尔泰对形而上学唯心论的批判，集中体现在他对笛卡尔天赋观念论的驳斥中。伏尔泰认为，编造天赋观念论形而上学体系这种讲哲学的方式，比经院哲学的鬼话还要危险。因为经院哲学的鬼话早已被揭穿，已经不能阻止人们到别的地方去寻找真理，但是“一种精巧而大胆的假设乍看起来却好像是真的”，更能阻碍人类知识的增长，并为神学迷信寻找根据。在伏尔泰看来，笛卡尔的天赋观念论正起着这样的作用。伏尔泰指出，笛卡尔为揭露古人的谬误而生，却又代之以自己的谬误；他自以为证明了灵魂和思想是一回事，断言人是永远思想的，灵魂进入躯壳时拥有一切形而上学概念，认识神、空间、无限，可惜一出娘胎把它们都忘了等。这种天赋观念论恰恰为宗教神学最根本的信条——灵魂不灭

㉖ 北京大学哲学系外国哲学史教研室：《十八世纪法国哲学》，商务印书馆，1983年，第74页。

做了哲学辩护，必然受到教会的欢迎，为神学家所利用。伏尔泰举例说："神父修会的马尔布朗士，在他卓越的幻想里，不但承认天赋的观念，而且并不怀疑我们通过上帝来看一切，好比上帝就是我们的灵魂。"㉗

指出天赋观念论变成教会宣扬宗教迷信的工具这种恶果以后，伏尔泰进而根据洛克的感觉论驳斥了天赋观念论本身的错误。他说，编造天赋观念论的人自鸣得意，以为自己给若干被他们假定为人人共有的形而上学观念说出了一番道理，可是事实上，许多人一辈子都没有一丝一毫这样的观念，小孩子也只是在大人告诉他们时才会有这些观念。这就证明，我们的一切观念都来自感官对外在世界的感觉，人心里根本没有天赋观念。以人们关于神的观念而言，人在刚出生时并没有一个神的观念，后来也不是人人具有相同的关于神的观念。可见天赋观念论是荒唐的学说，臆造出天赋观念论是滥用了自己的理性，是关于天赋观念的"传奇"。

应该说，伏尔泰（包括他所师法的洛克）对天赋观念论的批判缺少理论深度。但是站在经验论的立场，伏尔泰同样认为天赋观念论本身就不是什么值得深入分析的理论。他之所以继洛克之后再次声讨天赋观念论，是因为笛卡尔主义在十八世纪的法国仍然具有很大影响，特别是笛卡尔之后的一些笛卡尔主义者发挥笛卡尔哲学的唯心主义因素，为宗教信条辩护，甚至不少人"论证儿童在娘胎中具有现实的上帝

㉗ 伏尔泰：《哲学通信》，高达观、徐仲年等合译，上海人民出版社，1961年，第51页。

观念”[28]，天赋观念论已经变成宗教神学蒙骗群众的时代新装，已经与经院哲学沆瀣一气。伏尔泰既要批判宗教神学和否定全部基督教信仰体系，就不能不批判宗教神学的一切变种，就不能不批判一切为宗教信条辩护的理论。对天赋观念论的批判，是他运用经验论唯物主义哲学与宗教神学斗争的一个组成部分。伏尔泰对莱布尼茨的批判，特别是对莱布尼茨“先定和谐论”的批判，也属于这种性质。

伏尔泰对笛卡尔自有全面而公正的评价，与批判笛卡尔理论中唯心主义方面的错误，特别是批判马尔布朗士等人歪曲利用笛卡尔为基督教辩护的言论并不矛盾。批判神学化了的笛卡尔主义，皮埃尔·贝尔首开其端，伏尔泰继之于后，他们都为十八世纪法国唯物主义哲学的形成和发展起了扫清道路的作用。弗里德里希二世1767年写给伏尔泰的信中说：“贝尔开始战斗，一些英国人跟着加入战斗，你注定要结束这场战斗。”喜欢谈论哲学的普鲁士国王这几句话倒没有说错。

五、伏尔泰对教会现行罪恶的揭露

伏尔泰与宗教迷误和教权主义斗争，不限于从事理论著述和取材于历史的文学、史学创作，他积极参与现实的事件，抓住正在发生的宗教罪恶，揭露宗教的反动性，抨击教

㉘ 笛卡尔：《与柏曼的谈话》英文版，1976年，第8页。

会和僧侣的罪行，伸张正义，教育群众。这些实际斗争也构成伏尔泰反对宗教狂热和教权主义长期斗争的重要内容，而且这些实际斗争牵动面广，社会震动大，对打击教会势力、反对封建专制统治、促进深受新旧基督教毒害的广大群众觉醒，比一本书或者一出戏所产生的影响要大得多，真可谓“一个实际行动胜过一打宣言”。

在法国，天主教会不断煽动宗教狂热，制造冤案，迫害无辜，毒化社会气氛。这是社会用以维持专制统治和教会特权的重要手段。1762年，法国南部城市图卢兹又发生一起后来轰动整个欧洲的冤案：新教徒（胡格诺教徒）让•卡拉是一家绸布店的店主，为人宽厚老实，是一个守本分的市长。他与夫人生有四男二女，都已成年，个个温文有礼，家教很好。只是长子马克•安东性格抑郁，终日郁郁寡欢。1761年10月13日晚，马克•安东厌世自缢。有人诬告卡拉因安东欲改宗天主教而将其谋杀，教会接受宗教狂热分子对卡拉的诬告，当局逮捕卡拉施以各种酷刑，卡拉的其他子女也被囚禁在修道院中。对卡拉的指控本系无稽之谈，因为卡拉是一个慈爱、宽容的父亲，对子女的信仰从不干涉。就在安东自杀前不久，卡拉的三子路易因受女仆让娜的劝说改信了天主教，卡拉并未责怪，甚至连这个女仆都没有撤换。而且就在安东自缢的当晚，父亲正与家人一起款待安东的朋友拉瓦依斯。拉瓦依斯是个年轻的天主教徒，他过去曾劝说过安东改信天主教。女仆让娜在法庭上为主人辩护，除陈述以上事实外，还证明事情发生当时，父亲正陪儿子的客人拉瓦依斯吃饭闲谈，安东一人离席走到前边的店铺，随后即被发现吊死在门框上。她自己和拉瓦依斯都是天主教徒，不可能容许卡拉谋杀安东，一个六十多岁的老人也不可能把年轻力壮的安东吊死。

但是教会和当局不顾这些事实，执意借机煽动宗教狂热。教会宣布安东为殉道者，为他举行隆重的葬礼。在教堂举行庄严的弥撒祭时，全城的大部分居民都出席了。大厅里挂着一副向外科医生借来的骷髅。这个标本装有弹簧，不断颤动，像有生命。教会宣称这个骷髅代表安东，让它一手握棕榈叶，作为殉道的标志，一手执纸条，上书“弃绝异端”。迷信使人疯狂，狂热嬗夺理性，此时的图卢兹市完全陷入宗教狂热、偏执和神秘气氛。马克•安东被尊为圣人，许多人向他祈祷，并声称亲眼看见出现了许多奇迹。

图卢兹法院审理卡拉一案，在教会和狂热教徒的压力下，执法官不顾事实和证词，偏颇而且先入为主地认定卡拉有罪，1762年3月9日，判处将卡拉车裂处死。第二天，卡拉被送往刑场，刽子手先用铁棍打断他的臂骨、腿骨和肋骨，再将他绑在车轮上拷打，惨无人道地故意延长他的痛苦，折磨了两个小时才让他死去，然后焚尸。

卡拉案件发生不久，伏尔泰便在凡尔纳听说此事。起初他也相信让•卡拉是凶手，认为卡拉出于新教徒同样具有的宗教偏执和狂热杀死了自己的亲生儿子，说这个胡格诺教徒比《圣经》中的亚伯拉罕还坏。但是，随着他对案情的进一步了解，他开始怀疑法院的判决。在伏尔泰看来，无论是卡拉有罪，还是无辜被害，这件令人发指的暴行都是宗教狂热的产物，是教会和基督教罪恶史的最新例证。他决心弄清真相，把参与此事看作他所倡导的“消灭败类”运动的重要工作。1762年3月29日，伏尔泰在给达朗贝尔的信中说：“请您尽可能做出准确的判断，究竟是狂热引导一个父亲吊死了自己的儿子，还是狂热使八个法官把一个无辜者处以车刑。”不久，卡拉的两个儿子逃到日内瓦，伏尔泰会见了他们几次，帮助他进一步了解了事情的真相。他确信卡拉是无辜的。所谓马克・安东皈依天主教并无根据，儿子自杀与父亲无关，卡拉的罪名是宗教狂热分子捏造并强加于他的。伏尔泰激愤难当，他毅然放下手头工作，为伸张正义而行动起来。他表示，他决心利用自己的朋友，自己的财力，自己的笔和自己的声誉，修正图卢兹八个法官的错误。此后三年，为卡拉平反成为他的头等大事。他说，不论有多么大的困难，或要用多长的时间，他至死不放弃为卡拉伸冤的事业。

与教会和专制政府斗争，伏尔泰有丰富的经验和智慧，他早年所学的法律知识此时也派上用场。他首先动员舆论，利用写信和写文章，使卡拉案件引起全法国和全欧洲的注意。旭阿索公爵、普鲁士王、凯瑟琳女皇，都被他动员起来，声援复审卡拉一案的要求。卡拉案件轰动全欧，公共舆论同情卡拉，对法国教会和专制政府形成巨大压力。其次，他组织了一个辩护委员会，邀请法国一些著名律师参加为卡拉辩护。卡拉夫人此时已来到巴黎，得到伏尔泰朋友们的照顾，并支持她向巴黎高等法院提出申诉。伏尔泰延请的大律师们有的撰写备忘录，有的代卡拉夫人写申诉书，申诉工作进行得轰轰烈烈。最后，他围绕卡拉一案连续出版三部著作，重炮猛轰教会暴行和法官草菅人命。这三部著作是：

《关于卡拉先生之死的原始材料》《伊丽莎白·坎宁的故事和卡拉的故事》《论宽容》。伏尔泰要求图卢兹法院公布审讯记录遭到拒绝，他经过多方努力终于得到这些记录，并代卡拉夫人和卡拉子女写了许多材料，第一本书就是这些材料的汇编，它们有力地证明了卡拉是无辜被害的。第二本书是一部小说。伏尔泰根据英国曾经发生的一个案件编写了这个故事：英国姑娘坎宁神秘失踪，一个月后衣裙不整地回到家里，谎称曾被绑架，并被送入妓院，逃离火炕前一直受到虐待。在家人的支持下，姑娘对九个被她指认为绑架者的人提出控告，结果这九个人都被判处绞刑。英格兰法律规定，死刑判决必须公开审理，并需送达国王审核。有一位哲学家兰赛细心阅读了审问记录，发现诸多疑点，宣称此系冤案。后经重新调查，证明哲学家所言非虚，坎宁离家逃走实际上是去私生孩子，绑架云云纯属子虚乌有，所谓“绑架者”完全无辜。通过这个故事，伏尔泰指出，要不是这位哲学家仔细阅读公布的案情材料，九名被告就会无端丧生。他充满激情地向法国人民呼吁：向这位哲学家学习，纠正卡拉案件的不公正判决。《论宽容》一书是匿名出版的，书中记述了卡拉事件始末，以及伏尔泰对案情关键部分的评论和判断，并列举希腊、波斯、印度、中国、日本所存在的宽容精神；论述了伏尔泰自己关于宗教信仰自由、人民有言论权利，以及关于自然神论的主张等，内容十分丰富。伏尔泰于1762年下半年开始撰写和发表此书，几年内不断补充修订，又不断再版，猛烈抨击新旧基督教和一切宗教狂热分子。

在伏尔泰的努力下，争取为卡拉平反的工作进展顺利。

先是巴黎高等法院接受并重新审理卡拉一案。1763年3月7日，王国政府又在凡尔赛宫召开由枢密大臣主持、全体大臣出席的国务会议，听取一位法官客观地介绍卡拉案件，然后决议：对图卢兹法院提出抗诉，责令图卢兹法院呈送审判过程的全部文件，并说明判处让•卡拉的理由。国务会议派一名代表将此决议向国王汇报，国王亦表示赞同。1764年，巴黎高等法院终于撤销了对卡拉的判决。1765年3月9日，即卡拉被害三周年纪念日，枢密院正式宣布为卡拉一家恢复名誉，国王路易十五赐给卡拉夫人三万六千金币的抚恤金。至此，伏尔泰为卡拉伸冤的斗争胜利结束。通过这个历时数年、牵动法国各阶层、轰动整个欧洲的事件，天主教会和宗教狂热受到沉重打击，法国人民则受到一次生动的反宗教迷误的启蒙教育，伏尔泰也获得空前声誉，他的影响深入到法国社会各个角落。在当时的法兰西，可能有人没读过伏尔泰的书，但没有人不知道伏尔泰因争取为卡拉平反而维护了正义。有一则“轶闻”说，伏尔泰晚年回到巴黎后，有一次他的马车被一群人围住，一个过路人问：“这是谁？”一位老太太回答：“卡拉的恩人。”由此可见，伏尔泰的斗争多么深入地教育了人民。甚至三十年以后，卡拉事件仍然萦绕在法国人民心头。1793年，国民大会下令在“狂妄迷信害死卡拉”的广场上建立一座白色大理石纪念碑，上面镌刻着下列字句：“国民大会奉献于父爱，奉献于自然，奉献于狂妄迷信的牺牲者卡拉”，费用由国库支拨。[29]

㉙ 安德烈•莫洛亚：《伏尔泰传》。见傅雷：《傅译传记五种》，生

另一个宗教迫害案也使伏尔泰拍案而起。

1766年2月28日，亚眠附近的小城阿布维尔举行圣像游行，十九岁的年轻骑士拉·巴尔与十八岁的同伴代塔隆德酒后站在路边观看，当圣像经过时他们没有下跪，嘴里还哼着下流小调，有人联想起不久前该城一座桥上的木制十字架被毁一事，怀疑也是他们所为，控告两青年犯有亵渎和毁坏圣物罪。代塔隆德闻讯逃走，参加了普鲁士的军队，得到弗里德里希二世的庇护。拉·巴尔则被逮捕。阿布维尔法院判处缺席的代塔隆德连根割去舌头，在教堂门前斩下右手，然后绑在柱子上用文火烧死；对拉·巴尔法官们大发慈悲，“从轻”判处他斩首后再施以火刑。拉·巴尔不服判决，向巴黎高等法院提出上诉，阿布维尔当局将他解往巴黎。6月5日，巴黎高等法院审理此案，二十五名法官中有十五人赞成维持原判，拉·巴尔又被押回阿布维尔，于7月1日执行死刑。拉·巴尔留下遗书，说他不相信人们为了这样一些小事就处死一个年轻的绅士，但是临刑前他却遭到严刑拷打，当他的头颅被砍下来时，围观的人拍手称颂刽子手技艺娴熟、干净利落。

拉·巴尔之死同样使伏尔泰极为震惊和愤怒，特别是当局曾在巴尔身上搜出一本《哲学辞典》也当作他的罪状，更使伏尔泰激动万分。他大声疾呼为这个青年辩护，一再写文章痛斥宗教狂热和宗教迫害的凶残野蛮。在1766年7月中旬所写的《记拉·巴尔骑士之死》中，他义正词严指责法国的

活·读书·新知三联书店，1983年，第695页。

司法制度为宗教狂热分子服务。此后的十余年中，伏尔泰念念不忘此事，一再努力争取司法当局取消对在逃的代塔隆德的指控，同时反诉判决拉·巴尔的法官，虽然最终没有赢得卡拉一案那样的辉煌胜利，但同样取得了打击教会和宗教狂热、教育群众逐步摆脱宗教精神枷锁的作用。

在十八世纪的法国，教会作恶，司法黑暗，教权主义和专制统治的结合，使得冤狱遍于国中。伏尔泰领导的为让·卡拉和拉·巴尔翻案活动引起巨大反响，社会上不少含冤苦主纷纷寻求伏尔泰的帮助。经过伏尔泰的斗争，平反冤案获得成功的有1766年新教徒西尔文夫妇被控杀生祭神谋杀亲生女儿案、1760年农民马丁被诬杀人判处车刑案、1770年蒙巴伊夫妇被控谋杀母亲案，以及法国驻印度长官、以叛国罪被处死的拉利伯爵案等。其中，西尔文和蒙巴伊两对夫妇像卡拉和拉·巴尔一样，也是宗教狂热和教会恶行的典型受害者，伏尔泰为他们昭雪申冤的活动，同样引起巨大的社会震动，动摇了教会的统治，教育了深陷宗教迷误的广大群众。

伏尔泰抓住宗教和教会现行罪行所进行的实际斗争，使他以宗教唯心论为主要对手的自然神论唯物主义哲学绽开灿烂的实践之花。当1791年重葬伏尔泰遗骨的时候，在他柩车上的题词中，作为他光辉一生的重大贡献之一，特别提道："他为卡拉、拉·巴尔、西尔文和蒙巴伊洗刷了耻辱！"[30]

---

[30] 路易·莫兰编：《伏尔泰全集》法文版，第1卷，第486页。

第四章　伏尔泰的政治哲学及其反对封建专制主义的斗争

一、伏尔泰政治哲学的核心概念：平等与自由

伏尔泰痛恨封建专制主义，反对等级制度和贵族特权，要求平等自由，主张实行英国式君主立宪的开明君主制度。伏尔泰的政治哲学，或曰政治思想，在十八世纪的法国占有非常重要的地位，产生过广泛影响。

可以概括地把伏尔泰的政治哲学归结为五个基本概念，和他关于这些概念的反复阐释论证。它们是平等、自由、法律、王权、政府。在伏尔泰的政治思想中，这些概念中的每一个概念都有丰富的内涵和时代特点，都鲜明地带着伏尔泰的个性标记，都是组成伏尔泰政治哲学体系的一个有特色的学说，值得一一剖析探讨，而当我们做完了这项工作，我们就会对伏尔泰的政治思想有了较为完整和清晰的认识。

且让我们首先从平等和自由说起。

像同时代的其他思想家一样，伏尔泰政治哲学的出发点

也是“自然法”理论。自然法理论也称为自然秩序论，是十七、十八世纪流行于欧洲的一种历史观。这种观点从抽象的人性出发，一方面，主观设想原始人类的生活图景，即所谓原始社会的“自然状态”和“自然秩序”；另一方面，脱离人的社会性和阶级性来谈所谓人的“自然权利”，追求一种“合乎自然”的理想社会原则。至于怎样设想原始人类的自然秩序和追求怎样一种自然权利，不同国度、不同时期、不同阶层的思想家之间又存在着很大差别。显然，自然法理论并不是一种科学的历史观。但是，这个理论是针对宗教神权和宗教历史观提出来的，具有反对宗教神学和封建统治的历史进步性，几乎为当时所有进步思想家所信奉，在它的基础上产生过各种各样的社会学说，发生过巨大影响。就伏尔泰而论，他的自然法思想与十七世纪英国哲学家霍布斯、十八世纪法国启蒙思想家卢梭和乌托邦主义者马布利、摩莱里等人的自然法思想在形式上有很大不同。伏尔泰并不着意描绘人类原始社会的自然状态和自然秩序，而是要为符合自然法精神的社会立法寻找一项基本原则。在《哲学辞典》的“自然法”这个词条中，伏尔泰指出，法律是自然的女儿，每一个精神健全的人心里都有自然法的概念，这个概念就是正义，因此，只有真正符合正义原则的法律才是与人的自然权利相适应的。他指出，尽管不同国家、不同历史时期，法律、习惯、风尚不断变化，尽管人类的历史充满迫害、抢劫、屠杀、欺骗等不义行为，但基于人性的本质的东西却永远不变，正义的观念一直绵延不绝，从未泯灭。他问道：“请你给我指出有哪个地方认为抢夺我的劳动成果、撕毁自己的约言、为了害人说谎、诽谤、杀人、下毒、忘恩负义、在父母给你食物时殴打父母是正当的？”[①]因此，伏尔泰深信一种“自然的法律”一定能够建立起来，它的基本原则应该是：“这种法律既不在于使别人痛苦，也不在于以别人的痛苦使自己快乐。”[②]

根据这种对自然法理论的理解，伏尔泰首先确立了他对在十八世纪的法国最激动人心的口号之一“平等”的理解。对伏尔泰来说，平等意味着反对等级制度和封建特权。伏尔泰认为人生而平等。他说：“一切享有各种天然能力的人，显然都是平等的；当他们发挥各种动物机能的时候，以及运用他们的理智的时候，他们是平等的。”[③]他指出，即使是中国的皇帝，印度的大莫卧儿，土耳其的帕地夏，也不可能向最下等的人说：“我禁止你消化，禁止你厕所，禁止你思想。”他揭露封建等级制度和贵族特权违反自然法。他问道：“难道农民的儿子生来脖子上就套着轭，而贵族的儿子生来腿上就带着踢马刺吗？”在《共和思想》一书中，他谴责过去领主与奴隶的差别，现在贵族与平民的差别，都是“令人生厌和耻辱”的社会不平等。

伏尔泰考察了社会不平等现象产生的原因，他归结为贫

① 北京大学哲学系外国哲学史教研室：《十八世纪法国哲学》，商务印书馆，1963年，第98页。

② 北京大学哲学系外国哲学史教研室：《十八世纪法国哲学》，商务印书馆，1963年，第99页。

③ 北京大学哲学系外国哲学史教研室：《十八世纪法国哲学》，商务印书馆，1963年，第88页。

穷和暴力。他说，如果人类生活在像野生的四足兽、飞禽、爬虫一样的自然状态里，就不会有统治和奴役。如果人在地球上到处都可以找到一种安逸而且稳妥的生活，找到一个适合他的天性的地带，那么一个人绝不可能役使另一个人。举例来说，如果一个残暴有力的人心里起了一个念头，要想驱使不如自己强壮的邻人，他是办不到的，因为当压迫者在伏尔加河上准备就绪之前，被压迫者早就到了多瑙河上了。如果这个星球上到处都有可以吃的果实，如果人只需要麋鹿的住所和床榻，成吉思汗们除了他们的儿孙就不会有别的臣仆。因此，伏尔泰说，如果人们没有需要，那就必然人人平等。使一个人从属于另一个人的，是与人类分不开的贫困。真正的不幸并不是不平等，而是从属。他形象地阐释这种“从属”关系，即人身不平等现象产生的原因。比如，一户人口众多的人家种着一块好地，附近另有两户人家人丁不旺，种的地也贫瘠无出产。这两家赤贫户中有一家向富户献上人手换取面包，另一户则跑去攻打富户并被打败。那么服侍人的这一户便是仆人和手艺人的起源，被打败的那一户则是奴隶的起源。

伏尔泰还指出，能力和机遇不同也造成了人们之间事实上的不平等。他说，每一个人在内心深处都有权认为自己与其他人完全平等，但是不能由此便说一个红衣主教的厨子应当命令他的主人给他做饭。厨子可以说，我跟我的主人一样是人，我跟他一样是啼哭着出世的，也将在同样的哀悼和同样的仪式中死去，我们两个人都发挥着同样的动物机能。如果土耳其占领了罗马，如果那时我当了红衣主教，我的主人当了厨子，我就会让他侍候我了。应该说，厨子的话说得很合理很公正，他拥有与红衣主教同等的权利，如果有机会有能力，他也可以当红衣主教，只是在土耳其人还没有占领罗马，他还不是红衣主教的时候，他仍得干他分内的活儿，否则整个人类社会就不可收拾。

上述可见，伏尔泰所谓“人生而平等”指的是人身平等、机会平等、权利平等。他主张废除等级制度、贵族特权这些封建的社会藩篱，强调人们在法律面前一律平等，但认为经济（财产）的不平等是不可避免的。这里我们可以看到伏尔泰平等学说冷峻的一面。他总是十分冷静地谈论平等问题，绝无卢梭或马布利、摩莱里那样的激情，但更富现实主义精神，更符合时代的要求。用他独具特色的语言和论述方式来说，他一方面反对第一个人扮演主人、第二个人扮演奴隶、第三个人扮演谄媚者、第四个人扮演供应者这种封建“滑稽剧”，十分同情封建关系下没有平等可言的劳苦大众的痛苦，1770年他还以法国农民的名义写了《致王国全体公务人员的请愿书》，申诉了农民的不幸命运。另一方面他又维护财产私有制度，反对下层群众实现社会经济平等的要求。他不仅不同意梅里叶的空想主义（在他所摘编的梅里叶《遗书》摘要本中，梅里叶有关财产公有的论述被全部删除了），而且也反对主张在小私有制基础上实现平均主义的卢梭的观点。当他读完卢梭的名著《论人类不平等的起源和基础》一书后，竟认为这是想要使穷人掠夺富人的“穷光蛋的哲学”。在伏尔泰看来，拥有财产是人民群众中“健全部分”的标志，下层群众超越“法律面前人人平等”这个根本原则而追求财产公有或财产平等，是不合理的。他甚至认为，一无所有的人是暴政和宗教狂热的支柱。伏尔泰在《哲学辞典》的“平等”这个词条中概括自己的平等观说，在我们这个不幸的星球上，生活在社会里面的人不可能不分成两个阶级，一个是支配人的富人阶级，另一个是服侍人的穷人阶级，否则社会生活便无法维持，“因此平等既是一件最自然不过的事，同时也是最荒诞不经的事”④。

“自由”是伏尔泰反复谈到的另外一个概念。什么叫自由？伏尔泰像论述平等一样对自由做了层层剖析。他指出，自由首先是一个哲学范畴。在《哲学辞典》的“自由”词条中，伏尔泰通过一个生动而又通俗浅显的例子说明自由是认识了必然后的一种选择权。他写道，当你和你的妻儿一块儿散步的时候，一阵大炮发射的轰鸣传到你的耳朵里，你没有听见或听不见的自由，但是你有逃避被大炮的炮弹轰掉脑袋的自由，你可以走开三十步躲避炮弹。然而，如果你有风瘫病，你不能避免暴露在大炮前面，那么你就难免挨上一炮。因此，伏尔泰指出，哲学意义的自由就是“试着去做你的意志绝对必然要求的事情的那种权力”⑤，与这种自由对应的是“必然”。然而，与平等并列的自由指的是与哲学意义截然不同的政治权利。伏尔泰指出，自由是人人享有的天赋人权，不应受到任何侵犯。这种自然权利只受法律约束。伏尔泰这里所说的法律，指的是

④ 北京大学哲学系外国哲学史教研室：《十八世纪法国哲学》，商务印书馆，1963年，第91页。

⑤ 北京大学哲学系外国哲学史教研室：《十八世纪法国哲学》，商务印书馆，1963年，第95页。

“合乎自然权利”的立法，当然不是封建制度的法规。他把这种自然权利分为五种，即个人自由、思想自由、言论和出版自由、信仰自由、劳动自由。

个人自由即人身自由。奴隶和农奴没有人身自由，所以伏尔泰痛斥奴隶制度和农奴制度违反自然法，谴责直到十八世纪法国的某些地方仍然保留着中世纪的农奴制，他曾投入不少精力设法解放一座修道院里的农奴。

《哲学辞典》里有“思想自由”一条，伏尔泰在其中指出，思想自由是一种自由权利，统治者总是害怕人们独立思想，认为如果每个人都自己思考，就会扰乱社会秩序，产生一片混乱，特别是就会危害基督教。其实，基督教自身就是思想自由的产物。如果早期基督教徒没有思想自由，就不会有基督教。如果罗马帝国长期禁止思想自由，基督教的教义也就建立不起来。至于所谓思想自由可能引起骚乱，更是无稽之谈。伏尔泰说，恰好相反。当人们去看戏时，每个人都自由地表达自己的观点，剧场秩序没有受到骚扰。但是如果某个蹩脚诗人的蛮横的保护人试图强迫所有有鉴赏力的人称赞他们觉得差劲的作品，那么就会听到一片嘘声，就会引起混乱。正是思想上的暴君引起世界上的许多不幸。伏尔泰深刻指出，整齐划一，人们没有独立思想，社会表面平静，并不是幸福，这不过是“沉默地划着船的奴隶的平静”。

伏尔泰把言论和出版自由看作其他一切自由的保证。他对十八世纪的法国没有言论和出版自由早有切肤之痛。他两入巴士底狱，一次流放国外，几十年被迫隐居在穷乡僻壤，他的著作一次次被查禁焚毁，都是由于没有言论和出版自由。所以他宣称，发表自己思想的自由是公民的自然权利。他批驳认为出版自由危害政权、破坏宗教的论调说，某些政府的垮台和宗教被破坏，并不是由于出版了某一本书造成的，而是因为它们本身已经腐朽堕落。罗马天主教会在许多国家被击败，并不是书本的力量，而是由于它自己贪得无厌、假仁假义，引起整个欧洲的反抗造成的。当路易十四在世时，荷兰曾出版了五六千种反对他的小册子，但是没有一本书导致他在战场上失利。路易十四在战场上也失败过，那是另外的原因，而不是这些小册子造成的。伏尔泰在《哲学辞典》的“出版自由”词条中说，不管怎样争论书籍的作用，有一点却是天经地义：“就像我们有说话的权利一样，我们天然地有使用我们的笔的权利。”⑥

信仰自由是天主教会煽动宗教狂热和宗教偏执、施行宗教迫害的逻辑反题。伏尔泰为争取和维护信仰自由奋斗终生。他的大多数作品申明的都是这一主题。他为让•卡拉翻案所出版的《论宽容》一书，更从各个角度集中分析了信仰自由的重要意义。其中有些论述虽然已过二百余年，对现代中国读者来说仍然感到十分亲切。伏尔泰对中国传统文化推崇备至，特别赞赏孔夫子的哲学体现了宽容精神，称颂中国没有宗教偏执，中国历史上从未发生过宗教战争，各种宗教信仰在中国和平共处，认为正是信仰自由使偌大一个帝国保持统一和繁荣。

---

⑥ 伏尔泰：《哲学辞典》，《伏尔泰全集》英文版，第6卷，上册，第130页。

劳动自由，这是最能反映伏尔泰政治哲学的资产阶级性质的一条对自由的诠释。伏尔泰在强调人身自由、反对封建从属关系和认为私有财产不可侵犯、拥有财产是一种自然权利以后，不得不面对一个问题：对占人口大多数的贫苦农民和城市下层群众来说，他们一无所有，在他们身上如何体现“财产”这项自然权利呢？伏尔泰在《哲学辞典》中专门列了“财产”词条，认为对农民和其他穷人来说，自由并不意味着拥有财产，而是能够自由地出卖劳动力，因此劳动自由是涉及社会上多数人利益的重要自由形式。他说，社会并不需要农民成为富人，而是需要他们除了一双手和一片善良心愿之外什么也没有，他们可以自由地把自己的劳动出卖给出价最高的人，“他们用这个自由来代替财产。”[⑦]农民摆脱封建关系，成为自由劳动力，作为雇佣工人从事雇佣劳动，是资本主义生产方式产生和发展的前提之一。伏尔泰对劳动自由的这种理解，反映的正是他的时代的历史要求。

伏尔泰除去在《哲学辞典》和其他著作中正面阐述他对自由内容的这些主张以外，由于他极端推崇英国1688年光荣革命后确立的君主立宪政治制度和洛克的政治思想，因此他常常以英国为例谈论他的政治主张。就“自由”来说，伏尔泰更是对英国赞不绝口。他认为，差不多在所有的专制制度下，人民的自由都被剥夺，只有英国的法制保证公民能够享有这种自然权利。他说，在英国，所有的公民不能同样地有

---

⑦ 伏尔泰：《哲学辞典》，《伏尔泰全集》英文版，第7卷，上册，第9页。

势力，却能同样地自由，这种法律所确定的权利比王公贵族的特权要牢靠得多。伏尔泰详细列举了一个英国公民所享有的自由的基本内容。他说任何一个英国人，首先享有“人身和财产的全部自由”，法律保障他不会半夜三更从妻子的怀抱中被拖出去押入城堡，而当他清晨醒来，可以放心他的财产还和昨天一样，不会有丝毫变动，不会突然被剥夺，这简直是一种最大、最幸福，在其他国家所没有的特权；一个英国人还享有“用笔向国家提意见的自由”，他有权发表一切想法，法律保证他的言论出版自由；此外，一个英国人还享有“只能在一个由自由人组成的陪审委员会面前才可受到刑事审问的自由；不管什么案件，只能按照法律条文的明确规定来裁判的自由”[8]；等等。

伏尔泰特别羡慕英国人享有信仰自由。在《哲学通信》和《风俗论》等著作中，他一再描述英国没有教会专横和宗教迫害，说在英国每个人都可以按照他自己的方式供奉上帝；说英国是一个宗派林立的国度，有三十多个不同的教派，每个英国人都可以沿着他所喜欢的道路进入天堂；说在英国各教派中，虽然保守的英国圣公会保留了许多天主教仪式，并常常想在信徒中间挑起宗教狂热，企图迫害非圣公会派，但是他们的宗教偏狭行为最多也不过是有时把异端宗教的教堂玻璃打破罢了。因为伏尔泰说，宗教的狂热在英国与内战同时告终，新的政治制度确保了人民信仰自由的权利。

---

⑧ 伏尔泰：《哲学通信》，高达观、徐仲年等合译，上海人民出版社，1961年，第192页。

二、法律在伏尔泰政治哲学中的地位

伏尔泰不是法学家，他没有成体系的法学专著，但是他早年学过法律，有过在律师事务所学徒的实践，一生坎坷经历，无论是被监禁、流放，还是著作一再被判查禁焚毁，又都不断面临封建专制制度下的法律问题。他为让·卡拉和拉·巴尔及西尔文等人平反昭雪的活动，更是长时间地、非常投入地与黑暗的封建法律现实进行抗争。这一切都决定了“法律”在他的全部政治思想中占有重要地位。正像孟德斯鸠的《论法的精神》不是一部纯法学专著，而更具法哲学或政治学论著的特点一样，伏尔泰的许多政治和哲学论著，例如《圣贤和百姓的声音》《哲学辞典》等，也涉及诸多法律问题。《哲学辞典》中将近六分之一的词条与法律有关。此外，为探讨法律问题，伏尔泰还深入研究了意大利法学家贝卡利亚的《论罪恶和处罚》一书，并把它译成法文，1766年出版了《对〈论罪恶和处罚〉一书的注释》，其中阐发了伏尔泰自己关于法律和法律改革的意见。

伏尔泰的法律和法律改革思想的中心内容，是他力主限制教权，反对教会势力凌驾国家法律之上。

在伏尔泰反对封建特权的顽强斗争中，天主教会奉行的教权主义和教会享有的诸般特权，是他口诛笔伐的首要目标。在十八世纪的法国，天主教会依托罗马教廷的支持，凭借强大的经济实力和政治地位，不断插手世俗事务，推行教权主义，与专制王朝既相互勾结、相互利用，又不断产生新的矛盾和摩擦。这种教权主义集中体现在巴黎高等法院与王权的矛盾上。

伦敦有一个高等法院，巴黎也有一个高等法院，二者都有悠久的历史。名称虽同，性质很不一样。英国高等法院是名副其实的司法机构。巴黎高等法院却既有政治机构的性质，又执行宗教裁判所的职能。在法国的封建关系中，巴黎高等法院代表封建贵族利益，是封建贵族和宗教势力勾结起来与王权抗衡的阵地。在路易十五统治的后期，这种贵族与王室的权力之争达到高潮。路易十五决心制服高等法院，双方进行了一次激烈的较量。1768年9月，路易十五任命勒内·尼科拉·德·莫普为掌玺大臣，着手改革高等法院，并于1770年颁布《规章与纪律敕令》，要求所有法官绝对效忠作为司法之源的国王，规定巴黎高等法院不得过问政治，无权与外省法院联系，它的四个法庭也不能召开联席会议。巴黎高等法院的法官们拒绝服从莫普的命令，路易十五亲临法院，强迫登记敕令，于是法官们罢工。莫普将顽固的法官撤职，解散巴黎高等法院，另立高级法庭，规定法庭成员为终身职，由国王发薪俸，但限制法庭的权力和管辖范围。通过这场斗争，僧俗贵族势力受到沉重打击，特权制度最顽固的堡垒解体，客观上有利于法国资本主义的成长。

伏尔泰对巴黎高等法院的反动性早有亲身体验，他的多部著作和其他启蒙学者的著作都曾被巴黎高等法院查禁。他十分痛恨这个宗教裁制所式的机构，坚决支持莫普的改革措施。1769年春天，他发表《巴黎高等法院史》，揭露和抨击巴黎高等法院顽固维护封建特权、推行教权主义的种种倒行逆施。他指出，拥有立法权和司法权的巴黎高等法院自十五世纪以来，就是罗马教皇干涉法国政治事务的工具。它与世俗政权争权夺利，不断挑起宗教纠纷和宗教战争，造成社会动荡和人民的苦难，用煽动宗教狂热、迫害无辜，对人民和社会进行思想钳制；卡拉案件、巴尔案件、西尔文案件等，一桩桩冤案都是巴黎高等法院所代表的教权主义产生的恶果。

除巴黎高等法院问题，在论及教会和国家的一般关系时，伏尔泰指出，就像国家应该只有一种度量衡标准一样，国家应该只有一种法律制度，教会制定的法律非经政府明白批准，不应有丝毫效力。在《哲学辞典》的“法律”词条中，他还提出了其他一些限制教会特权的意见，诸如：反对教士干涉人民的生产活动，认为只有行政长官才有权决定宗教节日期间是否禁止劳动；教会无权批准民间婚事，关于婚姻的一切，完全取决于民政长官，教士仅限于为婚姻祝福；所有教士既是国家臣民，一切应只受本国政府支配；永远废除“首岁教礼”的“可笑而又可耻的惯例”，即废除每个教士任职后第一年的全部收入上缴罗马教皇的陋习；教会不能以违反神律的罪名剥夺一个公民的丝毫权利，教士的职责是祈祷而不是裁判；教士应该像其他国民一样纳税。

在伏尔泰提出的这些限制教会特权和反对教会干预世俗生活的法律改革思想中，最后两个问题十分重要，即他认为必须把违反宗教信条和违反法律相区别，他坚决主张教会和教士必须纳税。

第一个问题涉及法理。伏尔泰通过让•卡拉、拉•巴尔和西尔文案件看到，法国现行法典，即1670年柯尔柏制订的《刑法》没有严格区分“恶”与“罪”，把宗教和道德范畴的恶行与法律范畴的罪行混为一谈。伏尔泰认为恶与罪不同，宗教认为的恶德不仅不是犯罪，甚至也不是真正的恶，违反教条不是犯法，反对教会也不是恶行，因为这些行为都没有危害社会。伏尔泰说，拉•巴尔亵渎了神像并没有对社会造成危害，不应诉诸《刑法》。伏尔泰指出，把“违反神律”和“违反法律”混为一谈，必然导致教士干政，有利于教会推行教权主义，剥夺了公民信仰自由的自然权利。

第二个问题，伏尔泰强调教士必须纳税，是事出有因的。这不仅由于法国天主教会拥有巨额财产（当时法国人估计教会拥有三分之一个法国），教士，特别是上层教士收入也很丰厚，却都享有免税特权，自然与伏尔泰反教会、反特权的立场矛盾，而且由于像在巴黎高等法院问题上伏尔泰支持莫普改革一样，伏尔泰在二十年前曾参与过王权与教会的另一场较量。

二十世纪四十年代末，为缓和国内矛盾和解决财政困难，路易十五的财政总监马肖尔特·达努维尔提出税制改革计划。1749年，路易十五颁布了马肖尔特起草的两个法令：设立国家信贷基金，废除什一税（1/10税），改征廿一税（1/20税），取消一切免税特权，自1750年1月1日起实行。马肖尔特的税改方案立即得到伏尔泰的支持。他写信给马肖尔特，认为改革是平等的，它的原则是社会各阶层毫无差别地对共同利益做出贡献。但是，马肖尔特的税改方案也立即遭到享有免税特权的贵族和教士的激烈反对。1750年

6月，恰逢将在巴黎召开五年一次的教士大会，教会决心利用这次大会围攻马肖尔特，反对廿一税法。伏尔泰为迎接教士大会期间的斗争，于1750年春天写了一些宣传材料广为散发，号召巴黎群众支持马肖尔特，痛斥教士富有而无用，只知消耗不事生产。6月初，他又发表了公开反对教会、首次提出“消灭败类”口号的《圣贤和百姓的声音》一书，旗帜鲜明地拥护王权，反对教权，支持马肖尔特，要求向教会征税。伏尔泰指出，国无二主，国王既是法国的统治者，也必是教会的绝对主人，教会理应把它的一定比例的岁入贡献给社会；国家既然正式宣布要主持正义，就应坚决贯彻税改法令。然而，这次改革在贵族和教会的压力下，经过一年多的争论，最后还是以失败告终，路易十五于1751年12月23日撤销了征收廿一税的法令。此时伏尔泰已到普鲁士，他痛惜路易十五懦弱无能，更坚定了与教会势力斗争的决心。

伏尔泰在法律方面所关注的另外一个问题，是法律必须保护公民的财产私有权和继承权。

在论述伏尔泰自由平等思想时我们已经谈到，伏尔泰认为财产私有权是一项重要的自然权利，他强调法律必须保障公民的私有财产。在他看来，财产的精神可以增加人们的干劲，地产的所有者种植自己的世袭土地比种植他人的土地要好；为自己家人劳动比为主人劳动要勤奋和快乐；在别人统治下的奴隶很少有结婚的欲望，当他想到将会生出与自己一样的奴隶时就会不寒而栗，他的勤奋因此而被抑制，他的灵魂变得冷酷无情。与此相反，财产的所有者想有一个妻子分享他的幸福，想有孩子帮他劳动，他的妻和子构成他的财富。在《哲学辞典》的“财产”这个词条中，伏尔泰说：“这样的土地在积极主动、心甘情愿的农民家庭手里，会具有比以前增加十倍的产量。商业贸易会增长，国王的财富会增加……这是一个利国利民的制度。”⑨

与法律应保障公民私有财产问题相关联，法律还应保障公民的继承权。在论述这一问题时，伏尔泰针对当时法国社会的特殊情况指出，法律应明确财产继承关系，保障公民有权继承父辈的财产，继承权是私有权的题中应有之义。他说，实现了这一条，就会有大批有技术、有财产的胡格诺教徒返回祖国，就会给法国带来巨额财富，从而对国家和全体法国人都有好处。

伏尔泰的法律思想中还有不少在当时十分新颖的观点。他主张慎用死刑，认为生命是上帝赐予我们的珍贵礼物，每个人只有一次生命，无论犯了什么罪，处之以死刑时都应慎而又慎。他在《珍惜正义和仁慈》这篇文章中说，我不是提倡鼓励谋杀者，而是认为处罚的办法不能成为新的谋杀。在《哲学辞典》的“罪犯”词条中，他列举许多无辜者被处死的案例，说这不是刑事审讯，他们是被有特权的谋杀者谋杀了。伏尔泰也反对严刑拷打，说严刑拷打是暴君和宗教裁判所滥用的手段，必须废止，对罪犯的处罚应该合乎人道，即使真正犯了死罪，也应以仁慈的方式处死，车裂、火刑太残酷，与社会日益文明进步相悖。

---

⑨ 伏尔泰：《哲学辞典》，《伏尔泰全集》英文版，第7卷，上册，第6页。

总之，伏尔泰的法律思想虽然不系统、不完整，但在他的政治哲学中却占有重要地位，闪烁着不少真知灼见。作为一个启蒙学者，他在论述自己的法律思想时把批判锋芒对准封建特权和教权主义，贯彻了他的平等自由信念和人道主义精神。

三、王权问题与开明君主政治的理想

王权问题在伏尔泰的政治哲学中之所以特别突出，是由于在伏尔泰的时代，王权与伏尔泰反对教权主义和封建特权的政治立场直接相关。伏尔泰是历史学家，他谙熟古代和近代法国及欧洲各国政治制度演变的历史，他的政治主张也是在大量考察和比较各国历史时期政治制度的优劣中表达出来的。伏尔泰反对曾长期盛行于欧洲的诸侯、贵族割据的封建政体。他认为各个诸侯、贵族封建主都是“小暴君”，他们践踏人权，剥夺人民的自由，把治下的百姓视为附着在土地上的“贱民”“奴隶”“畜生”，随意盘剥和连同土地卖出买进。他们还不断与国王冲突，像为了吸食白鸽的鲜血，一群鸷鸟与一只老鹰争斗那样，争夺从老百姓那里得来的掠获物，总想用一百个暴君来代替一个主人。

伏尔泰也研究过君主专制政体和共和政体，1765年，他还写了一本书叫《共和思想》。在这部著作中，伏尔泰分析了专制政体和共和政体各自的特点，认为专制政体的根本缺陷是专断，国王为所欲为，常常为了虚荣而牺牲繁荣、扼杀自由，把人民拖入苦海。因此，他说，被专制地管理着的人们的社会，同驾着轭替主人服役的公牛一样，是不合理的。他认为共和政体由于崇尚平等和自由，可以避免君主专断而横暴的统治，它的原则是正确的。但是，伏尔泰担心共和制度会引起无政府状态和不断产生骚乱，认为共和政体也有弊病。在个别私人通信中，伏尔泰曾说过，如果庶民议论起来了，那么一切就都完蛋了。怀着这种既要启发人民觉悟，又害怕下层群众进行过火斗争的资产者的矛盾心情，伏尔泰甚至认为共和政体也可能产生暴政，并且说这种集体的暴政将比一个专制君主的暴政还要坏得多。在《哲学辞典》的“暴政”词条中，伏尔泰说，一个暴君总有些好的时刻，一群暴君则从无好的时刻。如果一个暴君对我做了一件不公正的事，我可以通过他的情妇、他的忏悔神父或他的侍童去使他罢休，但所有诱惑都不可能接近一群严肃的暴君，即使它没有不正义时，它至少也是严厉的，它从不给人以恩待。在伏尔泰看来，最好的政治制度是开明君主制度或君主立宪制度。他以英国为典型，从各方面分析了这种制度的优越性，认为开明君主制度“保存了专制政体中有用的部分和一个共和国所必需的部分”[10]，是最完美的政治制度。

伏尔泰以反对等级制度和封建特权为主要特征的政治哲学中，在关于国家政治体制的问题上，一方面对共和思想又爱又怕，另一方面对君主政体十分留恋，有其深刻的社会背

⑩ 伏尔泰：《哲学通信》，高达观、徐仲年等合译，上海人民出版社，1961年，第194页。

景和历史根源。欧洲中世纪封建社会的权力结构与中国等东方封建国家的情况有很多不同之处。在欧洲，诸侯和贵族的封建割据势力非常强大，封建统治的重心在各地贵族的城堡，而不在少数城市，国王常常徒有虚名并无实力，既受教皇节制，又被诸侯左右，甚至有时沦为贵族的玩物和装饰品，因此王权与诸侯、贵族和罗马教廷存在着很大矛盾。十五世纪以后，随着封建制度开始解体和资本主义生产关系的出现，君主专制政体在一定历史时期曾经起过进步作用。王权的逐步加强，消灭了封建割据势力，建立了中央集权国家，促进了生产力的发展，得到逐渐成长的资产阶级的拥护。在一个时期，君主专制政体似乎能够平衡贵族和资产阶级的力量，王权以一种表面上的超然立场充当贵族势力和资产阶级的中间人。但是，君主专制政体所维护的还是封建制度，加强王权不过是封建统治的一种新的政治形式而已，君主专制政体的实质仍然是大小封建贵族的统治。特别是在法国，到了十八世纪，君主专制政体已经严重阻碍了资本主义的发展，专制王朝与资产阶级的矛盾越来越尖锐。然而，相当多的群众仍然相信君主是他们的利益的保卫者，大部分资产阶级也相信依靠开明的君主和通过中央政权的力量可以“纠正”封建社会，达到改良政治、开放政权、制定宪法、建立议会、限制王权和贵族势力的目的，这既为资本主义的进一步发展创造条件，又给资产阶级以分享统治权力的机会。法国资产阶级的这种美梦直到十八世纪末才被彻底打破，但是在伏尔泰积极活动的时期，它还兴致正浓。

此外，伏尔泰之所以对王权，特别是“开明的君主”抱有幻想，还因为在同教会和教权主义斗争中，他把希望寄托在“开明君主”身上。欧洲不少国家的君主，特别是法国王室，长期以来一直与天主教罗马教廷公开或暗地里进行着控制与反控制的斗争。伏尔泰希图利用王权使法国摆脱天主教的神权统治，至少通过强大的专制政体，达到抑制教权主义、避免教会染指和控制世俗政体的目的。所以，在他所遇到的王权与教会的每一回合的较量中，他都毫不犹豫地站在王权一边发表自己的意见。当然，企图依靠王权使法国摆脱天主教会势力只是伏尔泰一厢情愿的幻想。法国专制王朝虽然对罗马教廷的政治干涉和经济掠夺不满，但它绝不愿削弱天主教这个控制人民灵魂的神圣工具，特别是在风雷激荡的十八世纪，专制王朝还要依靠天主教会来维系其风雨飘摇的反动统治呢。

具体考察一下十六世纪以来法国各政治势力之间斗争的情形，可以更清楚地看到，伏尔泰对待王权的态度和他追求开明君主政治的历史原因。

十六世纪以来，君主和封建贵族的矛盾一直困扰着法国社会。封建诸侯贵族各以自己的采邑为依托，形成许多割据势力。他们各霸一方，拥有大片土地和庄园，还掌握私人军队，并把触角伸向巴黎，严重威胁王位。而每个在位国王，都竭力削弱和打击各个封建贵族的势力，施展各种纵横捭阖手段稳定自己的王位。当时法国社会有五大政治势力，即君主、贵族、教会、高等法院和城市资产阶级。国王和贵族在争权夺利中，都不断争取其他三大势力的支持。特别是教会和高等法院，更是凡尔赛宫廷与各古老封建贵族家族势力争夺的焦点。刚刚开始发展的资产阶级为了发展工商业，迫切要求消除法国封建割据局面，建立统一的国内市场，寻求强大王权的庇护。路易十三时期，历史上著名的首相红衣主教黎塞留，提出无限君权论，主张君权来自上帝，君权类似神权，国王是上帝在人间的代表，他的意志不受限制，臣民必须绝对服从国王，臣民的利益必须服从国家的利益。黎塞留这种法国式的天人合一理论，是为加强君主专制寻求理论根据。年方五岁的路易十四登基以后，红衣主教马札然首相总理朝政，他继续黎塞留加强王权的事业，与贵族和高等法院进行了激烈斗争。路易十四亲政以后，独揽大权，宣称“朕即国家”，启用柯尔柏担任财政总监，推行重商主义经济方针，在税收和谷物贸易、取消国内关卡等问题上打击了贵族势力，客观上促进了法国资本主义经济的发展，但也遭到各地贵族的顽强抵抗。路易十四死后，摄政王奥尔良公爵掌权，君主与贵族的斗争又趋尖锐。奥尔良公爵的盟友是一些大封建贵族领主，他们掀起“贵族革命”，纷纷攫取国家要职，要求恢复某些被路易十四取消的贵族特权。摄政王死后，路易十五虽然昏庸懦弱，但宫廷大权掌握在王权主义者迪布瓦和弗勒里手中，他们反击“贵族革命”取得权力的大领主们，把他们逐出内阁，任命一批接近资产阶级的新人当大臣和国务秘书，并在与高等法院的斗争中取得胜利。

路易十五幼年，摄政王奥尔良公爵当政时期，正是伏尔泰走上政治舞台之始，他亲身经历了这一段“贵族革命”前后王权与贵族势力的反复较量，个人命运也随着政治气候的变化沉浮，作为代表资产阶级利益的思想家，他期待有一个开明君主，一个“哲学家国王”推行有利于资本主义发展的开明君主政治也就不难理解。

上述可见，历史的、阶级的和认识上的原因，决定了伏尔泰赞成开明君主制度，把依靠开明君主进行自上而下的改革，当作达到消灭等级制度和封建特权，实现自由、平等和理性王国的基本手段。至于他所谓开明君主政治的具体内容，主要通过他对英国政治权力结构的论述反映出来。

四、尊崇英国的政治制度和权力结构

伏尔泰政治哲学的最后一个基本概念是“政府”。他所谓的政府，并非专指一个国家内负责行政事务的当局，而是泛指整个国家的政治制度和权力结构。伏尔泰十分推崇英国人建立的君主立宪制度和严格的法治社会，因而他常常通过介绍和赞赏英国的“政府”表达自己的政治理想。

伏尔泰对英国的政治制度和权力结构赞不绝口，说英国建立了举世唯一的政府，在今天的世界上可能是“最完美的政府”。在他看来，英国政府的构成使资产阶级、贵族和国王的利益协调一致，从而既保证了社会的平等和自由，又避免了混乱。他用华美的赞语称颂这种分享政权的关系，他说：“一个为人尊敬而又富裕的国王，有无限权力去行善，却无力去为非作歹，当了一个自由、强盛、擅长经商，又开明的国家的首领。一边是贵族重臣，一边是城市代表，与国王共分立法之权。”[11]

伏尔泰认为，这种协调关系得以建立和维持的最主要的原因，是英国制定了完善的宪法和法律，确立了议会制度。他认为，制定宪法和法律是自由和平等的根本保证。他说，法律高于一切，一切按法律办事，这是英国人尊奉的最高原则。他说，英国人认为法律“可以产生公民”，即产生在法律面前享有平等权利的自由人。而“自由，那就是只受法律支配。所以英国人爱护法律，有如父亲爱护小孩”。[12]伏尔泰认为，树立了法律的无上权威，就能克服专制政体专权、横暴的弊病，和取得共和政体的根本好处。在他看来，英国的宪法和法律至少在三个方面发挥了巨大作用。

第一，限制了王权和贵族们的势力。伏尔泰用一个英国人的口气说：“当国王们专权的时候，由于一种稀奇的命运，骚乱、内战、无政府状态、贫困而使全国不安。在我们这儿，只有当国王们并不专断独裁的时候，和平、富饶、公共幸福才能统治着我国。”[13]伏尔泰认为，在一个君主立宪政体中，国王并不是全国最高、最终的裁判者，他也要受法律约束，只能作为“第一位长官”。如果把国家比作一艘大船，国王并非船主，他只不过是一个舵手长而已。伏尔泰

⑪ 伏尔泰：《哲学通信》，高达观、徐仲年等合译，上海人民出版社，1961年，第187页。

⑫ 伏尔泰：《哲学通信》，高达观、徐仲年等合译，上海人民出版社，1961年，第191页。

⑬ 伏尔泰：《哲学通信》，高达观、徐仲年等合译，上海人民出版社，1961年，第187页。

说："英国是世界上抵抗君主达到节制君主权力的唯一国家。"[14]至于有封号的贵族阶级，他写道，英国旧的门阀世族早已式微，新的贵族虽有爵位并无封地，他们在社会中有尊贵地位，却没有特权，高贵而不骄傲，且无家臣，并不因为他是贵族就能免缴某些捐税，英国贵族既可以像一个市民资产者那样去经商，也必须像一个市民那样接受审判。伏尔泰说，某些坚持贵族世系等级观念的外国人可能不理解，一位英国贵族的子弟只不过是一个有钱有势的市民而已，但是在英国，这却是宪法和法律保护下十分正常的秩序。

第二，宪法保证了议会的权力。伏尔泰认为英国的议会制度在两个问题上取得了成功。一方面，它使社会各主要阶级团结一致。他说："在英国政府中这种可喜的混合：下院议员、爵士、君主间的合作，是前所未有的。"[15]这种"上院和下院是国家的主宰，君主乃是太上主宰"[16]的权力结构，达到了市民、贵族和国王势力的平衡，使各方面的利益都得到照顾。另一方面，议会制度实现了"主权在民"的原则。伏尔泰特别称道英国议会下院的职能和权力，在《关于百科全书问题》一书中，他说，组成英国议会上院的贵族们和主教们只是为了他们自己而进议会，而下院却是为了全

---

⑭ 伏尔泰：《哲学通信》，高达观、徐仲年等合译，上海人民出版社，1961年，第29页。

⑮ 伏尔泰：《哲学通信》，高达观、徐仲年等合译，上海人民出版社，1961年，第32页。

⑯ 伏尔泰：《哲学通信》，高达观、徐仲年等合译，上海人民出版社，1961年，第29页。

国；说下院恰好对选入帝国国会的城市议员适合，下院议员人数多得多，所享受的权力也大得多，因此“下院简直就是国家”。显然，伏尔泰这样赞美英国的议会制度，充分流露了他要为法国资产阶级争取分享国家统治权力大造舆论的政治意图。

三，法律保护了资产阶级的私有财产。伏尔泰反对崇尚贵族的门第和血统而轻视市民、商人的封建意识，他极力赞扬商业使英国富足和强大，法律保护商业，社会重视商人，贵族也不以参与商务为耻。伏尔泰认为，英国这种良好的社会风尚，是法律和政府充分保护商人即资产阶级的私有财产形成的。他在作品中假借一个英国人的口吻说：“我们胜利的舰队把我们的光荣带至四海，而法律保障了我们的财富。”[17]法国市民羡慕英国资产者的心情跃然纸上。

总之，伏尔泰的政治哲学以追求平等、自由和宣传君主立宪为基本内容，在十八世纪法国启蒙运动中，是他比较早和比较详细地反复论述了这些社会理想，在第三等级广大群众中产生了广泛、深刻的影响，对扫荡封建意识、促进人民思想解放起了不可低估的历史作用。但是，伏尔泰关于这些政治观念的意见，也深深地打上了资产阶级的烙印。他虽然常常以群众、人民、第三等级甚至整个国家民族利益捍卫者的身份讲话，在论述这些政治思想的具体内容时，却明显反映出主要是维护资产阶级利益的局限性，穷人、无财产的下

⑰ 伏尔泰：《哲学通信》，高达观、徐仲年等合译，上海人民出版社，1961年，第187页。

层群众的利益常常在他的视野之外，只不过这种阶级性在当时还是进步的，符合历史发展的客观要求，甚至在一定程度上的确代表着全民族的利益而已。在他的晚年，随着他的政治思想不断随时代和客观形势的发展而变化，随着他在定居凡尔纳以后与劳苦大众接触的增加，他对社会下层群众的看法也有所改变。

五、伏尔泰的政治哲学随时代进步

伏尔泰政治思想的基本内容，正如他的哲学思想一样，早在旅英期间已经奠定，在旅英成果《哲学通信》等著作中，已经做了概括性表述。后来的许多著作，包括戏剧、小说、诗歌等文学作品，又都在反复宣传这些政治观念的同时，也使其不断地得到丰富和发展。特别是在半个多世纪的历史行程中，随着启蒙运动的兴起，随着针对法国政治舞台上次第演出的人物和事件伏尔泰所发表的意见，他的政治哲学也随客观形势的变化而不断充实，不断提高。这个问题大体上可以分述为如下三个方面：

其一，伏尔泰终生保持着生气勃勃的历史乐观主义精神，这种历史观和人生观引导他把现实主义和理想主义结合起来，重视今天，憧憬明天，反对复古主义。

作为正在迅速发展壮大的法国新兴资产阶级的思想导师，伏尔泰继承和发扬文艺复兴时代的优良传统，不断赞美人类的文明进步，高瞻远瞩而又脚踏实地，既对人类的未来充满信心，又宣扬充分享受有限的人生。他承认人的局限性，承认现实世界极不理想，但认为不能因局限性而对人生悲观失望，人在自己的能力限度之内仍然大有可为和大为可爱，同时就整个社会来说，也不能因存在弊端而否认人类社会日益文明进步。他说，我并不否认灾难和罪恶往往泛滥于世间，但是社会毕竟在不断进步，比起古代人的生活来，人类在十八世纪的生活内容远胜于古代人的生活。伏尔泰形象地描述道，我从我的省区来到巴黎，人们领我进入一个很美的大厅，那儿有一千两百个人听着优美的音乐；音乐会后，这些人分头去吃一顿很精美的晚餐，而在晚餐之后，他们满意地过了一夜；我看到在这个城市里，所有的艺术都被重视，最起码的职业得到很好的报酬；所有的痼疾经医疗而减轻了痛苦，对种种事故也有了预防措施；在这里，大家享受着，或希望享受，或为了某一天的享受而工作。在伏尔泰看来，这种当代巴黎人的文明生活，这种物质的和精神的享受，是古代人粗陋的生活所无法比拟的。

伏尔泰热烈歌颂当代物质和精神文明成果，既不同意卢梭否定科学艺术的虚无主义，又力驳马布利等人美化原始社会"黄金时代"的尚古主义，在十八世纪的法国思想界高擎文明大旗，有力地引导启蒙思潮的主流健康向前，积极进取。卢梭无疑是十八世纪法国最有影响的激进民主主义思想家，但是他在应征获奖论文《论科学与艺术》中所表达的否定社会文明进步，认为科学和艺术的发展造成诸多社会罪恶和人类道德堕落的观点却是错误的。伏尔泰在读了《论科学与艺术》以后，在给卢梭的信中讥讽说，从来还没有人用过这么大的智慧企图把我们变成畜生，读了你的书，真会令人渴望用四肢爬行。马布利、摩莱里等人为了追求财产公有，极力美化原始社会为人类“黄金时代”的观点也是一种反历史的错误观点，伏尔泰不同意这种在欧洲流行颇广的所谓远古时代曾存在“黄金时代”的说法。他说：“我知道任何时代的人总夸奖过去和诬蔑现在；我知道每个民族都幻想着一个纯洁、健康、悠闲、愉快，实际上不存在的黄金时代。”[18]1736年所写的哲理诗《摩登人物》中，伏尔泰更全面分析“黄金时代”的神话，他说，人类早期缺乏精美的艺术和舒适的生活，这不是美德，而是无知和蒙昧。在原始社会，所有的东西都是集体使用，原始人没有私有观念，并不表明人的高尚，而是不得不如此，因为他们一无所有，甚至一丝不挂。伏尔泰反对用禁欲主义的道德说教否定生产和科学技术的发展所取得的文明进步，他针锋相对地说：“一个好厨师就是一个有道德的牧师。”

其二，随着伏尔泰向封建君主兜售自上而下进行民主改革的努力到处碰壁，他鼓吹改良的热情逐渐消退，而代之以对革命的渴望。

依靠王权建立开明君主政治是伏尔泰一贯的政治主张。为此，他笔耕半个多世纪，创作了大量政论文章和各种样式的文学作品，以阐发和宣传他的政治理想；为此，他在法国王室与贵族、教会的冲突中，总是站在王权一边发表自己的

---

⑱ 伏尔泰：《哲学通信》，高达观、徐仲年等合译，上海人民出版社，1961年，第289—290页。

意见；为此，尽管路易十五对伏尔泰一向无好感，伏尔泰却一再委曲求全，希望改善与国王的关系，甚至不惜用出任宫廷史官侧身朝臣的方式接近和影响路易十五，以便实践自己的主张。无奈法国封建势力顽固反对一切改革措施，路易十五昏庸无能无所作为，伏尔泰依靠王权推行开明君主政治，以使法国摆脱封建桎梏的幻想一次次落空。路易十五使他失望，他就把满腔热情倾注在弗里德里希二世身上。他曾以为普鲁士王是他终于找到的“哲学家国王”，但是客居普鲁士的经历使他再度失望。虽然后来伏尔泰与弗里德里希二世的关系又有所缓解，后者也想利用一切机会挽回丧失文坛泰斗的信任给自己造成的损失，但是伏尔泰早已失去对他的热情。

伏尔泰与沙皇叶卡捷琳娜二世的关系最能反映出他是怎样在实践的教训下，一步一步打破通过“开明君主”进行社会改革，实现民主政治，建立君主立宪体制的幻想的。

俄国女沙皇叶卡捷琳娜二世是在1762年6月28日发动宫廷政变，推翻自己的丈夫彼得三世登上皇位的。不久她又派人杀死已遭囚禁的彼得三世及其他政治对手，开始了对俄国的长期统治。叶卡捷琳娜二世原籍普鲁士，登基前曾在俄国宫廷中长期钻研俄语和俄国文学，并大量阅读孟德斯鸠、伏尔泰等法国启蒙思想家的著作，对法国一代启蒙大师的思想有一定了解。登上女皇宝座以后，她在国内面临俄国贵族反对势力，在国外因篡位和刺杀自己的丈夫等行为名声不佳。为了压制国内敌对势力和改善在国外的形象，叶卡捷琳娜二世像弗里德里希二世一样，着意把自己打扮成一个开明君主。她不断发表一些来自孟德斯鸠、伏尔泰、狄德罗著作中的自由主义言论，声称要把他们著作中的主张作为自己施政的指导方针，愿根据启蒙思想家的思想修改俄国的法律等，一时间颇为轰动，引起伏尔泰等人的注意。

女皇登基之初，伏尔泰正在为让·卡拉伸冤而斗争，叶卡捷琳娜二世十分关心卡拉案件，大力支持伏尔泰为卡拉昭雪的活动，赢得伏尔泰的好感。她又表示支持出版《百科全书》的工作，在写给伏尔泰的信中宣称：世界上一切奇迹都不能消除禁止出版《百科全书》这样一个可耻的痕迹。由于《百科全书》的出版在法国受阻，她通过伏尔泰向狄德罗提出，由她提供一切保证，在彼得堡完成《百科全书》，狄德罗没有同意。不过当《百科全书》全部出齐以后，1773年，狄德罗应邀访问了彼得堡，受到女皇的款待。

为了装扮自己的“开明君主”形象，叶卡捷琳娜二世取悦伏尔泰和其他启蒙思想家的最漂亮、最工于心计的举措是出高价购买狄德罗的藏书。

为了编撰《百科全书》，狄德罗在二十多年中利用出版商拨付的经费，陆续购置了不少拉丁文和希腊文古典作品，以及哲学、自然科学和其他文献著作，总数近三千册。狄德罗的生活一向窘迫，为了给女儿昂热丽克置办嫁妆，他打算出售这些藏书，狄德罗的友人格里姆帮其寻找买主。叶卡捷琳娜二世从俄国驻法大使和皇家建筑院院长贝兹基将军等人那里听说此事，她通过贝兹基将军写信给格里姆说，女皇相当激动地看到学术界如此著名的哲学家竟处于这种境地：要为慈父之爱而牺牲他的乐趣、他著作的源泉、他闲暇的伴侣，因此女皇陛下为了向他表示善意并鼓励他继续工作，委托我以您建议的一万五千里弗之价购下这些图书，唯一的条件是，狄德罗先生为得以使用所藏，将充作是项书籍的保管人，直至女皇陛下表示讨回图书为止。叶卡捷琳娜二世不仅付了书价，还预支给狄德罗五十年的保管费和年金，总计四万一千里弗。女沙皇这一慷慨之举，在巴黎沙龙中引起一阵狂热，产生了真正的“轰动效应”，不但狄德罗喜出望外，伏尔泰等人也激动不已。伏尔泰自称完全被“北方的塞米拉米斯”[19]征服，他在写给女皇的信中说，得到陛下恩惠的那些人都是我的朋友，我非常感激您为狄德罗、达朗贝尔和卡拉一家慷慨的作为，欧洲各国文人都应该在您的支配之下。在给其他人的信中，伏尔泰也一再表示了对叶卡捷琳娜二世的赞美，夸赞她的慷慨、仁慈、开明、宽容，声称“我在反对她的每一个人面前是她的骑士”，甚至把她弑夫篡位说成外人不能干涉的“家庭小事”。对俄国女皇来说，一笔小小的投资竟然获得享誉全欧的启蒙巨人如此这般地歌功颂德和巧言辩护，连她本人都感到意外。使她感到意外的，还有她关于立法的《敕令》所赢得的伏尔泰的赞赏。

1767年，叶卡捷琳娜二世公布了一个给俄国立法委员会的《敕令》，决定在莫斯科召开由贵族和城市富商代表组成的专门委员会，拟定新的法典。《敕令》提到民主和自由、自然权利和国家权力的冲突等伏尔泰一贯倡导的思想，还反对严刑拷打，讲到慎用死刑，甚至提到要禁止富人欺侮穷人

⑲ 塞米拉米斯为传说中的亚述及巴比伦女皇，曾建巴比伦空中花园。

等。《敕令》的核心是加强专制制度和君主的权力。伏尔泰认为《敕令》体现了他的加强王权、抑制贵族封建势力的精神，与他在《圣贤和百姓的声音》中所发挥的思想十分一致。他在给叶卡捷琳娜二世的信中说，《敕令》是真诚的、精确的、公正的、严格的和仁慈的，这样一位立法者应该得到整个欧洲的支持，《敕令》是这个世界最美的纪念碑。实际上，伏尔泰为俄国女皇冠冕堂皇的词句所欺骗，不仅《敕令》中也强调保护贵族特权，对市民利益态度暧昧，对农民更是只字未提。而且在根据《敕令》所制定的俄国立法中，在女皇的一系列诏书中，在俄国的社会现实中，俄国农奴制的压迫达到登峰造极的地步。伏尔泰并不了解俄国的真实情况，他被叶卡捷琳娜二世乔装的“开明君主”外衣迷惑，以至被她便宜地利用。女沙皇在给伏尔泰的信中甚至说，俄国的农民生活得如此幸福，以致他们不肯吃鸡肉，而宁愿吃火鸡肉。可是实际上，正是在叶卡捷琳娜二世的统治下，俄国坠入空前的黑暗中。1765年，她发布诏书，赋予贵族地主有流放自己的农奴到西伯利亚做苦役的权力；1767年，她命令严格禁止农民控诉自己的地主，并决定对直接向女皇陛下控诉地主的呈文的农奴给以鞭打和流放的惩罚。女皇加强专制权力，不可能像法国那样为资本主义的发展创造条件，也没有赋予俄国的第三等级以任何参政的权利。与十八世纪中叶的法国相比，俄国的社会发展要落后得多。普希金在《十八世纪俄国历史札记》一书中指出，叶卡捷琳娜嘴里说的是喜欢启蒙思想，却同时把俄国真正传播启蒙思想的学者文人关进监牢、流放到西伯利亚和用树枝鞭打致死。普希金写道，那位凡尔纳哲学家过分颂扬这位穿裙子和戴王冠的伪善者的美德是情有可原的，因为他不知道，而且也不可能知道真实的情况。

但是伏尔泰并没有长久地被欺骗。他支持俄国女皇是有原则的，有时说过一些过头话，也是一种策略。他早就在给达朗贝尔的信中说过："我认为我们对北方的热情应有节制，因为它产生了奇怪的哲人。"当1772年叶卡捷琳娜二世参与瓜分波兰，紧接着在1773至1774年残酷镇压加乔夫领导的俄国农民起义以后，伏尔泰逐渐认清了她的伪善面孔。伏尔泰在晚年真诚关心法国农民的疾苦，当俄国农民更为悲惨的现实暴露于世时，当他误以为是开明君主的统治者原来是一位如此残暴地屠杀起义者的暴君时，伏尔泰的幻想又一次破灭了。

伏尔泰向专制君主推销自上而下进行民主改革的努力一再失败，封建王朝的顽固态度和欺骗伎俩，逐渐使这位心地善良的启蒙巨人觉醒。随着十八世纪中叶以后，法国人民革命情绪的不断高涨，伏尔泰的思想也在进步。他离欧洲各国宫廷越来越远，而与民众的感情越来越近，特别是晚年与凡尔纳地方的工人、农民的长期接触，增进了他对法国人民的认识。他不再把推进社会进步的希望寄托在开明君主或上层某些权势人物身上，逐渐放弃了社会改良的设想，而代之以对革命的向往。伏尔泰在《致德·寿维兰侯爵书》中说：

> 我所看见的一切，都在传播着革命的种子。革命的发生将不可避免，不过，我怕是没有福气看到它了……法兰

西人凡事都落后，但是现在总算是赶上来了。这光明已散布在远近各处，时机一到，革命立刻就要爆发的。那时候该多么热闹呵！年轻人真幸福，他们将会看到不少的大事。[20]

⑳ 阿尔塔蒙诺夫：《伏尔泰评传》，马雍译，作家出版社，1958年，第10页。

第五章　伏尔泰的美学思想及其文艺创作实践

一、伏尔泰与新古典主义美学

在西方近代美学和文艺理论发展史上，法国新古典主义是浪漫主义之前一个成就巨大、影响深远的流派。新古典主义是十七世纪，特别是路易十四时代王权空前强大、专制制度登峰造极的法国社会阶级关系和政治形势在文学艺术领域的反映。

新古典主义的理论基础是笛卡尔的唯理论哲学。这种美学观点从追求所谓普遍人性出发，推崇理性，强调美的绝对价值和文艺创作的永恒标准，热衷于规范化和对权威的顶礼膜拜。它继承意大利文艺复兴时期的传统，把古代社会看作理想的典范，要求当代的文学艺术取法希腊罗马的古典名作，以古代帝王将相、英雄豪杰和神话人物为创作题材，恪守文学艺术不同体裁、各自特殊而又凝固不变的规则。例如戏剧创作的“三一律”，锤炼明晰、纯洁、高贵、文雅的语言，塑造伟大崇高的艺术形象。

新古典主义的美学观点和文艺理论显然反映了封建王朝的宫廷趣味，是为巩固封建专制制度服务的理论。如前所述，由于在十六、十七世纪，随着西欧封建制度开始瓦解和资本主义生产关系的出现，君主专制政体在这一特定历史时期曾经起过进步作用，王权的加强消灭了封建割据势力，有利于生产力的发展，得到正在成长的资产阶级的拥护。与此相应，在当时的文化艺术领域起着巩固君主专制制度作用的新古典主义，是一种进步的美学思想和文艺理论。正是在新古典主义的影响之下，路易十四时代产生了高乃依（1604—1684）、拉辛（1639—1699）、莫里哀（1622—1673）、布瓦洛（1636—1711）等一代文学巨匠和文艺理论家，使法国文学和法语在欧洲取得了崇高地位。但是进入十八世纪，法国社会阶级矛盾逐渐激化，封建专制制度逐渐变成资本主义进一步发展的障碍，新古典主义的美学原则和文艺理论也随之成为法国资产阶级通过文学艺术表达自己的阶级要求和思想情绪的桎梏。

为打碎这种桎梏，十八世纪法国启蒙学者在哲学、政治学等领域向封建意识形态挑战的同时，也在美学和文艺理论，以及文学艺术创作实践中，开始冲击新古典主义的世袭领地。

法国启蒙学者是反封建的文化战士，他们运用一切思想武器同专制主义和教会势力斗争。无论是外国的先进思想，还是本国历史的优秀遗产，也不论是抽象的理论，还是形象的文艺，都可以成为他们得心应手的工具。就文学创作而言，他们怀着完全功利主义的动机写诗、写剧本、写小说，公然通过历史人物、海外奇谈或虚构故事，宣传自己的哲学信仰、政治主张和对社会现实的批判，全然不在塑造人物、细节描写、合理情节等文学创作的一般手法上刻意求工。他们的作品，或者含沙射影攻击专制秩序，或者以古喻今阐发资产阶级的政治理想，或者让作品的主人公径直成为作者对社会问题大发议论的传声筒。孟德斯鸠的《波斯人札记》、卢梭的《爱弥尔》、狄德罗的《拉摩的侄儿》无不如此。他们真正做到了使形式从属于内容。他们所关心的只是如何方便地表达自己的启蒙思想，如何逃避教会和专制政府的迫害，如何适应十八世纪法国读者的趣味，特别是如何满足不满现实、追求光明的广大知识青年的精神需求。在十八世纪法国封建关系迅速解体、社会大变动即将发生的特定历史环境下，他们那些在后人看来艺术上有许多不足之处的作品，却能获得巨大成功，对于打击敌人、教育人民起了很好的作用。

然而，在启蒙学者广泛利用独具特色的文学手段所进行的启蒙宣传活动中，仍然面临一个如何批判继承新古典主义这份历史遗产问题。这是由于，一方面，启蒙运动既然是一次全面批判封建意识形态的文化革命，启蒙思想家们在完成哲学、史学、法学、伦理、政治理论等各个思想领域的破旧立新过程中，也必然要在美学和文艺问题上建立体现新的时代精神的理论，而要建立任何一种新的学说，都必须从已有的思想材料出发。因而，批判地继承十七世纪新古典主义中那些仍然充满活力的东西，例如推崇理性、讲究真实、倡导现实主义精神等，是理论发展的逻辑要求，具有历史的必然性。另一方面，新古典主义虽已过时，却在十七世纪取得过辉煌成就，它不但产生了高乃依和拉辛，而且培养了法国观众的审美趣味和欣赏习惯。在新的时代里，像《波斯人札记》那种借题发挥的作品固然能引起读者共鸣，但习惯和风尚仍然视悲剧和史诗为文艺正宗。

这样的时代特点和历史情况说明，十八世纪法国资产阶级思想家在美学和文艺理论方面，完全摈弃新古典主义的保守成分，尝试建立比较完备的新的理论，需要较长时间的探索和有一个逐渐被群众接受的过程。事实上，直到十八世纪中后期，随着启蒙运动高潮的到来，建立美学新理论的工作才由狄德罗着手进行。至于革命时代的资产阶级终于彻底摆脱新古典主义，形成浪漫主义的文艺观点，并大量产生艺术上成熟的作品，以及影响广大群众树立新的审美标准，更是下一个世纪的事情。现在我们所要研究的则是在狄德罗之前，特别是当十八世纪前半期启蒙思潮方兴未艾之时，时代赋予启蒙运动的开拓者伏尔泰的责任，是为新的美学思想和文艺理论的诞生开辟道路。既然任何一种新的学说都必须从已有的思想材料出发，新旧学说之间必然存在着批判继承关系，那么是否可以这样说，这种批判继承关系的具体演进过程一般分为两个步骤，即从有选择地改造利用到全面消化创新。就十八世纪法国启蒙思潮在美学和文艺理论的发展历史来说，狄德罗体现了第二步的起点，伏尔泰则标志了第一步的终点。伏尔泰探索“旧瓶新酒”的办法利用和改造了新古典主义，从而为新的理论脱颖而出创造了条件。这应该就是伏尔泰与新古典主义的关系。

具体而言，伏尔泰一方面努力寻求新时代更适合表达资产阶级思想情绪的美学原则和文艺理论，并在创作实践中取得丰硕成果，他箭雨般射向天主教会、封建贵族和专制政府的大量讽刺诗和精妙隽永的哲学小说，便是这种努力的历史见证；另一方面，伏尔泰在分析和批判新古典主义某些僵死教条的同时，又现实地、精心选择和注重效果地利用新古典主义的旧调填写新词，赋予旧的形式以新的内容，为宣传启蒙思想效力。

有关第一方面的问题下文还要专题论述，这里我们先来探讨第二个方面。在摈弃新古典主义某些美学观点和文艺理论问题上，伏尔泰首先否定新古典主义关于美的绝对价值和所谓存在文学艺术创作的永恒标准的观点。新古典主义的理论家布瓦洛等人，依据笛卡尔的唯理论，认为“美”源于理性，与“真”同一，具有“普遍”和“永恒”的本质特征，文学艺术则有普遍永恒的绝对标准，古代希腊罗马的作品经受了时间的考验，是这种绝对标准的体现，也是后人师法的榜样。伏尔泰在哲学上反对“天赋观念”“先定和谐”一类唯心主义形而上学，信奉洛克的唯物主义经验论，他应用洛克认识论的感觉论原则阐发对美的理解，反对新古典主义者根据唯理论哲学观点推导出的美学思想。他说，我们只把能使我们的感觉和心灵充满愉快和兴奋的东西称作美。他还写道：“美这个名称只给予取悦官能的事，如音乐、绘画、辩才、诗歌、正规的建筑等。”[①]基于这种强调感觉的认识价值的美学思想，伏尔泰认为美不是主观随意的，美感的产生在于美的客观存在，同时也不能脱离感觉来谈所谓美的绝对价值。美是主观与客观的统一。他举例说，一服泻药并不引起惬意的感觉，因此可以说“诗的美”，却不能说“泻药的美”，虽然诗和泻药都作用于感官，使人产生感觉和观念。

把对美的这种理解应用于文学艺术，伏尔泰认为没有永恒不变的艺术法则，并反对用古典法则来约束当代艺术创作。他在1733年发表的著名理论文章《论史诗》中指出，各个民族的生活习惯、语言和风格彼此始终存在差别。这种差别表现在各民族的艺术中，形成各自特有的美的观念。他说，既然支配艺术的是生活，而生活本身又是千差万别和变动不居的，怎么能用某种笼统的规则来控制艺术呢？每个时代，每个民族，在“文艺共和国”中都有它特殊的趣味，就是两个相邻的民族也会有所不同，不可能有完全相同的美感尺度和欣赏习惯，甚至同一个民族经过三四个世纪以后也会面目全非。生活的变革使人们对美的认识和追求不断变化，文学艺术在内容和形式上也会随之改变。他说，在艺术中，也发生了像国家中所发生的同样多的革命，当人们努力使各种各样的风格固定不移的时候，这些革命却在改变它们。他针对极力推崇古代希腊戏剧成就的新古典主义评论家说，十七世纪法国人的生活与古希腊人的生活相去甚远，后人可

① 伏尔泰：《哲学通信》，高达观、徐仲年等合译，上海人民出版社，1961年，第145页。

以而且应该赞美古人作品中被公认为美的东西，但不能盲目崇拜和厚古薄今。他在《哲学辞典》的“古人与今人”词条中写道，在他看来，高乃依和拉辛的作品高于希腊悲剧，莫里哀也高于“小丑亚里斯多芬”。在《论悲剧》一文中，伏尔泰比较古代悲剧和当代悲剧的优缺点，在充分肯定古希腊悲剧艺术成就的同时，再次强调法国悲剧水平超越了希腊悲剧。他写道：“不论我们对以前的天才给予什么样的尊敬，也不能阻止我们从继承他们的那些人得到更多的快乐。”②他说，我们赞美索福克勒斯，但是如果索福克勒斯生在法国的优秀悲剧作家之后，他也会尽力模仿我们的许多杰作。

伏尔泰特别反对新古典主义崇尚权威的风气和模仿古代名作的方法。他在《路易十四时代》一书中写道：

> 在这个时代开始时，道路崎岖难行，因为没有前人走过。
> 今天，道路仍然坎坷不平，因为走过的人太多。③

这段名言和书中围绕这一思想的论述，生动地反映了伏尔泰对新古典主义的态度：他充分肯定高乃依、拉辛等人的天才和贡献，也分析了他们追随希腊罗马古典作家的得失，同时反对后人陷入盲目模仿的创作道路。在伏尔泰看来，新古典

② 伏尔泰：《论悲剧》，《伏尔泰全集》英文版，19卷，上册，第124页。
③ 伏尔泰：《路易十四时代》，吴模信译，商务印书馆，1982年，第483页。

主义崇拜权威和在文学创作中所形成的模仿风气是不可取的，盲从古人必定阻碍后代的主动性和创造性，使文学艺术失去活力，不能随时代的前进而发展变化。他指出，尽管文学艺术有其自身的特性、法则和发展规律，艺术家只有掌握了这些艺术特征才能创作出优秀作品，但从历史名作中概括和抽象出某些规律和法则，并不是要求生活于不同时代、不同民族的艺术家按照这些法则写出相似的作品。他说，假如我们喜爱荷马，丝毫也不意味着我们就一定要模仿他。他认为刻意模仿只能导致失败，即使是极富才华的大手笔亦然。伏尔泰最欣赏罗马诗人维吉尔，但认为当维吉尔蓄意仿效他人时也会显出一副狼狈的样子。可以说，伏尔泰利用一切机会反对模仿，甚至当他评论莎士比亚的时候，也没有忘记让法国读者记住这样的教训："两百年来，这位作家的绝大部分奇异而非常的思想，有权被认为是卓绝的了；近代的许多作家，几乎完全抄袭他；但是在莎士比亚作品里获得成功的地方，却在他们的作品里被喝倒彩……人们没有想到不应当模仿他，那些抄袭者的恶劣成绩才使人明白他是不可模拟的。"④

上述可见，伏尔泰对待新古典主义的许多僵化了的"原则"，采取分析批判的态度。作为十八世纪法国启蒙文学创作道路的探索者、开拓者，伏尔泰的历史使命就是冲破新古典主义的禁锢。但是，唯其"探索者""开拓者"的历史角

④ 伏尔泰：《哲学通信》，高达观、徐仲年等合译，上海人民出版社，1961年，第82页。

色，与启蒙运动后期出现的一些美学理论和文艺思想（例如狄德罗的美学理论），以及在这些理论影响下产生的艺术作品（例如博马舍的《费加罗的婚礼》）相比较，伏尔泰的理论和创作又留有较为明显的新古典主义痕迹。特别是当他有意识地采用“旧瓶新酒”的手法创作时，更容易使人产生误解，仿佛伏尔泰是新古典主义者。事实上，长期以来，在某些西方美学史或文学史著作中，伏尔泰就一再遭到这样的责难，他们认为伏尔泰与新古典主义关系密切，在十八世纪新的历史时期还坚持十七世纪过时的美学思想和文艺理论不放，是所谓“后期古典主义的代表”，甚至有人认为伏尔泰是十八世纪法国启蒙文艺队伍中的保守派。为了公正评价伏尔泰的美学思想及其创作实践，必须分析伏尔泰所受责难的具体内容，用历史的眼光给伏尔泰以历史的评价。

二、为伏尔泰的美学和文艺思想辩护

对伏尔泰的责难之一，是认为伏尔泰在否定文学艺术的永恒标准的同时，却又承认和基本遵循新古典主义所强调的某些创作“规则”，例如戏剧创作的“三一律”和追求“宏伟的效果”。其实，伏尔泰的这两种思想并不矛盾。伏尔泰认为文学艺术有客观的发展规律，文艺创作存在一般的原则，这些创作原则为古今各民族不约而同地遵守着。新古典主义的理论家在某些问题上正确地总结了这些原则，他们的错误在于把本来正确地总结出来的原则绝对化，变成了僵死的教条。他指出，一般来说，人们总是遵守罗马的维特鲁维阿在《论建筑》中所提出的建筑学原则，把他奉为建筑学的权威。但是无论十六世纪意大利的著名建筑师帕拉第奥在意大利所建筑的房屋，还是法国建筑师在法国建筑的房屋，与西塞罗的住宅比一比就可以知道它们之间存在着多么大的差别。建筑师始终遵守维特鲁维阿所阐述的规则，却毫不重复地在不同国度、不同时代创造了式样繁多、风格各异的建筑物。文艺创作正如建造房屋一样，诗人应该利用普遍适用的技巧，而又不陷入模仿的陈套。伏尔泰对于新古典主义所谓严肃的体裁必须有“宏伟的效果”的“规则”就是这样看待的。他完全用启蒙精神改造了这个规则，反对和讥讽把史诗、悲剧写成淫靡纤巧、反映贵族廷臣个人命运的无聊作品。他说：“爱情和风流韵事几乎毁了我们的舞台，几乎剥夺了我们的所有优点。”⑤他认为要想真正取得“宏伟的效果”，必须以对祖国有重要意义的事件和行为、对人民有益的思想和事例为创作题材，用以打动观众或教育读者，他本人的文学创作实践始终遵循了这一“规则”。

至于“三一律”（指戏剧的时间、地点、情节一致）问题又另当别论。伏尔泰的确在自己的戏剧作品中努力按“三一律”的要求，安排时间、地点、人物和事件，但是如果我们考虑到即使是高乃依，由于他的名剧《熙德》对三一律稍有偏差，就立即遭到法兰西学院发表评论严加指责这一

⑤ 伏尔泰：《论悲剧》，《伏尔泰全集》英文版，19卷，上册，第130页。

历史事实，就可以理解当新古典主义的幽灵还顽固地盘踞着文艺评论的阵地和对观众产生巨大影响的时候，伏尔泰为了确保自己的作品获得成功以充分表达它们的启蒙内容，不得不在形式上向传统和习惯让步的良苦用心了。伏尔泰绝不是泥古的学究，他所着眼的首先是作品的内容和如何为群众所接受，并不在作品的形式上纠缠不休。事实上，只要为群众喜闻乐见，只要适合读者和观众的欣赏习惯，而可以使作品获得最大的宣传效果，什么样的文学样式和规则他都可以适应。

对伏尔泰的责难之二，是说伏尔泰的不少作品也像新古典主义所倡导的那样，以古代故事和希腊罗马历史名作中已有的人物和情节为题材，并倾心于新古典主义极力推崇的史诗和悲剧的创作。他的第一部戏剧作品《俄狄浦斯王》就是一个典型例证，这不仅是一部完全按照新古典主义“规则”创作的悲剧，而且直接脱胎于古希腊索福克勒斯的同名悲剧，双重地反映了伏尔泰的新古典主义倾向。对于这种说法，本书作者首先做一点补充：伏尔泰不仅以悲剧这种新古典主义推崇的体裁开始其戏剧创作生涯，而且还是以一部未完成的悲剧《阿加佛克尔》结束其六十年的战斗历程。不仅如此，他的第一部悲剧《俄狄浦斯王》不但脱胎于古希腊悲剧，而且也是取材于古罗马悲剧，因为罗马的辛尼加也依据索福克勒斯写了自己的同名悲剧。也就是说，表面看来，伏尔泰不是双重，而是三重地符合了新古典主义的要求。但是，问题在于伏尔泰为什么这样做和是否一直在这样做。卡尔•马克思在《路易•波拿巴的雾月十八日》一书中有一段话回答了这个问题。他说：

> 法国革命时代的资产阶级曾经穿着罗马的服装，讲着罗马的语言来实现当代的任务，即解除桎梏和建立现代资产阶级社会；他们穿着这种久受崇敬的服装，用借来的语言，演出世界历史的新场面；在罗马共和国的高度严格的传统中，资产阶级社会的斗士们找到了为了要把自己的热情保持在伟大历史悲剧的高度上所必需的理想、艺术形式和幻想。

马克思的话仿佛是直接针对伏尔泰而说的，伏尔泰请出古代的亡灵，所攻击的正是现实的目标，而且他的确从古代找到了“必需的理想、艺术形式和幻想”。不仅是《俄狄浦斯王》，还有后来宣传共和思想的《布鲁特斯》《西泽之死》等无不如此。利用这种“久受崇敬的服装”，伏尔泰的悲剧创作在启蒙运动中起到了振聋发聩的作用。况且，伏尔泰用《放荡的儿子》《纳尼娜》《一个苏格兰女人》等在表现手法上充满新意的作品，向他的现代批评者证明，他绝不是一味拜倒在新古典主义权威面前的侏儒，而是率先探索新的美学思想和戏剧创作之路的启蒙巨人。在这一点上，狄德罗、博马舍等人不过是他的学生和后继者而已。

对伏尔泰的责难之三，是说在文学语言上，伏尔泰极力保持新古典主义一贯追求的典雅、高贵的格调，他甚至认为荷马和莎士比亚都有粗鄙之笔。应该说，对伏尔泰文学语言风格的这一评论并非全无合理之处。伏尔泰的出身、教养和经历，与卢梭、狄德罗，乃至与十九世纪的浪漫主义者有很大差距，在语言格调上，他的确比后者更接近新古典主义的模式。但是，也应看到伏尔泰并非盲目地以新古典主义的尺度锤炼自己作品中的文字。他强烈反对新古典主义浮泛虚夸的语言风格。他曾说过："在悲剧中所描写的人物应当说人们在现实生活中所说的语言，至于诗的语言，虽然可以使心灵高贵和悦耳动听，但绝对不应当损害自然性和真实性，……旧式的古典主义风格的悲剧引起了美的感觉，但并不让人激动。"[⑥]可见笼统地说伏尔泰在语言上刻意追求新古典主义的标准是不全面不准确的。更为重要的是，伏尔泰在语言上所寻求的高贵、优美、文雅的格调，仍然主要是为宣传启蒙思想而适应新古典主义在十八世纪所依然保持的巨大影响，特别是迎合观众和读者的欣赏习惯。应当充分认识传统和习惯势力的顽强性，甚至民族的偏见在形成一个社会的审美趣味和鉴赏标准中也会起相当大的作用。既然一个社会里占统治地位的意识形态是统治阶级的意识形态，那么在十八世纪，崇尚优雅的语言、讲究文质彬彬的法国贵族的趣味，也必然影响到当时整个社会的审美要求。因此，伏尔泰的语言格调具有双重含义：他追求娴雅高洁首先出于"旧调新词"改造利用新古典主义的需要；同时，作为二百多年前的一个法国人，他也不能完全摆脱时尚限制和民族偏见，尽管从根本上说，他还是法国当时少数几位荷马和莎士比亚的

⑥ 阿尔塔蒙诺夫：《伏尔泰评传》，马雍译，作家出版社，1958年，第103页。

热烈崇拜者。

人们对伏尔泰的责难当然不仅这些，我们举出以上问题只是想辨明伏尔泰的美学思想、文艺理论和创作实践与新古典主义的批判继承关系。评价历史人物必须坚持历史主义，避免抽象地谈论问题，更不应脱离历史条件、历史环境、历史任务，用现代人的尺度和趣味苛求，甚至是挑剔历史人物。伏尔泰的现代批评者不应忘记：由于伏尔泰处于启蒙文学开拓者的历史地位，他在批判新古典主义某些陈腐教条的同时，也充分改造利用了已有的文学艺术形式。如果说伏尔泰身上比后来的美学家和文学家染有较多的新古典主义色彩，那只是表明历史分派给他的角色，还不是在新古典主义这份历史遗产基础上全面消化创新，而只是“修旧利废”。

三、伏尔泰剧作的启蒙意义

最能体现这种“修旧利废”或“旧调新词”精神的莫过于伏尔泰的悲剧创作。既然时尚仍视悲剧为文艺正宗，享有极高声誉，并深受群众喜爱，为了通过文学艺术这种最大众化的形式宣传启蒙思想，传播理性和文明精神，反对愚昧、迷信、野蛮和偏执，伏尔泰毕生倾心于悲剧创作。这种文学实践活动蕴含着时代的要求，在一定程度上反映了历史的必然性。他一再强调悲剧的这种教化功能，说：“真正的悲剧是一所道德的学校，一部优美的剧作与道德书籍之间的唯一差别，是剧作的教诲通过人物行动表现出来，由于艺术的魅力而强化，比较使人感兴趣。”⑦

伏尔泰一生共创作上演了十七部悲剧。它们是：《俄狄浦斯王》（1718）、《阿德米斯》（1719）、《玛丽安娜》（1724）、《布鲁特斯》（1730）、《爱丽菲勒》（1732）、《扎伊尔》（1732）、《西泽之死》（1732）、《阿勒齐尔》（1734）、《梅洛普》（1737）、《穆罕默德》（1740）、《得救的罗马》（1749）、《俄瑞斯特》（1750）、《中国孤儿》（1755）、《唐克莱德》（1759）、《苏格拉底》（1759）、《祆教徒》（1769）、《米诺法典》（1772）。这些剧作，形式上大多遵循新古典主义的标准和规则，内容上却与歌颂王权至上的十七世纪作品相反，尖锐揭露封建专制主义的残酷野蛮，深刻批判天主教加诸法国社会的精神枷锁，以及这种普遍存在的宗教迷误所酿成的无数人间悲剧。伏尔泰在政治理论著述中主张建立英国式的君主立宪制度，他的悲剧作品却常常超越这一思想界限，表达了赞美共和、追求更广泛民主自由的思想。就这些作品的思想深度而言，在启蒙时代的先进思想代表中，除卢梭外无人堪与伏尔泰媲美。有人嘲笑伏尔泰的悲剧是“急就之作”，没有经受住时间的考验，时至今日早已无人问津。但是，他们忘记了在十八世纪的法国舞台上，这些剧作像一颗颗重磅炸弹，在摧毁封建统治思想防线的斗争中曾经起过重大作用。

现在，我们就几部代表作来看看伏尔泰悲剧创作的启蒙

---

⑦ 伏尔泰：《论悲剧》，《伏尔泰全集》英文版，19卷，上册，第141页。

意义。

从伏尔泰的第一部悲剧《俄狄浦斯王》起，他就把批判的锋芒直指封建专制制度的精神支柱天主教教会势力。这个悲剧取材于希腊神话。原神话在流传中形成几个不同版本，但基本情节一致。古代和近代作家根据这个神话编写的剧本，尽管在具体情节和人物塑造上各有千秋，但都保留了故事的主要内容。伏尔泰剧本的梗概是：底比斯国王拉伊乌斯与贵族女儿伊娥卡斯特婚后多年无子，求祈于阿波罗神。神谕说，你们将会有一个儿子，但这个儿子将杀死自己的父亲。当伊娥卡斯特生下儿子后，他们想起了神谕。为了逃避注定的命运，他们命令一个牧羊人把儿子遗弃在喀泰戎山上，并把婴儿的脚踝刺穿。婴儿的哭声触发了牧羊人的恻隐之心，他把婴儿送给了科林斯国国王的牧羊人。科林斯国王的牧羊人不知道孩子的身世，因孩子的脚有伤，给他起名“俄狄浦斯”，意为“肿痛的脚”，并把这个弃儿交给自己的主人科林斯国王波吕玻斯。在科林斯王宫，俄狄浦斯成长为一个聪明勇敢、正直英俊的青年王子。俄狄浦斯从不怀疑自己是波吕玻斯的儿子和科林斯国的王位继承人。一次宴会上，有人酒后失言，告诉俄狄浦斯他不是国王的亲生儿子。第二天，俄狄浦斯悄悄走出王宫去神庙祈神谕。阿波罗神没有直接回答他是不是波吕玻斯的儿子，而只说：“你将杀死你的父亲，娶生母为妻，并生下可恶的子孙传世。”俄狄浦斯听后十分害怕，唯恐神谕在他误认为是生身父母的科林斯国王波吕玻斯及王后身上应验，急忙逃往底比斯城。

逃亡路上，俄狄浦斯因一起纠纷怒杀一位老人，谁知此人正是他真正的父亲底比斯国王拉伊乌斯，当然此时俄狄浦斯并不知情。

俄狄浦斯来到底比斯，得悉该城新近因出现一个狮身人面的怪物斯芬克斯而人心惶惶。这个巨怪蹲在悬崖边上让过往行人猜谜，答错者便被吃掉。底比斯王国新任国王，刚刚被人杀死的前国王内弟克瑞翁布告全城：谁杀死怪物斯芬克斯，谁将为底比斯国王，并可娶他的姐姐前王后为妻。俄狄浦斯毅然揭榜，决心为底比斯城除害。他勇敢地向斯芬克斯挑战，并机智地解答了斯芬克斯的谜语，从而使巨怪羞愧难当，投崖而死。

克瑞翁兑现诺言，把王位让予俄狄浦斯，并把姐姐伊娥卡斯特嫁给俄狄浦斯成为新的王后，他们后来生了四个孩子。

俄狄浦斯治理底比斯有方，受到人们的尊敬和爱戴。但有一年瘟疫流行，俄狄浦斯派克瑞翁去神庙求祈，克瑞翁带回一道令人费解的神谕：天降瘟疫于底比斯城，是由于该城尚未肃清杀害前国王拉伊乌斯的罪恶。在俄狄浦斯的追逼下，盲预言家特瑞西阿斯被迫泄露天机，说明神谕所指的罪魁祸首正是俄狄浦斯自己。俄狄浦斯遂向伊娥卡斯特了解拉伊乌斯被杀经过和凶手的模样，开始相信盲预言家的话。这一骇人听闻的事实随后又从已故国王的仆从那里得到证实。正当俄狄浦斯五雷轰顶、惶恐惊骇之际，科林斯使者来到底比斯城，报告波吕玻斯国王去世，请俄狄浦斯回国继承王位。这位使者原来就是接受婴儿送交波吕玻斯的科林斯牧羊人，而刚刚向俄狄浦斯讲述完拉伊乌斯被杀情节的那个仆人，正是救了弃儿的底比斯牧羊人。两位牧羊人相见，当众叙说前事，于是真相大白，俄狄浦斯始知自己没能逃脱神意。

俄狄浦斯回到寝宫，发现伊娥卡斯特已自缢身亡，他从她的衣服上摘下金饰戳瞎自己的双眼，把王国留给克瑞翁和自己的孩子，悲惨地离开底比斯。

伏尔泰改编的剧本突出了主人公俄狄浦斯勇敢、机智、正直、无私的品质，强调无论俄狄浦斯如何纯正地生活和极力逃避神所预言的劫数，仍然无法摆脱神的捉弄，最终还是无意间犯下弑父娶母大罪，应了神谶。剧中人俄狄浦斯在剧终时抗议道："残酷的神呵，我所犯的罪完全是你们造成的，而你们却要根据这些罪将我处死！"这里，俄狄浦斯所喊出的正是伏尔泰的心声，是他假借这个古代故事对现实世界神权统治的强烈谴责。也是在这一剧作中，伏尔泰还分析了神权产生的原因，借他的主人公之口宣称："我们的祭司们完全不像人们所想象的那样，他们的力量是建立在我们的愚昧无知上面的。"伏尔泰像启蒙时代的其他唯物主义哲学家一样，把宗教产生和滋漫的原因归结为"欺骗和无知"。这种解释虽然失之肤浅，在当时却是十分大胆和尖锐的意见。他还在剧本中安排了一场哲学家和教士关于人类"宿业"问题的争论。教士说："人们是不幸的，因为他们必须蒙受灾难以赎补宿业。"哲学家反唇相讥："如果神是公正和万能的，为什么他要允许这种不公正的现象存在呢？"这里伏尔泰显然是在影射攻击天主教关于"原罪"的神学教条，并且让剧本留下一句潜台词：或者根本没有神，或者神恶毒而不公正，二者必居其一。可以说，剧本所隐约表达的这样激进的思想，已经超出了伏尔泰自己在哲学上所主张的自然神论的界限。

《扎伊尔》是伏尔泰的悲剧中有关反教会、反宗教迷误主题的另一力作。《扎伊尔》的背景是十字军东征时代耶路撒冷的一个苏丹宫廷。故事以英勇豪爽而又善良多情的苏丹奥斯曼和年轻美貌的女奴扎伊尔的爱情悲剧为主线展开，强烈谴责了宗教狂热和宗教偏执。剧中女主人公扎伊尔的父亲和兄弟由于对基督教上帝的盲目信仰，坚决反对扎伊尔与一个伊斯兰教徒相爱。他们宁愿看着她的爱情由于宗教偏见而被一连串的误会引向悲剧的结局，也不愿意她背弃自己的上帝。伏尔泰的这部悲剧情节曲折，悲凉悱恻，感人肺腑，演出后获得极大成功，受到经久不衰的欢迎，连激烈反对戏剧的卢梭也承认它“具有魅力”。伏尔泰本人也对该剧的创作和演出效果十分满意，他曾亲自扮演过扎伊尔的父亲吕西央一角。

不过最能反映伏尔泰与天主教会斗智斗勇，把他的悲剧创作反宗教主题提高到彻底否定宗教形态的“神”和一切宗教迷信高度的，还要数又名《宗教狂热》的《穆罕默德》一剧。这本是一个完全虚构的故事，与历史上伊斯兰教的创始人穆罕默德毫无关系。通过这个创作，伏尔泰深刻地揭露了宗教欺骗、蒙蔽和奴役群众的本性。剧本对宗教的攻击是这样直接和彻底。几乎没有获准在巴黎上演的希望。为此，伏尔泰于1741年初先试探性地在外省的里尔找到愿意接受这个剧本的一位导演和一位主要演员。4月10日，该剧在里尔剧院上演，受到热烈欢迎，连续演出四场。顺利上演和初步成功，使伏尔泰增强了信心，决心把它投入巴黎舞台。在克服了一系列障碍、顶着不少教会人士反对的压力，利用法国政府顾及普鲁士的弗里德里希二世与伏尔泰的友谊不愿为此影响法德外交的微妙局面，1742年8月19日，《穆罕默德》终于在巴黎公演。但是只上演了三场，伏尔泰便撤回了剧本，他不愿过分刺激当局和狂热的教士，以免造成永远禁演的结局。事后，他曾对弗里德里希解释说，如果苏格拉底的举止同样适度，他就不会自杀了。

虽然《穆罕默德》表面上讲的是伊斯兰教，而不是基督教，伏尔泰深知自己指桑骂槐的手法难以真正蒙蔽法国天主教会，于是他再施一计，致书罗马教皇本笃十四世，把剧本《穆罕默德》作为“与异教徒斗争的礼物”献给教皇。教皇没有看出伏尔泰的用心，接受了这一礼物，并赠给伏尔泰两枚金质奖章。

伏尔泰如此煞费苦心，可见《穆罕默德》一剧饱含启蒙意识，也显示伏尔泰与教会势力周旋的机智和十分高明的策略。铸有教皇头像的金质奖章堵住了法国教士的嘴，伏尔泰却得意扬扬地说：“对善良的人进行迫害的那些人将会认识到，我披着圣衣保护自己。”[8]

《布鲁特斯》和《西泽之死》集中表达了伏尔泰执着追求的另一主题：批判封建专制主义，歌颂民主政治和为自由民主而献身的品德。《布鲁特斯》取材于罗马历史上共和派

---

⑧ 转引自阿•欧•奥尔德里奇：《伏尔泰与启蒙运动》英文版，第130页。

与贵族派的政治斗争。主人公布鲁特斯是共和派中颇受尊敬的人物，他的两个儿子被人引诱，与被放逐的国王塔坤纽斯勾结背叛罗马，布鲁特斯大义灭亲，亲自判处两个儿子死刑。在剧本中，伏尔泰把自己的政治信念形象化，热情讴歌为反对专制主义不惜牺牲个人利益的理想精神。《西泽之死》受到莎士比亚《尤里斯·西泽》的影响，描写罗马历史上忠于共和理想的布鲁特斯等人与专制统治者西泽的斗争。《布鲁特斯》和《西泽之死》这两部政治性悲剧上演后，均受到观众热烈欢迎，在启蒙运动中起了很好的宣传教育作用。它们所反映的作者对封建专制主义的憎恶感情和对民主自由的热烈追求，激发了观众的革命情绪。《布鲁特斯》是伏尔泰流亡英国期间创作的，半个世纪以后，在法国大革命高潮中，《布鲁特斯》重新上演，有力地鼓舞了革命党人的斗争，人们在剧终时还特意加上了“自由万岁，共和国万岁”的口号。

总结伏尔泰的悲剧创作，可以看到它们具有几个鲜明的特点。首先，伏尔泰的创作带着明确的政治目的，一切都是为了启蒙宣传任务的需要，通过艺术手段把观众引向政治真理。特别是他所一再表达的反宗教主题，更是旗帜鲜明，洋溢着强烈的战斗气息。其次，伏尔泰的悲剧虽然在形式上因袭了新古典主义的某些规则和传统，却具有结构严谨、情节动人的特色。他一贯主张悲剧要写得引人入胜，富于悲凉情调，努力追求观众在思想感情上产生共鸣的艺术效果。最后，由于以上两个特点，特别是由于伏尔泰十分重视悲剧的现实教育作用，在塑造人物方面有时显得比较单薄和简单化，缺乏莎士比亚笔下那种典型形象和复杂性格。换言之，伏尔泰的悲剧主要是以进步的主题思想和曲折情节取胜，当时代变迁之后，这些只适于当时形势的主题和适应当时观众趣味的情节也容易失去原有的魅力，从而被历史的尘埃遮掩而无法再现本来的光彩。在平庸的时代里，人们可以冷静地挑剔一部作品，他们喜欢精美；在躁动不安的革命时代，人们崇尚理想，珍视激情。

如果说伏尔泰的悲剧创作基本上是用“旧瓶新酒”的办法，改造利用新古典主义的文艺理论和历史影响，那么在喜剧方面，在他同样赋予作品启蒙内容的同时，也试图在形式上冲破新古典主义的清规戒律，开拓新的创作道路。

按照新古典主义的传统，喜剧不能表现严肃的主题和高尚的情操，伏尔泰反对这种偏见。早在1731年，伏尔泰在一篇文艺评论《趣味的殿堂》中谈到莫里哀时，在盛赞莫里哀善于刻画“愚蠢的小市民”“没头脑的侯爵”和“刁滑的法官”的同时，也批评他有时“流于庸俗的滑稽”，认为莫里哀的有些笑剧只是没有任何教育作用的无聊之作。伏尔泰谴责任何毫无意义的消遣作品。他主张创作趣味高尚、思想严肃，能起移风易俗作用的喜剧。在他自己的喜剧作品中，他就把可笑的和令人感动的成分很好地结合在一起。伏尔泰这种关于喜剧的见解，在我们的读者看来似乎是不言而喻和不值得评论的东西，但是在十八世纪新古典主义阴魂未散的法国文坛，却具有革命意义。伏尔泰的意见曾经遭到坚持新古典主义美学规范的某些文人的攻击一事就是明证。例如当时有一位诗人让•巴蒂斯特•卢梭（不是《社会契约论》的作者让•雅克•卢梭）曾经连续发表三封公开信与伏尔泰争论，认为把令人感动的东西和令人发笑的东西一起放在喜剧里是“不成体统和不能容忍的”。

伏尔泰是讽刺大师，当他在喜剧创作思想上突破了传统观念的束缚，锐意开拓新道路的时候，便利用这种创作形式直接为打击封建统治者服务。他不但在自己大部分喜剧作品中，都让那些没有灵魂的贵族纨绔子弟出乖露丑，而且在《不谦逊的人们》和《一些怪人》等剧作中集中嘲笑了贵族们荒诞怪癖的生活。伏尔泰在自己的喜剧中让贵族们那种喜欢吹牛和愚蠢、荒淫、无耻的本性暴露无遗，无情地剥去传统和习俗给贵族穿戴的“高尚”外衣，使特权等级的体面丧失殆尽；同时，他让第三等级的形象在舞台上站立起来，以他们淳朴、诚实和勤劳的本色赢得观众的尊敬。

最能反映伏尔泰喜剧创作新格调的是他的代表作《纳尼娜》。纳尼娜是贵族奥尔邦伯爵家的女仆。这个美丽善良的姑娘同时被伯爵和伯爵的园丁布勒兹所爱。伯爵承认布勒兹和自己一样有爱纳尼娜的权利，而且不认为自己为博取一个女仆的欢心而与园丁竞争有失体面。他说，布勒兹，他是一个人，他爱，难道有错吗？同时，当伯爵像对待一个贵族小姐那样向女仆求爱而被他周围的人指责为贬损了贵族身份和破坏了等级原则时，他明确说，可是我发扬了博爱精神。显然，伏尔泰在《纳尼娜》里提出了一个十分严肃的问题：平等和博爱原则，破除尊卑贵贱的封建等级观念。通过喜剧情节和伯爵这个理想化了的形象，伏尔泰把平等主题鲜明地呈现于影响很大的巴黎舞台，无疑具有重大社会意义，同时也博得第三等级广大观众的喝彩。《纳尼娜》在启蒙时代屡演不衰。1778年，当伏尔泰流亡半生重返巴黎时，为了欢迎他，《纳尼娜》曾在法兰西喜剧院上演；1791年大革命高潮中，巴黎群众隆重举行重葬伏尔泰仪式时，又举行了《纳尼娜》纪念演出。可见伏尔泰的这个喜剧在思想上和艺术上都取得了成功。可以说，《纳尼娜》与后来博马舍的著名喜剧《费加罗的婚礼》有异曲同工之妙。二者在内容和形式上的相通之处不仅反映了启蒙时代美学和文艺理论发展的思想轨迹，而且有力地驳斥了伏尔泰的现代批评者硬把他划为新古典主义的信徒和启蒙文学中的保守派的论调。

四、伏尔泰诗作的战斗精神

利用新古典主义重视的史诗创作来宣传启蒙思想，和为新时代启蒙文学争夺阵地，促使伏尔泰年纪很轻就创作了著名史诗《亨利亚特》，并因此独步启蒙时代的法国诗坛，赢得“史诗诗人”的桂冠。《亨利亚特》是伏尔泰利用和改造新古典主义文学传统的重要创作实践。人们可以像批评他的悲剧作品囿于“三一律”一类“规则”那样，批评他的诗句仍然严格遵循“亚历山大格”，或者批评他过分拘泥于古代史诗的特色而在某些描写中显得不自然和不协调，以及其他种种缺点，但是无法否认这部史诗出版后不但在法国文坛引起巨大反响，而且很快被译成英文、德文、意大利文、荷兰文、拉丁文和俄文，并因此而使伏尔泰誉满全欧洲。同时也无法否认影响如此深广的这部史诗进步的思想内容所形成的对教权主义、宗教狂热和封建制度的强大冲击波。王朝政府把它列为禁书就从反面证明，《亨利亚特》具有重大启蒙价值，是启蒙文学的重要成果。

主张信仰自由和宗教宽容，是伏尔泰毕生坚持的社会政治思想。在他看来，信仰自由和宽容异端既是使人民群众摆脱天主教思想钳制和消灭宗教迫害、扫除宗教狂热的思想前提，也是摈弃专制主义、实现民主政治的出发点。这个观点构成伏尔泰许多著作的中心思想，在《亨利亚特》中则得到最集中、最强烈的表现。

《亨利亚特》以法国十六世纪的宗教战争为题材，伏尔泰以隽永的语言描绘了法国历史上最悲惨的一页。十六世纪后半叶，法国历经弗朗西斯二世、查理九世和亨利三世三个国王的统治，由于他们执行宗教迫害政策引起连绵不断的内战，宗教纠纷使国家分崩离析。直到波旁王朝的创始者亨利四世即位，颁布《南特敕令》，宣布信教自由，才结束了宗教战争，使国家和人民得到休养生息的机会。但是，天主教会不能容忍宽容异教的原则，1610年，亨利四世终于被一个宗教偏执狂拉瓦雅克刺杀。伏尔泰认为这是法国历史上真正具有史诗价值的题材。他曾在《路易十四时代》一书中借他人之口宣称：

在整个法国历史上，除了伟人亨利消灭天主教联盟这个主题之外，没有真正史诗的主题。⑨

伏尔泰决心像荷马、维吉尔和塔索一样，为法国献上一首民族史诗。在这部作品中，他把亨利四世理想化，作为实施宗教宽容政策的开明君主加以歌颂。与此相对应，伏尔泰对宗教狂热和宗教战争中残杀无辜大张挞伐。1572年，巴黎曾发生圣巴托罗缪惨案，史称“圣巴托罗缪之夜”。这一年8月24日是圣巴托罗缪节日，胡格诺教徒的重要人物聚集巴黎参加首领那瓦尔的婚礼，天主教徒发动突然袭击，是日前夜及凌晨，残杀胡格诺教徒两千余人。伏尔泰曾多次愤怒谴责这次大屠杀，认为这是宗教狂热最可恶的事例。他在《哲学辞典》中曾说：“大脑一旦受到宗教狂热的腐蚀，就几乎是不可治愈的，巴黎的市民在圣巴托罗缪之夜急急忙忙地去杀人，把那些没有去做弥撒的同胞扔到窗外，剁成碎片。”据说，伏尔泰对宗教狂热分子的这次兽性发作如此深恶痛绝，以致每逢这次惨案的纪念日他都要发烧，一生如此。在《亨利亚特》中，伏尔泰用大量篇幅描写了圣巴托罗缪之夜的血腥屠杀，痛斥宗教狂热和教会罪行，同时热情歌颂理性的胜利。

在启蒙时代，伏尔泰的《亨利亚特》无疑是投向教会和王朝的重型武器，自有它无可替代的分量，因而受到他的同道者的重视。热情的赞扬和善的批评都反映出它的影响。在

⑨ 伏尔泰：《路易十四时代》，吴模信译，商务印书馆，1982年，第484页。

这个时代之末，百科全书派的后起之秀、哲学家孔多塞曾就《亨利亚特》的内容说："没有一首诗会含有那么深刻的哲理，那么完美的德性，那么崇高的、摆脱了世俗的情欲和偏见的人道主义精神。在所有史诗当中，只有《亨利亚特》才具有道德的宗旨，因为它表达了对宗教狂热的仇恨、对人类的宽容和热爱。《亨利亚特》出现在理性的时代里，理性越向前推进，这首诗的崇拜者就会越来越多。"⑩但是，在这个时代之初，与伏尔泰并列的启蒙前辈孟德斯鸠也一针见血地指出了《亨利亚特》在形式上的缺点。他说，《同盟》（《亨利亚特》初版书名）一诗越是模仿《伊尼德》，就越不像它。孟德斯鸠指的是伏尔泰的史诗过于拘泥所谓"史诗的特点"，没能冲破传统规范，因而有时显出雕琢之痕和理性主义的枯涩。其实伏尔泰自己也看到了这种旧的美学规范与时代精神的矛盾。他在《路易十四时代》一书中就说过：

> 既然适合希腊人，罗马人，十五、十六世纪的意大利人写史诗的修饰润色的手段已经被法国人摈弃，既然寓言中的诸神、天启、刀枪不入的英雄、鬼怪、妖术、变形奇遇等也已经不合时宜，那么，适合于史诗的美便缩小到一个很狭窄的范围之内了。⑪

---

⑩ 阿尔塔蒙诺夫：《伏尔泰评传》，马雍译，作家出版社，1958年，第131页。

⑪ 伏尔泰：《路易十四时代》，中文版，吴模信译，商务印书馆，第484页。

总之，尽管在伏尔泰利用传统体裁谱写新篇的努力中存在一些不能尽如人意的地方，《亨利亚特》作为伏尔泰诗歌创作的代表作，以它激进的内容和宏伟的气魄，在启蒙运动中发挥了巨大的战斗作用。它的出现是十八世纪法国诗坛的一件大事，它的成就和缺陷则形象地反映了伏尔泰在十八世纪美学和文艺理论发展过程中的历史地位。

伏尔泰诗作的战斗精神在他以英法百年战争中的法国女民族英雄贞德为题材的另一首著名史诗《奥尔良的少女》中也得到充分反映。

1337年至1453年，英法两国因王位继承问题爆发“百年战争”。战争末期的1428年，英军占领法国北部，并围攻通往法国南方各省的门户奥尔良城，形势危急，少女贞德率领六千勤王义军驰援，1429年重创英军，奥尔良城解围，扭转了战局。贞德（1412—1431）本是法国香槟省和洛林省交界农村的一个农家少女，爱国而笃信宗教，自发组织农民义军抗击英国入侵者，奥尔良战役后，她又率军光复了法国北方许多失地。战斗中，这位少女总是奋勇当先，深受军士爱戴，因解救奥尔良有功而被称为“奥尔良少女”，成为法国人民爱国斗争的旗帜。法国贵族封建主担心贞德影响扩大威胁自己的地位，竭力阻挠她的作战行动。1430年，贞德在贡比涅要塞战斗中担任后卫，当她正要撤入城内时，城门已被关闭，这一出卖行为使贞德被英军俘获。一年以后，教会法庭秉承英人意旨，诬指贞德为“女巫”。1431年5月，贞德被处火刑。战争结束后，法国教会宣布贞德为圣徒，成为法兰西民族女英雄。

伏尔泰根据这一史实创作的史诗《奥尔良的少女》，形式上仍遵循新古典主义的规范，用“亚历山大格”写成十音节严整诗句，节奏刚劲有力，辞藻华美庄重。但在内容上，伏尔泰一反过去法国文人和史学家总是把贞德描绘成“贞节圣徒”的传统，而把女英雄塑造为一个有着自己的爱情、分离、磨难诸般凡人情感和经历的活生生艺术形象，谴责虚伪的宗教禁欲主义。同时，伏尔泰在诗中尽情倾吐了对宗教偏执和教会残暴行为的憎恨情绪，揭露和抨击教士和贵族封建主的卑劣伪善，也鞭笞了他们的荒淫无耻。在这首长诗中，伏尔泰不仅重申了他对天主教会的批判，而且以古喻今攻击在位的路易十五，使启蒙时代的读者在《奥尔良的少女》所描绘的国王查理七世和他的情妇阿涅•索瑞尔两个形象身上，明白无误地看到路易十五和他所宠幸的蓬巴杜尔侯爵夫人的面孔。《奥尔良的少女》写于1729年，直到1755年才出版，在此之前一直以手稿形式流传。在十八世纪，《奥尔良的少女》是伏尔泰最流行的作品之一。但是此书正式出版以后，很快就被当局判处焚毁，甚至排印这首史诗的印刷工人也被判服苦役。一首叙事诗竟引起统治势力如此惊恐不安，伏尔泰诗作的战斗力由此可见一斑。

伏尔泰的诗作题材广泛，形式多样，除长篇力作之外，他还创作了大量讽刺短诗。这些讽刺诗有的在形式上完全遵循布瓦洛阐述的“规则”，更多的则是即兴之作。然而，无论哪一类作品，都洋溢着强烈的战斗激情，都无情地打击了伏尔泰始终不渝与之斗争的封建制度和教会黑暗势力。伏尔泰诗才横溢，出口成章，甚至他临终前在病榻上所写的《辞世辞》，竟然也是一首最后刺向僧俗封建势力的讽刺诗，可见他运用写诗这一文学手段战斗，达到多么成熟和多么执着的程度。

五、伏尔泰哲理小说的历史价值

在伏尔泰的文学创作中，如果说他在戏剧和诗歌领域还不得不以“旧瓶新酒”的方式摸索前进，那么在小说的写作方面，他却开拓了崭新的局面。这就是他所创造的哲理小说。可以说，哲理小说是伏尔泰经过多年文学实践找到的、最适于表达他的启蒙思想的文学艺术形式。

伏尔泰一生共创作了二十六篇中短篇小说，最著名的有《查第格》《老实人》《天真汉》等。这些颇具传奇色彩的小说，不仅精炼、隽永、幽默，而且情节奇特，立意新颖，富于哲理，是启蒙文学的杰作。在这些别具一格的小说中，伏尔泰像通过剧作和诗歌宣传他的启蒙思想一样，用形象的语言阐发他的哲学和政治观点，抨击神学迷信，揭发教会罪行，暴露社会黑暗，痛斥专制主义，既在十八世纪发挥了很好的启蒙作用，又在美学和文学史上产生了重大影响。

中篇小说《查第格》作于1747年。作品描写古代巴比伦有一个优秀青年查第格，虽然深明明哲保身的道理，却不断横遭灾祸。先是他心爱的人被权贵抢走，自己也被打瞎一只眼睛，不久这个心上人竟对他负心背叛。他还因司法黑暗两次无辜被捕。后来他做了宰相，得到国王信任，并与王后阿斯达丹产生爱情。但好景不长，查第格又遭谗言而大祸临头，不得不赶快出逃，在流亡中历尽磨难。最后，王国发生动乱，国王被杀，查第格与前王后阿斯达丹结婚，并被推为国王。伏尔泰通过这样一个似乎离奇的故事，一方面暴露封建专制统治下的法国社会现实的黑暗，例如通过查第格婚后不久妻子变心，甚至要割下他的鼻子为情夫治病的情节，影射法国社会上层荒淫糜烂的生活；通过查第格两次无辜被投入监狱险些丧生的遭遇，抨击司法机构胡作非为等。另一方面，伏尔泰通过查第格的故事鼓吹开明君主政治。在小说中，查第格先当宰相，用哲学家的方式治理国家，给人民言论自由和信仰自由，反对宗教狂热和宗教偏狭行为；后来查第格自己当了国王，以更大的权威推行开明政策，得到全国人民的拥护。

《查第格》生动简要地表达了伏尔泰的政治哲学，在十八世纪中叶具有很高的启蒙价值。他反对封建专制统治的观点不必赘言。他主张开明君主政治在当时不但具有进步意义，而且与卢梭以外的其他启蒙学者的主张也是相同或相近的。前文已述，直到1789年法国社会内外矛盾空前激化以前，法国资产阶级一直幻想依靠开明君主，使法国社会和平过渡到资本主义。向英国人学习，建立君主立宪制政权是启蒙时代绝大部分启蒙思想家的主题，即使在哲学思想上相当激进的狄德罗、霍尔巴赫亦复如此。与狄德罗等人比较起来，伏尔泰甚至更为激进一些。因此，那种认为伏尔泰散布开明君主政治思想减弱了《查第格》这篇作品的历史价值的观点是没有根据的。

《老实人》作于1759年，是伏尔泰哲理小说中成就最高的一部。故事描写主人公“老实人”寄居在一个德国男爵家里，接受著名哲学家邦葛罗斯的教育。邦葛罗斯主张“一切皆善”，认为世界完美无缺，万物皆有圆满归宿。老实人起初很相信邦葛罗斯的说教，但是后来他的经历使他懂得，这个世界一点也不完美。先是老实人因为和居内贡小姐自由恋爱，被贵族偏见极深的男爵赶出来；他被抓当兵遭受毒打；他看到战场上两军厮杀，奸淫掠夺，无恶不作；他在流浪中所碰到的尽是宗教狂人、偷东西的神父和敲诈勒索的法官；他自己还险些被人当作异教徒活活烧死，后来又在巴黎遭到骗人的神父洗劫。他所爱的居内贡小姐的遭遇更为悲惨。战祸中全家被杀，她沦为奴隶，被辗转贩卖，最后变为丑陋的洗衣妇。老实人的老师邦葛罗斯虽然坚信“一切皆善”，在生活中却碰得头破血流。他先是染上脏病，烂掉半截鼻子，后又险些被宗教裁判所烧死。面对悲惨的现实，老实人不再相信邦葛罗斯的哲学，而得出了自己的结论：地球上满目疮痍，到处都是灾难！

《老实人》这篇小说是伏尔泰针对德国十七世纪唯心主义哲学家莱布尼茨的哲学而创作的。莱布尼茨曾说，上帝所创造的这个世界是一切可能的世界中最好的，还说在这个可能是最好的世界上，一切都趋于至善。伏尔泰所塑造的信奉“一切皆善”哲学的邦葛罗斯，就是莱布尼茨的化身。“一切皆善”的说教是维护现有秩序，为统治阶级服务的理论。伏尔泰通过《老实人》无情地嘲笑了这一为神权和王权辩护的哲学，把他反对封建专制统治和宗教神学的启蒙思想，通过哲理小说的奇特形式深刻地表达出来。作为对“一切皆善”论调的回答，伏尔泰不但让老实人、居内贡和邦葛罗斯本人，以及他们周围的普通人，都经历了各种危险和苦难，而且把讽刺和批判的锋芒直指造成这些社会苦难的封建统治者，无情地揭示了贵族、僧侣和国王的丑恶灵魂。《老实人》中有一段关于邦葛罗斯如何传染上性病的议论，辛辣地把教士、贵族生活荒淫、道德沦丧的丑行编织在一张罪恶的网中，暴露了这些“奉神的教士”和“高尚的贵族”的真实面目。小说写道，邦葛罗斯的病得之于侍女巴该德，巴该德的病是一个圣芳济会神父送的，神父的病得之于一个老伯爵夫人，伯爵夫人得之于一个侍从，侍从得之于一个耶稣会神父，这个耶稣会神父当修士的时候，直接得之于哥伦布的一个同伴。伏尔泰还用象征的手法，预言了封建专制统治必将崩溃，用一个历史学家高瞻远瞩的眼光宣布了造成这些痛苦的封建统治者必然灭亡的命运。为此，他在小说中描写了六个丢失王位的国王，名为到威尼斯来过狂欢节，却聚集在一个小旅馆中，身无分文，穷困潦倒，甚至于其中一人不得不接受老实人的施舍。当他们在餐桌旁分手的时候，其余五个落魄国王问道：“这位是谁？一个平民居然拿得出一百倍于你我的钱，而且肯随便送人！”这一段神来之笔，不是从本质上概括了十八世纪法国君主专制政权摇摇欲坠，资产阶级已经羽翼丰满、即将成为社会主人的社会现实了吗？

在《老实人》中，伏尔泰还描写了一个持历史悲观主义的哲学家玛丁。玛丁与邦葛罗斯相反，他向老实人宣传“人性本恶，永远不会改善”的观点。他认为人类没有前途，生活只是“幻影和灾难”。显然，如果说邦葛罗斯是为封建阶级服务的哲学家，玛丁则反映了当时法国社会上小生产者阶层在资本主义生产方式冲击下风雨飘摇、前途未卜、忧心忡忡的没落情绪。伏尔泰从来相信历史在前进，人类在文明进步中必将日趋完善，他反映的是革命时代法国资产阶级蓬勃向上、对自己的前途充满信心的乐观情绪，所以他让老实人拒绝玛丁的悲观主义，并让老实人游“黄金国”，最后安排老实人与居内贡结婚的美满结局，还借老实人之口说，“工作可以使我们免除三大害处：烦闷、纵欲、饥寒”[12]，因此，“种咱们的园地要紧”[13]。小说的最后一句话早已成了伏尔泰的名言，它浓缩了伏尔泰健康的人生哲学，也充分体现了新兴资产阶级的进取精神。

伏尔泰的哲理小说几乎每一部都蕴涵了丰富的思想，耐人寻味，《查第格》和《老实人》可以说是这些哲理深邃、风格奇妙的优美作品的代表，却不能全面反映伏尔泰在他所开创的文学园地里培植的这些奇花异果。全面探讨伏尔泰哲理小说的丰富思想内容，应该是一部学术专著的任务，这里只能列举它们的一两个特点，使读者重视它们的历史价值。

---

⑫ 伏尔泰：《老实人》。见傅雷：《傅雷译文集》，安徽文艺出版社，1992年，第123页。

⑬ 伏尔泰：《老实人》。见傅雷：《傅雷译文集》，安徽文艺出版社，1992年，第124页。

第六章　伏尔泰的历史哲学及其对西方史学的贡献

一、伏尔泰丰富的历史著作

伏尔泰是近代著名历史学家，在史学理论和历史著作两个领域颇多建树。在史学理论方面，伏尔泰主张以哲学的精神编撰历史著作，他在历史上第一次提出“历史哲学”的概念，成为现代历史哲学的先驱，又是十八世纪理性主义史学的创始人；他打破西方两千余年单纯记述政治、军事事件的治史传统，开拓出历史编纂学的新天地；他反对神学史观，全面冲击了中世纪以来基督教加诸西方历史学的思想桎梏；他广开视野，摈弃欧洲中心论的狭隘偏见，热情讴歌东方各国文明，写出了历史上第一部真正世界性的世界史。可以说，就“历史学”即史学理论来说，伏尔泰是近代第一位历史学家，他把哲学的明灯带进黑暗的历史档案库，把西方历史学引上了全新的道路。诚如著名的伏尔泰研究专家布伦菲特所言，伏尔泰“给历史学带来哥白尼式的革命”①。

在历史著作编撰方面，伏尔泰也是成果累累，举其荦荦大者计有：《查理十二史》《路易十四时代》《试论通史与各国人民的风俗和精神》《彼得大帝治下的俄罗斯帝国历史》《路易十五时代概要》《巴黎高等法院史》等多部。在这些史学专著中，伏尔泰以哲学家的睿智目光，启蒙泰斗的博大胸怀，历史学家的严谨治学精神和文学大师的生花妙笔，全面贯彻了他的史学理论，褒贬人物、评说往事，所表现出的治史才华，堪与他在哲学、政论或文学领域所取得的成就媲美。

伏尔泰第一部成熟的历史著作是《查理十二史》，内容为记述瑞典国王查理十二一生的事迹。查理十二（1682—1718）是十七世纪末、十八世纪初欧洲历史上著名的好战国王。他在位期间，进行了长期的北方战争，对抗俄国、波兰和丹麦1699年结成的三国联盟。他曾战胜丹麦，1700年缔结《特翁达和约》；又击败萨克森和波兰，1704年扶植列琴斯基（1677—1766）为波兰国王；1707至1708年，查理十二再度进攻俄国，1709年在波尔塔瓦战败，后逃亡土耳其；两年以后查理十二说服土耳其对俄作战；查理十二于1714年回国，1718年进攻挪威时死于战场。伏尔泰的《查理十二史》写于1728年，初版是1731年10月在里昂秘密出版的。全书分为八卷，按年代顺序记述了瑞典历史、查理十二的童年和即位、波兰战争、在俄罗斯的失败、土耳其人的囚徒，以及

① J.H.布伦菲特：《伏尔泰：历史学家》英文版，第165页。

1718年中流弹身亡等历史事件，细致生动地描绘了查理十二穷兵黩武、身败名裂的一生。《查理十二史》着力描绘的另一重要历史人物是俄国的彼得大帝。伏尔泰用大量篇幅评论彼得大帝对俄国的改造和向先进的西欧各国学习的情形。伏尔泰偏爱致力于建设的彼得，贬损只知一味征战和破坏的查理。在伏尔泰看来，查理既伟大又疯狂，一半是亚历山大，一半是唐·吉诃德。伏尔泰撰写《查理十二史》的主旨是要表达他的这一信念：征服者的政策是愚蠢的，战争和破坏有悖于社会的文明进步。

作为一个卓有成就的历史学家，伏尔泰治史的态度非常严肃认真。这种良好的学风在他的第一部重要史学著作中已有充分表现。为了写作《查理十二史》，伏尔泰早在动笔十年前就已开始收集资料。1717年，当查理十二还在世时，伏尔泰就结识了这位瑞典国王的心腹大臣哥尔兹，并与其保持密切往来。他还和查理十二的其他近臣法勃里斯、威尔隆格、菲耶威里、波尼亚都斯基等人建立了联系。1727年，法勃里斯男爵抵达英格兰，担任英王乔治一世的侍从，此时伏尔泰也在伦敦，有机会与其长时间交谈，得以详细了解查理十二国王的性格、生活轶事和几次战役的具体经过。特别是法勃里斯曾陪查理十二在土耳其度过几年俘虏生活，更使伏尔泰得以直接获得有关事件的第一手资料。此外，他还拜访过1715年查理十二被困于施特拉尔松时，担任法国驻该国大使的卡罗西和波兰前国王斯坦尼斯瓦夫一世等与查理一生重大事件有关的知情人。这些人有的口头、有的写信告诉伏尔泰他们耳闻目睹的历史真相，甚或径直把回忆录寄给他，为伏尔泰提供了丰富的史料。《查理十二史》出版以后，伏尔泰根据后来收集到的资料，又不断修订、充实这部著作，推出好几个新版。他虚心听取来自各方面的批评和建议，当收到普鲁士国王弗里德里希的批评意见时，伏尔泰曾这样写信致谢：我荣幸地从您那里得到那些我一直渴望知道的世界著名人物的细节、人口的数字、新的法令和社会风尚，对您的批评我并没有感到任何不快。正由于伏尔泰有这种严肃认真的治学精神，使这部著作随着每一新版的发行而日趋完善。

伏尔泰史学研究的代表作是《路易十四时代》。此书从收集数据到最终完成历时二十余年，是伏尔泰的呕心沥血之作。早在1714年，二十岁的伏尔泰被父亲送到圣昂热侯爵科马坦那里学习法律时，聆听那位路易十四近臣诉说前朝掌故起，伏尔泰便开始积累路易十四时代的数据。除圣昂热侯爵外，上至路易十五的首相弗勒里红衣主教、从国外归来的使臣、贵妇，下至巴士底的狱医、宫廷仆役，都为他提供了许多有用的史料。另一方面，他锲而不舍地利用一切机会阅读和摘录文字记载，其中重要的即有：当若侯爵的回忆录手稿四十卷（即后来出版的著名的《路易十四朝廷日记》）、维拉尔和托尔西元帅的回忆录、路易十四的情妇曼特农夫人的回忆录等；任宫廷史官期间，伏尔泰利用职务之便更查阅了大量官方军事和外交档案，包括国王对驻外大使的训令和大使们发回的外交报告，以及1700年路易十四为教育王孙勃艮第公爵而撰写的回忆录和书简等。

《路易十四时代》于1751年在柏林初版发行，很快就在英格兰、尼德兰和法国出了十几版。据说每印一版都是当日售罄，而且出现了许多盗印版，可见这本巨著在当时受欢迎的程度。事实上，自此以后，伏尔泰这部著作一直受到西方学者的推崇，被誉为近代第一部历史著作，和研究路易十四时代法国及欧洲社会的权威之作，成为至今仍有重要学术价值的西方史学名著。

伏尔泰虽然下了很大功夫写作《查理十二史》，但此时他自己的史学理论尚未形成，所以这部著作除个别章节外，总体上仍遵循了旧史学的治史传统，用传记体记述了瑞典国王的一生，着眼于战争进程、外交活动、人物性格及奇闻轶事，对主人公活动的历史背景、社会环境等广阔的社会条件涉及不多。《路易十四时代》则迥然不同。在《路易十四时代》里，伏尔泰在尽可能准确叙述历史事件的同时，不再对战争过程和人物家世进行冗长叙述，而是收集大量关于艺术、科学、哲学和经济的材料，将所记述的人和事置于深厚的社会背景之前。在该书“导言”中，伏尔泰劈头便说：

> 本书拟叙述的，不仅是路易十四的一生，作者提出一个更加宏伟的目标。作者企图进行尝试，不为后代叙述某个个人的行动功业，而向他们描绘有史以来最开明的时代的人们的精神面貌。[②]

他在写给哈维勋爵的信中更明确地宣称：“我写历史更多的

② 伏尔泰：《路易十四时代》，吴模信译，商务印书馆，1982年，第5页。

是写一个伟大的时代，而不是一个伟大的国王。”[③]根据这样的原则，伏尔泰在《路易十四时代》一书中，实际上是以一个历史人物为线索为一个时代立传。伏尔泰认为历史著作离不开对人物活动和历史事件的记述，否则就不是历史了。因此，在《路易十四时代》一书中，他记述了“太阳王”在位期间的政治、军事、外交事件。但是，他没有仅仅盯住路易十四和他的宫廷。他的眼界十分宽广。在《路易十四以前的欧洲》这一章中，他分析了十七世纪上半叶欧洲各国的政治、经济、宗教和文化艺术，涉及德意志、西班牙、葡萄牙、荷兰、英国、罗马和意大利的其他地区、北欧各国、土耳其人等；在谈到法国自身时，专门辟出七章分别论述内政、法律、司法、治安、军纪、财政及其规章制度、教会的纠纷、加尔文教、冉森教派、寂静主义、天主教会在中国的传教事务等广泛的社会问题；尤为突出的是，伏尔泰不惜占用七章篇幅，浓墨重彩、酣畅淋漓地记载了十七世纪法国和英国等其他欧洲国家在哲学、科学与文学艺术方面取得的辉煌成就。《路易十四时代》内容如此丰富，简直是那个特定时代的百科全书，人们称颂伏尔泰开辟了西方历史学的新时代绝不为过，《路易十四时代》被誉为划时代的历史著作也是名副其实的。

有的现代伏尔泰研究专家认为，《路易十四时代》是《哲学通信》的姊妹篇，指出：作为启蒙学者，伏尔泰在

③ 伏尔泰：《路易十四时代》，吴模信译，商务印书馆，1982年，中译本序言，第7页。

《哲学通信》中批评了摄政王和路易十五时代的法国，把它的偏狭和愚蠢与英格兰的宽容和开明加以比较，是为“横向”对比；《路易十四时代》则把路易十四对艺术的保护和时代成就，同路易十五时期法国艺术的衰落和政治的黑暗加以比较，是为“纵向”对比。我们认为这种说法有一定道理。分析伏尔泰的任何著作，绝对不能忘记伏尔泰作为启蒙运动统帅的历史角色，以及他把研究历史与撰写历史著作当作反对封建秩序总体战略的一个重要组成部分和启迪民智的一种重要手段，强调治史的现实社会效用，是古为今用，而不是泥古不化。应该说，《路易十四时代》是历史著作学术性与思想性统一的典范。

正是伏尔泰史学著作的这一特点，尽管他把路易十四时代视为“最接近尽善尽美之境的时代”④，他在《路易十四时代》一书中，在全面肯定这一历史时代社会进步成果的同时，也能大胆揭露时代的黑暗面，用一个知识分子的独立精神，根据个人的认识，挥洒自如地对“太阳王”和他治下的群臣、政府、高等法院、教会提出尖锐批评。他针砭王朝的腐败奢侈，记述路易十四及其亲信堕落生活的细节，斥责他们骄奢淫逸和穷兵黩武给国家造成的沉重经济负担，分析撤销《南特敕令》所付出的代价等。这些否定的文字尖锐而深刻，与作为主体的肯定的叙述浑然一体，把时代的全貌生动地呈现在读者面前。

④ 伏尔泰：《路易十四时代》，吴模信译，商务印书馆，1982年，第7页。

伏尔泰的另一部史学力作是《试论通史与各国人民的风俗和精神》，1756年正式出版，简称《风俗论》。早在西雷时期，伏尔泰便立即把哲学和叙事结合起来，写一部世界通史，探索和体现他自己的史学理论，经过多年不懈努力，便产生了这部长篇巨作。根据法国的历史和纪年，这部著作名义上从法兰克加洛林王朝国王查理曼（742—814）写到路易十三，但是伏尔泰要写的是一部新型世界通史，从内容到编纂方法上与传统史学著作完全不同，所以在实际的时间跨度上是从古代世界直写到伏尔泰生活的时代，涉及的地域和民族，除法国和欧洲各国之外，还包括东方各民族的历史与文化，从伊斯兰世界到印度、中国。《风俗论》贯彻始终的一个主题是歌颂文明进步。伏尔泰在他的所有作品中，无论是政论、文学还是历史，都坚持人类理性和文明不断进步的历史乐观主义观点。他在《风俗论》中表明自己的写作意图说，人类在长期的历史发展进程中，已逐步摆脱了偏见、迷信和奴役，尽管他们遇到无数的错误和失败，但总是向着理性和公正，向着物质和精神不断改善的方向前进的。

《风俗论》是一部社会历史，它不是以王朝兴衰为经纬，而是根据大量史料探讨诸如封建主义的性质、君主世袭制度如何形成、贵族是怎样产生的、十字军东征的真正动机、为什么某些资产阶级分子被赐予贵族头衔而成为长袍贵族等问题；同时叙述商业、科学、文化的发展历史和各个时代的风俗，从服饰到骑士制度和决斗习俗等，举凡人类生活无所不谈；此外还考察各个时代工艺的进步与科技的发明，从风车、眼镜、钟表到造纸、指南针等，涉猎极广。伏尔泰说，我想发现什么是人的社会，人们在家庭内部是怎样生活的，人们培养了什么艺术和技术。为写作《风俗论》，伏尔泰能够直接利用的第一手材料限于西欧各国，但是经过长期努力，他也收集了大量旅行家和传教士提供的东方各民族的史料。他不怀偏见地以东方各国人民是人类文明共同创造者的态度评论他们的历史和文化，体现了启蒙学者那种“解放全人类”的胸怀。他不但详细论述了中国的社会和文化，高度评价了中国古代文明和孔夫子的哲学，而且对印度和阿拉伯文化也有相当深刻而独到的见解。

《风俗论》开辟了西方历史学的全新道路，客观地描述了东西方的古代文明，是第一部真正的世界史。这部别开生面的著作一出版就受到欧洲各国知识界的欢迎，从1756年到1768年短短十二年中就再版十六次以上。

除《查理十二史》《路易十四时代》和《风俗论》之外，伏尔泰的其他历史著作或是应他人之邀而作，或是任宫廷史官时所撰，其中虽不乏精彩之笔，但总体的研究水平、创新之处和在西方史学界的影响，远不能与上述三部巨著相比。它们之中值得重视的只是：《彼得大帝治下的俄罗斯帝国历史》中的彼得大帝，是伏尔泰塑造的一个开明君主形象，寄托了伏尔泰的政治理想；《帝国编年史》是一部仓促完成的德国简史，作为一部历史著作写得并不好，但在此书中，伏尔泰对历史哲学问题颇多发挥，对研究伏尔泰的史学理论有一定价值，本章后面谈到伏尔泰的史学理论时还要提到它。

总之，通过伏尔泰的历史编纂实践，特别是通过他的

《路易十四时代》和《风俗论》等代表作，可以看到伏尔泰对西方历史学的发展做出了突出贡献。这些贡献大体上可以归纳为四个方面，留待后面分专题评述。

二、开拓历史编纂学的新天地

编纂一部历史书，无论是通史还是断代史，应该收录哪些东西，或者说应当着重记载人类生活的哪些方面，不同国家、不同地区早已形成不同传统。西方史学自古希腊罗马以来形成的传统是，认为历史就是政治军事史。这种传统是从古希腊历史学家希罗多德开始的。希罗多德（约公元前484—公元前425），被称为“历史之父”，他所写的《希腊波斯战争史》就是以战争和战争中的政治事件为基本内容。不久以后，古希腊另一位大史学家修昔底德（约公元前460—公元前396）编撰《伯罗奔尼撒战争史》，重复和巩固了希罗多德开创的先例，历史编纂以政治军事史为主要内容成为古希腊史学传统，古罗马史学则延续了这一传统。中世纪的西方史学为教会服务，沦为注疏《圣经》和教义的可怜角色，已无科学可言。文艺复兴时代出现了一批人文主义史学家，他们在历史编纂中不断摈除荒诞迷信内容，把史学从天上引向人间，却仍因循了政治军事史的古代传统。十六世纪，宗教改革运动兴起，史学变成新旧教派斗争的工具，历史著作大都是关于教会史方面的，使西方史学更走上了偏狭之路。总而言之，从古希腊到十八世纪，旧的史学传统统治西方史学两千多年，已经严重束缚了西方历史学的发展。于是伏尔泰出现了，他给西方史学带来了革命性转变。

伏尔泰认为，编写历史不应仅限于政治和军事，还应包括农工商业、科学技术、文学艺术、民情风俗，乃至饮食起居、日常娱乐等，人类社会生活的各个方面都应属于历史编纂的对象。他在《路易十四时代》一书中，用了一半以上的篇幅记载政治和军事以外的事情。在《风俗论》中更是全面铺开：对社会上层，按照自己的理论、原则和标准评点君王们的历史功过，例如评述路易十一，称赞他制定的法律维护了巴黎的秩序和商业，认为假如他没有发动十字军东征的愚蠢行动，本来可以使法国成为繁荣昌盛的国家；评述英王阿尔弗雷德，认为他与法国的亨利四世一样，都是英明的君王；伏尔泰甚至把教皇也列为他独立褒贬的对象，认为亚历山大三世由于颁布了要求基督徒释放奴隶的法令，而应列入对人类做出伟大贡献的名录中等。对社会下层，则努力反映社会习俗的细节和普通百姓的生活风貌，力图全面记述各个时代人们的精神状态。

伏尔泰开拓了历史编纂学新天地的一个重要方面，是他在西方史学史上，第一次把文化史列为史学研究的重要领域。《路易十四时代》充分反映了十七世纪文化领域的辉煌成就，开西方文化史先河。在《风俗论》中，伏尔泰不但重申撰写文化史的重要性，而且具体考察了文艺复兴运动，把文艺复兴当作一场影响深远的新文化运动来研究和探讨。在伏尔泰之前，西方学者对文艺复兴并没有一个完整的概念，既缺乏综合的叙述，也没有对其本质进行探究，更认识不到它的历史地位。正是伏尔泰，在西方近代史上第一次对文艺复兴的历史意义有了深刻理解，并在《风俗论》等著作中予以深刻说明。他独具慧眼，把文艺复兴放到历史发展的长河中加以研讨，彪炳其应有的历史价值。他认为文艺复兴的重大意义不在复古，而在创新。文艺复兴的巨大文化成果是意大利人的天才创造，而不是1453年君士坦丁堡被土耳其人攻陷、东罗马帝国灭亡以后那些逃亡到意大利的学究们的功劳，他们仅仅是把希腊文教授给意大利人而已。他强调，虽然文艺复兴时期的人文主义大师们以恢复希腊罗马古代文化为旗帜，他们在文学艺术各个方面所取得的辉煌成就，不仅在思想上冲破了中世纪的长期禁锢，而且在艺术上远远超出了古代的水平，构成了一场真正的新文化运动。

由于伏尔泰对历史编纂新领域的开拓，他对文化史研究的重大贡献，特别是他对文艺复兴运动历史意义的领悟和阐发，使他不仅被公认为西方文化史研究的鼻祖，而且为后人进一步研究文艺复兴铺平道路，尤其为十九世纪中叶著名的瑞士历史学家布克哈特创作《意大利文艺复兴时期的文化》一书创造了理论前提。

三、冲破神学史观的思想桎梏

伏尔泰是宗教和教会不共戴天的仇敌前已尽述，他这种反宗教立场在历史研究工作中的反映，便是通过历史编纂实践冲破神学史观加诸西方历史学的思想桎梏。

在西方，神学史观来源于五世纪的圣・奥古斯丁。圣・奥古斯丁（354—430）是罗马帝国时期的基督教思想家，教父哲学的代表人物。他用柏拉图主义的哲学来论证基督教教义，宣扬“原罪说”，鼓吹教权主义，在其所著《上帝之城》一书中，提出所谓“双城理论”。奥古斯丁认为，自从亚当犯下原罪以后，世界便被分为两个部分，一是上帝之城，为上帝的信徒所归属；一是世俗之城，为魔鬼撒旦所统治。在现世，这两个世界是混杂在一起的，人类的历史就是上帝的信徒与魔鬼的信徒之间不断斗争的历史。这种斗争的结果使人类不断趋向上帝的天国，同时把魔鬼的信徒打入地狱。显然，奥古斯丁宣扬的是神学史观，它的核心是上帝支配人类的历史和主宰人类的命运，这种历史观在很大程度上只是天意的神学解释，实际上既没有历史，也没有历史学。奥古斯丁以后，西方史学长期被这种神学史观束缚，宗教迷信代替了科学探索，无知偏见取代了信史实录。神学史观在文艺复兴时期受到一定程度的冲击，但是在法国，这种冲击的力量十分微弱。因此，在伏尔泰以前，通行的所谓“世界通史”，仍然把作为“基督教文明”出发点的古代犹太人的历史看得十分神圣，予以特别的关注和叙述，然后是希腊罗马历史，最后是欧洲各民族的历史。1681年，法国主教博絮埃（1627—1704）出版的《世界史论》一书，就是这种世界史模式的充分表现。博絮埃强调，无论世俗历史还是教会的历史都是神的意志决定的，他所叙述的“世界史”，不仅仍然坚持奥古斯丁的“双城理论”，而且仍然以《圣经》和神话传说为依据。

面对这种史学现实，伏尔泰从他的唯物主义自然神论哲学思想出发，在史学研究中贯彻反对神学迷信的批判精神，用自己的历史著作和史学理论冲破了这种神学史观。他不仅早已通过大量著作揭露了《圣经》内容的自相矛盾和荒诞不经，而且认为以《圣经》内容和犹太人的历史作为世界史的重点可笑之至。他指出，比之于小小的、没有任何根据地认为自己是优秀民族的古代犹太人，印度、中国等东方民族创造了源远流长、时间早得多、地域大得多、文化含量无与伦比，又有可靠的文字记载和实物可考的古代文明。伏尔泰把东方社会引入世界史，不但扩大了西方史学的研究领域，而且给神学史观以毁灭性打击，震撼了教会统治和神学迷信的历史基础。既然非基督教的中国、印度等地的文明比犹太人和基督教文化更古老更灿烂，《圣经》和教会的权威自然遭到挑战，神学史观也就不攻自破。

四、反对欧洲中心论的传统偏见

在伏尔泰之前，西方传统历史编纂学除去只记帝王将相无休止的杀伐、征战、与征战相关的政治事件及深受神学史观束缚以外，还有一大缺陷，就是欧洲中心论。偏狭的历史学家们坐井观天，总以为欧洲即是世界，尽管早已有了“新航路”和“地理大发现”，尽管商人和传教士早已源源不断地把在印度和中国等东方各民族所看到的古老文化和高度文明传回欧洲，但是西方的历史学家仍然宣扬世界历史的发展应以欧洲为中心，基督教史学家们也仍然坚持人类历史不能逾越《圣经》所涉及的范围一步。在他们的笔下，完整丰富的人类历史仅仅成了希腊、罗马、地中海东岸，以及北非埃及等极为狭小地域的编年史。这种“世界史”体系今人看来何其荒谬，但是迟至十七世纪，在欧洲仍然被尊为正统而且堂而皇之地大书特书。博絮埃的《世界史论》便是这种历史编纂体系的典型。在历史学研究中，终于打破这种陈腐观念的又是伏尔泰。

伏尔泰以史学革新者的姿态凛然崛起，指斥博絮埃等人只注意描述几个早已消失了的小民族的历史，他们所编纂的是忘记了真实世界的“世界史”。伏尔泰认为，人类历史的发展是一个统一的整体，各个民族和各国人民尽管在精神和习俗方面各不相同，但那只是具体表现形态的区别。早在1733年，当他谈到各民族之间鉴赏习惯和艺术趣味的不同时就指出：如果欧洲各民族不再互相轻视，而能够深入地考察研究自己邻居的作品和风俗习惯，其目的不是为了嘲笑别人，而是为了从中受益，那么，通过这种交流和观察，也许可以发展出一种人们曾经如此徒劳无益地寻找过的共同的艺术欣赏趣味来。在伏尔泰看来，为了达到鉴赏趣味的这种大同境界，需要排除偏见，开阔视野，对各国的艺术进行整体研究。艺术趣味问题是这样，历史研究又何尝不是这样？

从人类历史的发展是一个整体这种观点出发，伏尔泰特别注意欧洲各国和亚洲各民族的共同特点，认为在这些共同特点中，可以找到人类历史发展的普遍规律。他在《风俗论》一书中，以相当大的篇幅，用多年苦心积累的史料，尽可能详细地描述了中国、阿拉伯、波斯、印度等欧洲以外地区，特别是亚洲各国的历史，使这部著作成为西方史学中第一部用“世界历史的观点”来写的世界历史。

伏尔泰之所以能够打破欧洲中心论的传统偏见，写出第一部兼容东西方文明发展的世界史，有主观和客观两个方面的原因。从主观方面说，作为一个启蒙思想家，伏尔泰信奉人类理性的普遍性原则，认为有人的地方即有理性，东西方社会并无本质不同，因而他较少民族偏见，胸襟宽广，以铲除人间不幸、解放全人类为己任。同时，为了与旧的思想体系划清界限，在史学研究中贯彻与基督教传统势力斗争的总体战略，伏尔泰热心寻找一切能破坏“神圣历史”威信的事实和史料，东方文化的古老和高超不能不引起他的极大兴趣，并被他充分利用。从客观方面说，随着新航路的开辟，通往东方各国的交通大为改善，十六世纪以来，东方世界的神秘面纱在欧洲人眼前逐步掀开，欧洲对东方各国的情况有了更多了解，再加上美洲的发现和开发，欧洲人已经看到了整个世界。在伏尔泰之前，西方流行着许多各地见闻、五花八门的探险记等书籍，这些数据虽然零乱，又带着浓厚的猎奇色彩，但对欧洲人开阔眼界不无裨益，而且逐渐形成了从总体上了解东方、了解世界的渴求。换言之，对东西方历史进行整体研究、突破西方史学偏狭的传统和落后的状态，编纂近代意义上的世界史，既已构成时代课题，又已具备基本条件。时代呼唤具有开拓精神，能把东西方历史当作一个有机的统一体进行综合研究的大手笔的出现。正是这种主观条件和客观需求的恰当结合，使得伏尔泰在史学研究中做出了突出贡献。美国历史学家汤普逊评价伏尔泰时说：“他是第一个把历史当作一个整体来观察的学者，并把世界各地所有伟大文化中心的历史联系起来，其中包括了对人类生活有意义的各个方面的情况。”[⑤]

五、《历史哲学》与理性主义史学

现代史学通常把文艺复兴时期的史学思想称为人文主义历史学，而把十八世纪的启蒙史学称为理性主义史学。二者都是新兴资产阶级反封建的思想武器，是适应西欧社会大变动时代不同历史时期的客观条件而兴起的两种进步史学思想。

意大利是文艺复兴的中心，也是人文主义史学的发祥地。十五世纪以来，意大利在经济上的率先发展，文艺复兴对人的解放，再加上古典文化的熏陶，使意大利人较早地摆脱了中世纪的思想束缚，完成了一系列对外部世界发现的壮举。当欧洲资本主义发展的中心转移、意大利经济繁荣的支柱——对外贸易一蹶不振、航海和探险的狂热也随之降温以后，意大利人凭借解放了的头脑、开拓精神和批判能力，开始了对人类历史的反思。在相当一个时期，意大利的史学一直比欧洲其他地方发达。不仅第一部记述美洲新世界的《新世界史》是意大利人彼得•马特（1455—1526）完成的，而

⑤ 汤普逊：《历史编纂史》纽约版，1942年，第66页。

且在文艺复兴末期，意大利人把人文主义史学传遍欧洲，几乎欧洲各国按照人文主义史学原则撰写的历史都是意大利人的手笔。现代意大利历史哲学家克罗齐（1866—1952）这样描述意大利人文主义史学的这一辉煌时期："欧洲其他各地最初的人本主义（应读为人文主义——引者注）历史家都是意大利人，维罗那人保罗·埃米利奥替高卢人写历史，他在他的《论法兰克人的功勋》中替法国人写出了法国的人本主义史；波利多尔·维吉尔同样替英国人写了英国的人本主义史；柳西奥·玛里尼奥替西班牙写了西班牙的人本主义史，其他许多人替其他许多国家写了，直到出现了本国的专家，不再需要意大利人的帮助为止。"⑥毫无疑问，意大利人文主义历史学家对西方近代史学的发展做出了重大贡献。他们冲击中世纪的神学史观，芟除旧历史著作中荒诞迷信的成分，把史学从神学变为人学。在这种努力使史学世俗化的同时，他们还试图探索历史事件的因果关系，试图写出可信的历史著作等，凡此种种都是难能可贵的。

然而随着时代的进步，特别是进入十八世纪以后，理性的旗帜在各个学术领域高高飘扬，意大利历史学家的人文主义史学日益落伍。他们囿于传统，脱离社会经济文化背景大谈帝王将相的个人价值、个人传记、家族谱系和孤立地罗列政治军事事件的历史编纂体例早已变得令人厌烦，他们曾令人耳目一新的复兴古代史学的口号而今也显陈旧，他们言必

⑥ 贝奈戴托•克罗齐：《历史学的理论和实际》，傅任敢译，商务印书馆，1982年，第181页。

称希腊罗马的学究气更与朝气蓬勃、满怀信心奔向未来的资产阶级的精神状态大相径庭。

伏尔泰对文艺复兴有着独到见解和崇高评价，浓厚的治史兴趣使他痛惜人文主义史学的没落。当他蛰居西雷城堡时，夏德莱侯爵夫人曾对当时历史著作的现状有过一番十分尖刻的评论："我在这种书中看到的只是一些乱七八糟的事件，一大堆缺乏连贯性的琐碎事实，成千次什么也解决不了的战斗……我拒绝再看这些枯燥空洞的东西，因为它只会使智力疲倦，而不会对智力有所启发。"⑦她请求伏尔泰用新的观点和方法写出一部内容广泛的世界史。于是，伏尔泰完成了《风俗论》。这部划时代的著作与其说是应侯爵夫人的请求而作，不如说是应时代的要求而作。因为侯爵夫人的感受和吁请，恰恰反映了启蒙时代进步知识分子对旧史学著作的不满。

有感于传统史学的这种落后状态，伏尔泰提倡将哲学与历史结合起来，用哲学的精神编写历史著作，甚至认为历史应当让哲学家来编写。1765年，伏尔泰写了一部题为《历史哲学》的论著，1769年时作为《风俗论》的新版导言发表。这部论述远古史的论著集中阐发了伏尔泰史学理论的基本内容，是他对历史学的重大贡献。作为哲学家关于人类命运和社会发展的历史思考，伏尔泰因其在历史上第一次使用了"历史哲学"这一概念和初步探讨了这一概念的内涵而成为

⑦ 瓦索柯洛夫：《伏尔泰》，众力译，上海人民出版社，1960年，第35页。

“历史哲学”这个新的哲学分支学科的先驱；作为历史学家关于历史事实和史学理论的哲学理解，伏尔泰因其所提出的新的治史原则和理性主义的史学理论在十八世纪具有普遍的方法论意义，从而开辟了历史学的新纪元。恩斯特·卡西尔（1874—1945）在《启蒙哲学》一书中指出：

> 伏尔泰的目的正是把历史提高到超出过分人格化、偶然事件和纯粹个人的水平。他的目的不是描述独特的细枝末节，而是表现时代精神和民族精神。伏尔泰的兴趣不在于事件的前后相继，而在于文明的进步和它的诸因素的内在关系。⑧

而伏尔泰在《历史哲学》一书中则这样诉说自己从事史学研究的动机和抱负：

> 您希望由哲学家写古代历史，因为您想作为一个哲学家来读它。您只寻找有用的真理，您又讲除了无用的谬误以外您一无所获。让我们试图相互启发，让我们从历史的废墟中挖掘一些宝贵的遗物吧。⑨

伏尔泰提倡用哲学精神编写历史著作，其实就是用理性

---

⑧ 卡西勒：《启蒙哲学》，顾伟铭等译，山东人民出版社，1988年，第210页。

⑨ 伏尔泰：《历史哲学》。见沃尔特•布莱克编《伏尔泰最著名的著作》英文版，第371页。

主义改造旧史学。因为在十八世纪，在启蒙时代，伏尔泰和他的反封建战友们所理解的哲学精神就是理性精神。他们有时把自己生活的时代称为“理性的时代”，有时又称为“哲学的世纪”。在他们的笔下，哲学与理性几乎是同义语。在他们看来，所谓理性，除去与“感性”相对应的认识方式或认识阶段的一般认识论含义外，更重要的是指与宗教信仰对立的人的全部理智，是人类认识真理的自然能力。他们认为理性是“自然之光”。这种自然之光在中世纪被宗教的信仰主义遮蔽，愚昧、迷信、偏见支配了人类精神一千年。他们相信历史赋予自己的使命就是恢复自然之光，用理性启迪人类，使之从宗教迷误和一切愚昧偏见中觉醒。他们继承笛卡尔“普遍怀疑”的方法和理性人人天然均等的思想，主张用理性的尺度审查一切、衡量一切、批判一切，坚信既然人人天然具有理性，发扬理性就能推进历史前进。这种对理性的推崇和执着，是十八世纪法国启蒙哲学最鲜明的特征。伏尔泰首先把它应用于史学研究，在历史发展的方向、历史发展的动力、历史研究的对象、历史著作的效用等问题上，提出了一系列新的观点，从而成为理性主义史学的创始人。

让我们就这几个问题做一点具体分析。

希腊神话把人类历史看成一个退化过程：由黄金时代下降到白银时代，再降为铜的时代，最后是铁的时代。希腊历史学家刚刚从半是传说、半是神话的原始观念中走出来面对历史现实，他们还缺乏历史感，他们的历史著作与其说是认识历史，不如说是记述现实。希罗多德讲的是不久以前发生的波斯与希腊的战争，修昔底德记载的是他亲身经历过的伯罗奔尼撒战争，另一位古希腊历史学家色诺芬（约公元前430—公元前354）最负盛名的历史著作《远征记》也不过是记述他自己参加的一次冒险性远征。历史的发展方向，或者说人类历史发展的规律性问题，还没有进入他们的视野。文艺复兴时期的历史学家批判了金变银、银变铜、铜变铁的古代历史退化观念，确立了人是历史主体的思想，颂扬了十五世纪以来社会在学识、地理和贸易上的光辉业绩，但他们并没有形成历史进步理论，而是信奉历史循环论。一方面记述了空前绝后的地理大发现和精美绝伦的艺术成果，另一方面又不承认人类文明不断推进的规律性，产生这种奇怪现象的根源，在于人文主义的人性论。这些历史学家相信历史是人而不是神的历史，同时又认为人性永恒不变。人性不变，体现人性的历史本质上也就具有不变的性质，表面的变化其实只是一种循环。在他们的眼中，人事沧桑，变化无常，却离不开生死、善恶、福祸、盛衰的永恒主题。他们不同意以金银铜铁为象征的历史时期的宏观划分，而把历史看成受基本人性支配的人生琐事的微观循环：罪恶与美德、无知与智慧、恶毒与善良、失望与希望，循环往复，无始无终。总之，人文主义的历史观否定了历史退化论，却陷入了循环论。

伏尔泰把启蒙哲学引入历史，用理性主义取代人文主义，把全部人类历史看作理性与迷信、知识与愚昧斗争的过程，从而在“发展”的意义上突破了历史循环论，树立了历史进步的观念。伏尔泰把人类理智和知识的发展看作衡量历史进步的尺度，既向文艺复兴以来的崇古心理挑战，也冲破了人性不变的循环论观念。他在自己的著作中反复强调，人类的理智能力不断提高，科学、文化、艺术等各种知识和技能也在不断积累和进步，因而理智必将克服野蛮，知识定然战胜愚昧。理智和知识的不断进取、积累和高扬，是人类历史沿着进步的方向演变的可靠保障。伏尔泰利用一切机会颂扬文明进步，他是坚定的历史乐观主义者。他的这种信念，他为理性主义史学奠定的这种历史进步论基调，充分反映了已经成长壮大起来的法国资产阶级蓬勃向上、憧憬未来、追求“理性王国”、开拓历史新局面的阶级自信。

神学史观是一种天命史观，上帝的意志支配和推动人类历史。人文主义史观专注于王室兴衰、战争胜负，拘泥于帝王将相的个人命运，历史循环论限制了人文主义史学家站在哲学的高度探求历史发展的动力问题。伏尔泰力主历史进步论，历史何以前进、社会依靠哪些要素发展，探索这些问题逻辑地成为他的史学理论题中应有之义。

伏尔泰早年认为，少数杰出人物决定历史进程。他在《查理十二史》中主要是根据查理十二和彼得大帝个人的意志行为解释战争和其他事件。严格地说，此时的伏尔泰基本上还是沿着传统史学的思路研究历史。《路易十四时代》就有了很大变化。虽然在这本书里，伏尔泰仍然情不自禁地突出了路易十四个人的业绩，但他在论述那个时代社会各个领域的辉煌成就时，除溢美路易十四的个人作用之外，还探讨了社会的、政治的和经济的原因，力求作为一个整体来理解一个时代，而不是用一个君王来代替一个时代。在《风俗论》中，传统的英雄造时势的思想更有所削弱。当谈到影响社会变迁的原因时，伏尔泰认为气候、政府和宗教影响人的精神，从而影响历史进程。他还在这部著作中用了许多笔墨，探讨商业和金融等经济问题，强调工业和商业在促进社会发展中的作用，认为百年战争后法国的复兴应归功于金融家，而不是奥尔良少女。《风俗论》对社会经济生活的关注，和对政治与经济关系的考察，表明他关于历史发展动力问题的探索有了更多收获。这种收获在《帝国编年史》中表达得更为充分。在那本书中，伏尔泰试图以经济上的原因解释十字军东征和宗教改革。在伏尔泰看来，十字军东征的根本原因并不是基督教徒讨伐异教徒的宗教虔诚，而是为了掠夺耶路撒冷人的财富；而宗教改革之所以能得到查理五世的支持、奥地利的马克西米利安之所以给新教徒以自由，都是为了钱，因为当时他们均面临财政困难。

伏尔泰试图在历史人物和历史事件之外探寻历史前进的客观原因，用物质的经济的需求解释历史现象，虽然仍很粗糙，却是十分可贵的尝试，为西方史学注入了真正的新思想，从而构成理性主义史学的重大特点之一。伏尔泰在史学新道路的探索中取得这样的成绩，正是他力图把哲学引入历史，在历史研究中贯彻他的哲学思想的结果。早在《哲学通信》中他就认为英国之所以空前强大，不仅因为它有庞大的舰队，而且因为它有丰富的羊毛，出产优良的小麦，建立了许多农场和公司，在世界范围内进行贸易等，并且说这种经济实力比军事因素更重要，金钱是战争的神经。至于法国，伏尔泰说战争破坏了法国，是商人拯救了它。同时也应指出，伏尔泰对历史事件形成原因的解释是多元的，他看到和重视物质的、经济的背景因素很深刻，很了不起，但是在他关于历史前进动力问题的全部思想中，重视经济、生产、物质因素仍然只占次要地位。主宰伏尔泰历史观的并不是历史唯物论，他也没有真正跳出英雄造时势的旧史学窠臼。因为伏尔泰虽然在晚期历史著作中越来越强调历史决定论，强调历史发展的物质因素，贬低帝王将相在历史事件中的作用，但是理性主义本身的性质，和伏尔泰对理性产生和传播的讴歌，恰恰表明他的立足点和基本倾向仍然是一种唯心主义历史观，只不过在他看来，推动历史前进的主力不是某一君主，而是站在这位君主身后，为他提供理性指导的思想家或哲学家。他说："理性必须首先在首要人物头脑里确立，然后逐步下达，最后主宰百姓。百姓对理性并不了解，但是由于看到他们的长上已经变得温和节制，于是群起仿效。"⑩在伏尔泰的思想中，能够提供理性的是哲学家、思想家，他们借开明君主之手推动历史进步。他虽然不再像早年那样强调帝王将相个人是历史的主宰，但他绝对没有贬低理性和产生理性的"头脑"的作用。

伏尔泰不仅在《历史哲学》等著作中，对历史发展的方向、历史发展的动力等问题提出了新的观点，而且如前所述，在《路易十四时代》《风俗论》等历史著作编撰实践中，对历史研究的对象和历史编纂的范围也采取了与西方传统史学完全不同的方针，开拓了历史编纂学的新天地。此

⑩ 伏尔泰：《路易十四时代》，吴模信译，商务印书馆，1982年，第545页。

外，在他新开创的理性主义史学体系中，对历史著作的效用问题也提出了非常具有时代特征的见解。

所谓历史著作的效用，就是研究历史、编撰历史著作的目的。作为启蒙学者，伏尔泰认为研究历史是为了改变现实，史学应该成为启蒙的工具，历史著作的写作目标是借鉴古代，纠正现实的谬误。他信奉英国自然神论哲学家博林布罗克的名言："历史是用例子来教导的哲学。"他认为历史学家首先应为读者提供确切的事实，排除传说等一切虚妄不实之词，其次还要善于区分重要的和不重要的历史事实，抓住、维护和陈述重要的、对启迪民智有用的事实，尽力排除无用的细节。一个真正的历史学家的天职，不是为黑暗的历史辩护，而是揭露历史上的谬误和罪行，促进社会进步。最后，伏尔泰认为历史学家应该把主要精力用于研究现代史。他反对迷信古代，对中世纪也片面地、绝对化地采取全盘否定的态度。在他看来，古代历史淹没在神话传说之中，中世纪在封建势力和教会统治下一片黑暗，沉醉在这些历史尘埃中无助于激扬理性和教育群众。总之，伏尔泰十分注重历史著作的社会效益，直言历史研究应该服从于和服务于启蒙这个时代课题。他不但这样说，而且这样做。他的历史著作的选题和内容，无不以是否有利于启蒙运动定夺。就这一点而言，狄德罗在读完《风俗论》之后写给伏尔泰的信中的一段话，也许最集中地表达了伏尔泰理性主义史学的启蒙本质。狄德罗写道：

其他历学家叙述事实只是为了给我们指出这些事实。您叙述事实是为了激起我们的内心深处对虚伪、黑暗、假仁假义、迷信、宗教狂热和暴政的愤慨。[11]

⑪ 阿尔塔莫诺夫：《伏尔泰传》，张锦霞、苏南译，商务印书馆，1987年，第62页。

第七章 伏尔泰与中国传统文化

一、传教士东来与中西文化交流

在伏尔泰的诸多著作中，论述中国、中国文明、中国知识分子、中国哲学和传统文化等内容，占有相当重要的分量。为什么伏尔泰对遥远的中国如此感兴趣？这既涉及伏尔泰时代中西文化交流的历史情况，也关系伏尔泰所投身的法国启蒙运动的现实需要。事实上，在十八世纪，不仅伏尔泰，整个法国都对中国感兴趣。可以说在当时法国的政治、文化和宗教生活中，“中国”是一个经久不衰的热门话题。只是伏尔泰对这个话题谈得最多，最热情，影响也最大。还在伏尔泰最早的哲学著作《哲学通信》中，他就赞扬了中国人发明种牛痘预防天花的智慧，后来在《风俗论》《路易十四时代》《无知的哲学家》《历史哲学》《中国通信》《哲学辞典》《咏自然法则》等重要哲学和历史著作中，一再论述中国的政治、经济、文化，特别是以孔子（公元前551—公元前479）为代表的儒家哲学和道德学说。他创作的悲剧《中国孤儿》更风靡法国舞台，屡演不衰。伏尔泰推动了十八世纪法国的“中国热”，并且把法国人当时这种对远东大国的兴趣与启蒙运动紧密结合在一起。

伏尔泰一生经历了法国波旁王朝路易十四、路易十五、路易十六三个国王的统治。在三位国王的治下，法兰西盛极而衰，但余威尚存，仍是欧洲大陆最强大的国家。与此同时，在中国，正值清王朝鼎盛时期，恰巧也是三个皇帝相继临朝，他们是康熙、雍正、乾隆。经过三位皇帝“励精图治”，地大人多的中国度过明末清初的战乱再现繁荣。表面看来，在十七、十八世纪，中法两国各居东西强国之首，相互吸引和交往理所当然。然而它们之间又有很大差异。在法国，资产阶级作为新的社会力量正在崛起，在社会矛盾日益加深的同时，科技文化事业也有很大发展，一场生产方式、生活方式，乃至社会制度的翻天覆地的大变动正在酝酿之中；在中国，传统的封建制度依然如故，社会付出巨大代价所换来的，不过是又一次改朝换代的历史循环。封建关系所能容纳的生产力已达极限，而新的生产方式和新的阶级力量极为微弱，科学、技术、文化、教育仍然停留在数百年、上千年前的水平。中国古代文化辉煌灿烂，但它早已停滞不前。

距今二三百年前的中法两国，就像封建之树上的两个巨大果实，一个即将坠地，一个尚牢挂枝头，尽管它们都早已熟透。谈到当时两国的关系，还得从中国和西方交往之始这个大背景讲起。

在欧亚航线和美洲新大陆发现以前，中国和包括法国在内的西欧各国仿佛是世界的两极。相距遥远和交通困难，使两极之间相当隔膜。虽然中国人早在汉代就知道西方有个大秦——罗马帝国；中国的丝绸经过辗转贩运也曾被罗马贵族披在身上以炫耀财富和地位；甚至古代东西两大帝国也曾有过官方往来：中国史籍记载，东汉和帝永元九年（97年），西域都护班超遣甘英使大秦，临海受阻而回，幸而桓帝延熹九年（166年），大秦皇帝安敦遣使来华，中国和罗马帝国终于有了正式外交。史籍载，晋武帝太康年间（280—289），大秦曾又遣使来华通好。但是，罗马帝国灭亡和欧洲陷入中世纪黑暗岁月以后，两极的联系断绝竟达千年之久。

十三世纪以后，随着中国古代四大发明造纸术、印刷术、火药、指南针传入欧洲，意大利等西欧先进地区首先从中世纪沉睡中苏醒，中国和西欧开始恢复联系。那时中国正值元朝，蒙古铁骑远征也促进了中西交往。不少教士和商贾东来，神秘的东方大国对刚刚踏入文艺复兴时代的意大利和其他欧洲人极具吸引力。这些促进中西文化交流的先行者中，首推马可·波罗。

威尼斯人马可·波罗（1254—1324）随父叔于1271年东行经商，1275年至元上都，得到元世祖忽必烈信任，在元朝任仕十七年，游历几遍神州，并曾奉旨出使缅甸和印度各国。他于1292年初始离中国，1295年末辗转返抵故乡威尼斯，1298年在威尼斯与热那亚战争中被俘，于狱中口述东方见闻，狱友鲁狄梯谦笔录成书，是为《马可·波罗行纪》。马可·波罗通过亲身经历，第一次客观全面地在欧洲人面前展开了一幅东方大帝国地大物博、文明昌盛的宏伟画卷，使欧洲人大开眼界。《马可•波罗行纪》被翻译成欧洲各种文字，十四、十五世纪风行各地，产生了多方面的影响。但是马可•波罗毕竟是商人之子，他所关心和推崇的主要是当时中国的财富、物产和农工商业经济生活，对于中国的历史文物、典章制度、哲学伦理、风俗文化等精神文明和传统文化的介绍和研究，历史留给了后来更具科学文化素养的耶稣会传教士来完成。

天主教耶稣会士在十八世纪的法国是百科全书派的死敌，顽固维护教权主义，反对宣传科学与民主的启蒙思想，但是他们在中国的传教事业中，却机会主义地采用了“科学传教”的手段，利用欧洲数学、天文学、制图术、制炮术等新兴近代科技成果，极力影响与他们接近的中国士大夫，甚至成为宫廷宾客。在中国明清两朝之交的二百多年间，耶稣会士顽强地力图使中国基督教化，虽然最后以失败告终，却在中国传播了西洋科学文化知识，手段与目的相悖，传教的目的没有达到，却成为西学东渐的先锋。他们为在中国传教，努力学中文，孜孜研究中国传统文化，并根据自己的研究心得或翻译中国经典，或著书介绍中国的政治、经济、历史、文艺，他们关于中国的书信和专著译著纷纷在西欧出版，又成为促使中学西渐的最早的汉学家。

十六、十七世纪来华耶稣会传教士中，早期著名人物有意大利人利玛窦（1552—1610）、德国人汤若望（1591—1666）、比利时人南怀仁（1623—1688）。仅就利玛窦而言，他是一位意大利耶稣会士，1582年来华，1600年（万历二十八年）晋见明朝万历皇帝，因献贡自鸣钟、地舆图、西洋乐器等新奇之物博得万历好感，待以上宾之礼，准其留居京师传教，1610年卒于北京寓所。利玛窦既有学问，又富心计，神学之外，兼通天文、地理、历算、几何之学。来中国之后，他学中文，着儒服，钻研中国经典。他迎合中国皇帝和士大夫“中央帝国”盲目自大心理，在所制世界舆图中，将中国放在正中。他熟读四书五经，善于引证中国经典附会天主教教义。他广泛结交中国学者官僚，借讲授数学、物理等西洋科学之机传教，李之藻、徐光启等一批中国士大夫先后接受洗礼，传教四五年即有新入教者二百余人。他所著《中国札记》是继马可·波罗之后，在欧洲出版的全面介绍中国的巨著，共出版过四种拉丁文版、三种法文版。

在来华传教士沟通中西文化的过程中，法国耶稣会传教士发挥了很大作用。在十七世纪，葡萄牙、荷兰、英国、法国等先后争夺海上霸权，各有一套通商、拓展殖民地的东方政策，了解和研究印度、中国、日本等东方各国情况成为当务之急，利用耶稣会士以传教手段深入东方各国是他们共同的战略。法王路易十四为与列强争雄，在柯尔柏任首相时也开始派遣法国耶稣会士东来。法国选派的传教士均为具有各门科学知识和文化素养的一流教士，有些还有法兰西学院院士，除传教外，并明确负有研究中国地理、文物制度、工艺美术等学术课题。1688年，法国正式派遣的李明、张诚、白晋、洪若瀚、刘应五名耶稣会士携带天文仪器来到北京，时值清康熙二十七年。康熙好西学，早年曾从汤若望、南怀仁研究数学。五位法国传教士来到北京，康熙令张诚、白晋二人在京学习满文以备进讲，其余往各省传教。几年以后，张诚、白晋将欧几里得和阿基米德的《初等几何学》《应用几何学》二书译成满文，每日为康熙讲解，樊国梁《燕京开教略》一书中说他们每日进讲，自朝至暮，孜孜不已。醉心西学的康熙皇帝从他们那里学了测量学、静力学、天文学、数学、医学、解剖学等许多近代科学知识，甚至在宫中设立实验室以研究化学和药学。1693年，康熙忽患疟疾，张诚、白晋以所带金鸡纳霜进呈，使清帝迅速康复，康熙对传教士更有好感。在康、雍、乾三帝中，康熙对传教士采取比较宽容的态度，与他热心学习、研究西方科学知识不无关系。雍、乾二帝则对传教活动或禁止，或严加管束，不过此是后话。康熙信任张诚、白晋，1697年，他还命白晋回国招聘博学的传教士。两年后白晋带回马若瑟等十人，使法国耶稣会传教士在中国的势力大增。

自利玛窦以来，耶稣会士在中国传教取得一定进展，引起也先后东来传教的天主教其他教派如多明我会、方济各会的嫉妒和不满。自十七世纪三四十年代始，来华传教的天主教各派之间和耶稣会内部爆发了一场关于中国礼仪问题的争论。这场持续百年的所谓中国礼仪之争，虽然只是教会内部的争执，却对中西文化交流，对中学西渐，对欧洲人了解中国和介绍、翻译、研究中国文化典籍起了很大的促进作用，特别是一些耶稣会传教士为了替自己在中国传教的言行辩护，大量地、不怀偏见地介绍了中国的历史、地理、政治、经济、文化、习俗等各方面的情况。其中，关于儒家经典和孔子哲学的翻译介绍，更在客观上为十八世纪法国启蒙学者提供了思想借鉴和理论武器。正与耶稣会士在中国采取“科学传教”的机会主义策略形成目的与手段的矛盾一样，他们在欧洲，在罗马教廷面前为自己辩护而大量介绍中国哲学和中国文化，其结果是有利于启蒙学者的自然神论和无神论，而严重损害了基督教信仰体系和教会势力，这是与耶稣会士的狂热宗教立场相矛盾的，这样的客观社会效果也是他们所始料不及的。伏尔泰十分重视这场教会的中国礼仪之争，在《路易十四时代》一书中，他专门在第三十九章即全书最后一章，以“关于中国礼仪的争论，这些争论怎样促使中国取缔基督教”为题做了精辟分析。

具体来说，中国自古以来有敬祖之体、祭孔之礼和祭天之礼等礼仪风俗，马若瑟《天主教传入中国考》概括为：中国敬孔子及敬亡人之礼，指跪拜上供及立牌位等而言。受洗入教的中国人能否继续履行和参与这些中国礼仪呢？利玛窦等人认为中国人祭孔子不过是敬其为人师范，并无求福佑之意，敬祖先牌位不过是尽人子孝思之诚，也不是认为祖先灵魂即系于牌位之上，这样的礼俗与基督教反对偶像崇拜的教义并不矛盾，可以容忍不必深究，否则基督教难以在中国传播。大多数耶稣会士支持这种意见。法国传教士马若瑟、白晋、傅圣泽共同研究《易》《中庸》《春秋》《老子》《庄子》《性理》《淮南子》等书，努力发现其中与基督教教义相合的思想，更倡导中国文化与基督教文化契合论，企图以此支持利玛窦等人对中国礼仪妥协的立场，马若瑟为此还专门写了一本书《中国古书中基督教教义之遗迹》。反对派则认为中国礼典中多有涉于异端者，加入天主教的中国人不能再遵从中国礼俗。例如另一位早期耶稣会传教士龙华民（1559—1654），在长期研究中国经典之后，用西班牙文写作《关于中国宗教之几点疑问》一书，认为根据中国经典的注释和诸儒之说，可以认定儒家学说是唯物论和无神论，而中国的礼俗是偶像崇拜，是异端。在早期传教的耶稣会士之间还就基督教所信仰的上帝的中文译名问题上争论不休。利玛窦一派认为，为便于传教，不妨利用中国人传统的“上帝”“天”等称呼。龙华民等人则认为，中国人所祭的“天”是物质的苍天，不是造化天地的皇天，不能与基督教的信仰混同，他甚至认为用“天主”二字都不妥，而主张译为“泰初”。

1645年，多明我会修士就中国礼俗问题向罗马教廷提起诉讼，来华耶稣会传教士起而答辩。自此，关于中国礼仪问题引起西方各界注意。历任教皇或禁止向中国礼俗妥协，或默认耶稣会的传教策略，并多次派教皇特使来中国调查和宣讲教令，特使还几次觐见中国皇帝。自1645年（清顺治二年）教皇英诺森十世颁布有关中国礼俗的教令，到1742年（清乾隆七年）本笃十四“特颁断谕”将禁止禁礼列为入教首要条件，争论长达百年。本笃十四的断谕结束了中国礼仪之争，中国朝廷则禁止在中国传教。康熙晚年已有“禁止可也，免得多事”的朱批，雍正时将各省大小教堂拆毁尽净，乾隆年间更“部议私入传教处以极刑”。至此，耶稣会士在中国的传教事业以完全失败告终。至于后来基督教在中国的再度传播，那是鸦片战争以后的事了。

虽然耶稣会传教士在中国二百余年的传教活动和在所谓中国礼仪之争中一败涂地，他们在促进中西文化交流中却获得意外成功。他们孜孜不倦地将大批中国古籍译成欧洲各种文字，他们关于中国的书信和研究中国的学术著作的陆续出版，都为欧洲人了解中国提供了丰富的数据，为法国启蒙运动提供了思想武器，客观上起了进步历史作用。据柯蒂埃《中国学书目》所载，这一时期欧洲出版的有关书籍达二百六十二部，未能出版的日记、文书、著作手稿尚有数百种。这些成绩凝聚了耶稣会传教士的心血。利玛窦是译四书的第一人。金尼阁（1577—1628）是译五经的第一人。其后各种中国古籍包括《论语》《诗经》《春秋》《大学》《中庸》《孝经》《礼记》《易经》《书经》《老子》《孟子》《淮南子》等经典，以及有关音乐、舞蹈、天文、历算等方面的书籍，一再有人译为拉丁文、法文等多种文字在欧洲出版。其中法国传教士因得到路易十四支持和由政府组织而来，在研究中国各方面情况和介绍中国古代文化方面成绩最大。现代西方汉学家公认的十七、十八世纪中学西渐的三大代表作《中国通志》《耶稣会士书信集》《北京耶稣会士中国纪要》均为法国人编撰。《中国通志》，杜赫德编，1735年在巴黎出版，全书四卷，是由二十七位传教士的报告编成的中国百科全书。第一卷记中国各省地理，并作从夏至清二十三个朝代的历史大事记；第二卷论中国的政治经济，并涉及中国的经书古籍和教育，对《易》《书》《诗》《礼记》《大学》《中庸》《论语》《孝经》《小学》，均有内容简介，对《孟子》更做了详细评述；第三卷论中国的宗教、道德、医药、博物，并载入元杂剧《赵氏孤儿》的法译；第四卷记满洲、蒙古，并涉及朝鲜、西藏研究。此书规模宏大，内容丰富，并插入白晋等测绘的中国地图、孔子和康熙的肖像、北京观象台等十余幅钢版插图，十分精美。这部著作的出版极受欢迎，第二年即再版，很快又有两种英译本、一种德译本、一种俄译本出版，产生很大影响，伏尔泰和其他法国启蒙思想家孟德斯鸠、霍尔巴赫、魁奈等人关于中国的论述均取材于此。《耶稣会士书信集》，1703年至1776年在巴黎陆续出版，以后又多次增补再版。此书卷帙浩繁，收录耶稣会传教教士用通信形式所做的报告，前十五卷收集在近东、美洲印度传教的耶稣会士的信，十六卷到二十六卷均为中国来信，传教士将考察所得关于中国的政治制度、风俗习惯、历史地理、哲学思想、工商情况等均详加报告。因通信作者无不具有一定水平的学术素养，且论述内容或据中国文献，或依实际考察，内容充实可信，得到法国和欧洲知识界的信赖和好评，伏尔泰、霍尔巴赫等人从此获益匪浅。《北京耶稣会士中国纪要》，1776年至1814年在巴黎出版，共十六卷，是《耶稣会士书信集》的续作，唯体裁不同，《书信集》是通讯集，此书为论文集。

除以上三大名著外，法国传教士的其他著作也对促进中西文化交流，特别是使欧洲人了解中国古代文化的博大精深和理性明智起了很大作用。例如白晋呈献路易十四的《中国皇帝传》（1699年）。在这部著作中，白晋论述康熙的风格为人，认为康熙和路易十四是东西两英主。他以康熙近臣的资格，极力赞美这位中国皇帝，把康熙写成一个仁慈公正、爱护人民、服从理性、节制情欲、热爱科学、保护学术的理想的君主，一个哲学家君王，并述及康熙承认儒学与基督教的一致性。白晋自己也主张基督教与儒家学说都遵从自然法，二者思想上并无不同。其他如伏尔泰在《路易十四时代》一书中称道的李明（勒孔德）所著《中国纪事》（1690，巴黎）和四位传教士奉路易十四敕令编著，1687年出版的《中国哲学家孔子》等，对推动法国人研究中国也起了很大推动作用。

二、十八世纪法国的“中国热”

伴随中西海上贸易的初步开展，和耶稣会传教士介绍中国国情及中国文化的著作大量出版，十八世纪的法国形成了一股持续不断的“中国热”。这段热潮始于宫廷，波及民间，由追求中国精美的工艺品，到推崇中国悠久的精神文明，最终演变为伏尔泰等启蒙思想家借助耶稣会士的报告，把中国话题变为反对天主教神权统治和封建专制主义的思想论坛。

自十六世纪初欧亚海运开通，始而葡萄牙人垄断中西方贸易，后来又有英、荷两国与葡萄牙人竞争。葡萄牙商人将中国的丝绸、陶瓷、漆器和各种工艺品贩运至欧洲各国，引起欧洲特别是德法两国上层社会对中国手工业产生和工艺美术品的爱好。路易十四时代，柯尔柏创立法国的东印度公司，中国产品更直接大量输入法国，逐渐形成了社会上层的某种“中国趣味”。中国精美的丝绸锦缎、实用和装饰瓷器、刺绣和服装、山水画及园林艺术等，神秘东方炫目的手工业品和异国情调的造型艺术，令法国宫廷、贵族和平民痴迷。传教士大量发回的中国报道更诱惑着法国人的好奇心。于是，全国上下都卷入了“中国热”。似乎中国的一切都令人感兴趣。“中国”成为十八世纪法国人的热门话题。

1685年，法国和暹罗缔结外交条约，暹罗国王从自己的王室收藏中精选出丝绸、锦绣、瓷器、漆器、绘画、屏风等大量中国产品馈赠法国国王。路易十四十分高兴，将其中一部分赠予王族宠臣，于是刺激起整个上层社会对中国文物的收集热潮。凡尔赛宫和其他宫殿不仅装饰了花瓶、陶瓷人等许多中国工艺美术品，而且庭园中还仿造中国的楼台亭塔。法国的商船不仅从暹罗转口中国产品，而且直接驶往广州，至少每年一次运回中国货。文件记载，法国商船阿姆菲特赖奇号1703年一次从中国运回的货物即有：铜、生丝、茶叶、药品、香料和打包装运的各种工艺品，包括瓷器一百四十二捆、屏风四十五捆、雕漆衣柜三十五捆、漆茶盘二十二捆、南京七宝烧一捆、灯笼十二捆、扇子四捆、陶瓷漆器样本一捆、化妆用品七箱，以及两广总督所赠武器、古瓷等礼品。不仅路易十四，路易十五、路易十六也保持着这种对中国工艺品的嗜好，装饰宫廷的需要和上流社会群起仿效，使中国产品供不应求，于是许多法国工艺师起而仿造中国工艺品谋利，更使这种“中国热”从宫廷波及民间。

1697年，来华耶稣会传教士白晋在巴黎出版《中国现状志》一书，称颂远东风俗，赞赏汉满服装。此书主要内容是中国文武官吏和贵妇人的服饰图绘，作者奉劝法国人仿效。于是，法国王室贵族也流行起中国服装。一次庆典，路易十四化装成中国人出席，令参加者大为惊奇。1699年，某公爵夫人举办舞会，返法传教士李明穿着中国服装参加，博得全场喝彩。除服装外，点中国灯笼、放中国烟火、玩中国秋千、持中国折扇、吃中国食品、演中国皮影戏等也一时成为时髦。蓬巴杜尔夫人养有数尾中国金鱼，又引起上流社会养中国金鱼风，使十八世纪法国风行的中国趣味更趋浓郁。

中国题材的戏剧也盛行一时，中国式的喜剧和滑稽戏更受到法国观众的欢迎。例如，1692年12月，意大利剧团在巴黎上演五幕大戏《中国人》；1713年，上演闹剧《道士隐形术与中国宫廷》；1723年，上演喜剧《道士•狮子狗•塔•医生》；1729年，上演《中国女王》等。据柯蒂埃《18世纪法国视野里的中国》一书载，1692、1723、1729、1753、1754、1755、1764、1765、1778、1779各年均有中国题材的新戏上演，其中最成功的当属伏尔泰的《中国孤儿》。

十七、十八世纪巴黎和法国其他地方并没有出版过真正中国小说的译本，但是社会上流传着许多托名中国的小说和其他通俗读物。如1642年巴黎出版拜尔的《著名的中国人》；1712年里昂出版维尔提厄和笛查尔丹的《中国小说情史集》；1744年出版卡桑格的《中国间谍欧洲侦察记》等。其他非小说类通俗读物大都是一些托名中国的讽刺作品和中国游记。讽刺作品中包括一些鼓吹革命的著作，游记则有巴黎1615年出版的拉发尔的《游记》、巴黎1628年出版的葡萄牙人平托的《冒险旅行记》法译本、巴黎1636年出版的腓内斯的《从巴黎至中国之旅行记》和巴黎1663年至1672年出版的四卷本《旅行逸话》等。

以上可见，十八世纪法国形成的“中国热”和中国趣味涉及的范围十分宽广。但是，无论王公贵族对中国工艺品趋之若鹜，还是平民百姓对中国题材的戏剧小说的热烈欢迎，都只能说是这股“中国热”的表层现象，深层的东西蕴含在礼仪之争中耶稣会传教士通过在中国长期深入的亲身体验，观察了解和比较研究所生发的对中国文化的敬仰之情中，更体现在启蒙学者根据耶稣会士的大量著作对中国的政治经济、历史文化进行全面分析探索时所形成的中国文化观上。

在罗马天主教中，耶稣会从成立之日起就不是一个正统的教派。它兴起于十六世纪新教出现、基督教世界大分裂的时代，以反对宗教改革、充当圣教干城自命。耶稣会首领罗耀拉倡导用新的方式方法维护旧的教会势力。与其他教派不同，耶稣会没有特殊的会服，没有特别的会址，也没有特别的宗教禁忌，全凭会士内心信念而不是自苦修行，维护会内团结和对外活动。实际上，耶稣会士奉行的原则是机会主义和实用主义。他们声称为了维护教会的荣誉，采取什么手段都是好的。由于耶稣会具有这样的特点，在明末清初来华传教的基督教各教派教士中，只有耶稣会士独具活力。为了达到传教目的，他们绝不拘泥古板，既能学中文、穿儒服、“科学传教”，又主张让基督教适应中国的礼仪风格，甚至苦心孤诣钻研中国经典，宣传儒家思想与基督教的一致性，“考证”六经所言“上帝”“天”即是基督教所信奉的天地万物的主宰。同样，由于耶稣会自身的特点，在传教士们长期居留中国、深入研究中国文化的过程中，也必然程度不同地受到中国文化一脉相承的理性主义的影响和熏陶，他们原来的宗教狂热和欧洲人的优越感逐渐淡化，而代之以对中国文明的尊重。他们越是深入了解中国文化的丰富内涵和深邃底蕴，越是自觉或不自觉在这种传统文化的人文魅力面前折服，甚而倾倒。特别是法国传教士来自中国趣味盛行的国度，本身又具科学素养和学者人格，发生这种嬗变的概率更大。唯其如此，来华耶稣会士才能在他们的通讯和著作中，高度赞扬中国社会和中国文明，为欧洲人描绘了一个东方乌托邦。李明在《中国纪事》中赞美中国政治为古代世界绝无仅有者；赞美中国拥有灿烂文化，说“中国遵循最纯洁的道德教训时，欧洲正陷于谬误和腐化堕落之中”。[1]他把孔子的格言十四种译成法文，在对这些格言的批注中（见《中国纪事》第七封信），将孔子哲学与西方古代哲学进行比较后说，在孔子哲学里，理性遍及一切时间和地点，即使是塞涅卡也没有说过孔子的这些名言。白晋不仅在《中国皇帝传》中称颂中国的康熙皇帝是有史以来世界上最完美的君主，而且在他与莱布尼茨的长期通信中，向德国数学家和哲学家详细介绍中国的哲学和文化，在莱布尼茨形成自己崇尚东方文明的中国文化观中起了很大作用。特别是白晋向莱布尼茨热情推荐《易经》和八卦图，使后者得以用他所发明的二进制数学解释八卦，以大数学家的权威在欧洲学术界高扬了中国古代智慧。四位耶稣会士奉路易十四之命编撰的《中国哲学家孔子》一书，更把中国文明描写得完美无缺，宣传中国是值得赞美和模仿的理想国家。实际上，不少传教士在中国文

① 伏尔泰：《路易十四时代》，吴模信译，商务印书馆，1982年，第597页。

化的长期熏染下，早已偏离了他们原来的基督教立场，以至于他们关于中国的许多著作在欧洲或者根本不能出版，或者只能匿名发表。例如，仅1688年就有至少两部关于孔子哲学的著作《中国哲学家，孔子的道德》和《中国哲学家，论孔子道德教育的书函》在巴黎匿名出版，而像雷孝思的《经学研究绪论》、刘应的《法译书经》和马若瑟的《中国无神思想论》等著作，小部分直到二十一世纪初才出版，大部分至今仍未问世，尘封在梵蒂冈和巴黎的历史档案室。总之，耶稣会士本来就不墨守天主教严格的教义教礼，他们长期在中国生活和钻研中国经典，被中国传统文化的人文精神感染本在情理之中，而他们在中国礼仪之争中为反击其他教派攻击大量翻译和评介中国古代文化精华，在促使十八世纪法国的“中国热”升温和升华中，确实起了很大作用。

促使十八世纪法国的“中国热”向深层次发展，由主要是物欲的兴趣升华为精神的追求，除耶稣会传教士的著作外，法国启蒙思想家有关中国的大量论述起了更为重要的作用。

在十七、十八世纪，英国和法德两国对中国和中国人的印象很不一样。在英国，与中国人有接触的主要是一些商人。英国商人到过中国沿海的某些穷乡僻壤，他们关于中国的游记和报道，大都是说中国商人不诚实和中国贫穷落后。由于普鲁士王弗里德里希二世本人的文化兴趣和德国哲学家莱布尼茨、沃尔夫（1679—1754）都是中国文化的赞美者，因而德国人对中国和中国文化充满崇敬之情。除孟德斯鸠和卢梭以外，法国启蒙学者通过法国传教士的著作，大都对中国心驰神往。不过，不论这些法国启蒙思想家对中国的政治和文化采取何种态度，或发表什么言论，所依据的都是“他山之石，可以攻玉”的同一原则。他们谈论遥远的东方大国的目的，无不围绕启蒙运动所面临的现实问题，以及为了实现反对法国封建统治的历史任务。

与伏尔泰齐名的启蒙学者孟德斯鸠在其名著《论法的精神》中，对于中国清朝康、雍、乾时代的政治、经济、法律、文化、宗教、道德、风俗、人口等问题有过不少论述。与大多数耶稣会士对中国文明的赞美称颂相反，这些论述基本上采取的是批判的态度，特别是批判中国封建专制主义。按照孟德斯鸠的政治学说，古今各个国家的政体可以划分为三种，即共和政体、君主政体、专制政体。他认为中国属于专制政体。按照他的说法：“专制政体是既无法律又无规章，由单独一个人按照一己的意志与反复无常的性情领导一切。”②他说，中国的封建专制主义极其残暴，它像一切专制政权一样以“恐怖”为原则，维系这种统治靠的是“棍子”。他认为中国虽然形式上也有法律，但这种法律很不完备，条文含混不清，流弊甚多。他以“大逆罪”为例，说中国的法律规定任何人对皇帝不敬就要处死，但法律并没有明确规定什么叫“不敬”，所以任何事情都可拿来作借口去剥夺任何人的生命。

卢梭以应征获奖论文《论科学与艺术》一举成名。在这

② 孟德斯鸠：《论法的精神》（上册），张雁深译，商务印书馆，1961年，第3页。

部著作中，他否定人类的文明进步有利于淳风化俗。他举科学与艺术发达的中国古代文明为例论证他的“文明否定论”。他说，在亚洲就有一个广阔无垠的国家，在那里文艺被人尊崇。如果科学和艺术可以淳风化俗，如果它们能教导人们为祖国流血和鼓舞人民增长勇气，那么中国人就应该是聪明的、自由的和不可征服的。然而，事实上，科学与艺术既不能矫正中国人的恶德，也不能使他们免遭异族征服。文人学者的荣誉和文明进步的结果，不过是使中国“住满了奴隶和为非作歹的人”③。在卢梭为《百科全书》撰写的“政治经济学”这个词条中，他也举出许多有关中国的材料，其结论也是中国社会不好。

由于孟德斯鸠和卢梭在十八世纪的法国知识分子群中具有广泛影响，他们有关中国的言论与耶稣会士关于中国的报道又如此不同，自然更引起法国人对中国的兴趣。就启蒙学者队伍内部而言，除孟德斯鸠和卢梭之外，其他启蒙学者都是中国传统文化的热情赞美者。赞扬派的首领当然是伏尔泰。下面我们将要比较详细地讨论伏尔泰的中国文化观。伏尔泰之外，则首推重农学派的两位代表魁奈和杜尔阁。

魁奈被称为“西方的孔夫子”，他于1767年匿名发表的《中国专制政治论》一书，以《中国通志》《耶稣会士书信集》和李明《中国纪事》提供的资料为依据，全面论述中国的政治制度和经济关系，认为中国的政治制度与重农学派提倡的“合法专制政治”十分契合，中国的君主受自然法和儒

---

③ 卢梭：《论科学与艺术》，何兆武译，商务印书馆，1963年，第9页。

家德治思想支配，儒家经典普及社会深入人心，加上谏议制度，皇帝不能为所欲为，所以中国的政治制度是一种理想的“合法专制”。魁奈还特别赞赏中国的重农主义，由于他和法国宫廷其他重农主义者的极力鼓吹，法王路易十五在1756年居然仿效中国皇帝举行了一次亲耕“籍田”的仪式。杜尔阁与中国文化的关系更为密切。他的代表作《关于财富的形成和分配的考察》就是专为两位当时在法国留学的中国青年写的。自耶稣会士开始在中国传教，就陆续有入了教的中国人随回国传教士到欧洲，特别是到法国留学。杜尔阁所接触的两个中国青年学者，一为高类思（1733—1780），一为杨德望（1734—1787），二人均生长于北京，1751年经教会派遣赴法，1765年回国。杜尔阁与他们两人相识，通过他们了解中国文化和中国国情，并开列了五十二个有关中国的问题，请他们回国后进行调查给他答复。为了使高、杨二人更好地领悟这些问题的要义，杜尔阁撰写了《关于财富的形成和分配的考察》一书赠予他们。其他启蒙学者狄德罗、霍尔巴赫等人也是中国文化的赞扬派。他们根据耶稣会士的著作也把中国理想化，用东方文明和孔子哲学的理性主义，反衬法国封建专制制度的不合理和欧洲宗教狂热的迷妄野蛮。以百科全书派首领狄德罗为例。《百科全书》中关于中国的词条有两个最重要，即“中国”和“中国哲学”，都是狄德罗本人手笔。从这两个词条中可见，狄德罗相当广泛地涉猎了当时已译为拉丁文和法文的中国经典。在狄德罗所撰写的词条中，他力图独立地冷静客观地看待中国和中国文化。他评论中国人口过剩所造成的社会问题，批评中国商人狡猾，指出中国人文科学发达，自然科学落后等事实，表明他坚持分析和批判的精神。他在“中国哲学”词条中简明论述了中国哲学发展史，从孔子、老子讲到明末。关于宋明理学的性质，他认为由于语言翻译上的困难，难以判定其究竟是无神论、有神论，还是多神论，在礼仪之争引发的关于中国哲学是不是无神论的争执中，持冷静慎重的态度。他赞扬孔子学说尊重理性，认为孔子思想简明可爱，不谈奇迹，不云灵感，凭借理性追求治国平天下，暗喻高于基督教文化。在“中国”词条中，他对中国所下的结论是：中华民族，其历史的悠久，文化、艺术、智慧、政治、哲学的趣味，无不在所有民族之上。

综上所述，十八世纪法国的“中国热”，由上流社会中国趣味越来越浓厚、中国题材的作品在民间通俗文化中广泛流传、耶稣会传教士对于中国经典和中国文化的热情介绍、启蒙思想家借题发挥利用中国话题进行启蒙宣传等多种因素形成，并且由于上上下下各个阶层、各类人等的参与而持续不断。这是中西文化关系中一段蔚为壮观的历史。正是在这样的历史条件和社会氛围下，才可能孕育出伏尔泰关于中国文化的一系列论著。

三、伏尔泰的中国文化观

伏尔泰像其他启蒙思想家一样，主要是通过耶稣会士的著作了解中国。不过，早在大路易中学读书时他就会晤过六名留学法国的中国青年，他后来曾谈到这些中国学生“讲法语时没有异国语调”。大路易中学还有一些与入华传教士保持通信往来的神父和教师，其中有一位叫苏熙叶的神父是数学家，与中国保持频繁的通信；另一位教师图尔纳木讷，更是白晋在法国的通讯联系人，伏尔泰与他们关系密切，直到中年以后对他们都还很敬重。这些点滴情况说明伏尔泰十几岁时已经接触了中国话题。在《风俗论》第一章，伏尔泰明确谈到他与著名法国耶稣会传教士傅圣泽的交往。傅圣泽原名勒·普·富凯，曾与白晋一起在康熙宫中研究和翻译《易经》等中国经典，伏尔泰说傅圣泽在华二十五年后变为耶稣会的敌人。除去这些与中国有关人士的交往外，通过伏尔泰在凡尔纳的藏书目录，人们知道伏尔泰为研究中国，读过《中国通志》《耶稣会士书信集》等耶稣会士的著作和他们翻译的中国典籍。他还参阅过来华多明我会传教士闵明我激烈反对耶稣会士的论著，以及许多旅行家的游记，包括1748年伦敦出版的安松《环球游记》和瑞典人劳伦特·朗格的游记，后者在1721年至1722年曾受彼得大帝的派遣出使中国。总之，伏尔泰长期关注中国，孜孜不倦研究中国文化，在法国持续的“中国热”气氛中，他贪婪地大量阅读、摘录了很多资料，从而为他全面论述自己的中国文化观打下坚实基础。

伏尔泰启蒙活动的中心内容，是批判基督教信仰体系和天主教会的神权统治，他研究中国文化的首要目的和他关于中国文化的观点，正是为了更好地与教会斗争。在伏尔泰看来，遥远东方的中国古代文化，是基督教产生以前的文化和基督教以外的文化，高度发达的中国文明的存在本身，就是对基督教教义和教会一系列无知妄说的否定。因而，他在许多著作中热情赞美中国，虽然有时这种热情也有“过火”之嫌，他笔下的中国变成了“理想国”。但总的来说，他的中国文化观是公允的，他力图避免孟德斯鸠和卢梭作为中国文化批判者的偏颇立论。例如，在《路易十四时代》中，伏尔泰谴责教皇和天主教会在礼仪之争中妄论中国文化和风俗礼仪；揭露教士们自相矛盾，一方面说中国人是无神论者，另一方面说中国礼仪搞偶像崇拜。其实，在伏尔泰看来，这场“激烈而又幼稚的争吵”十分荒唐可笑。他说，中华民族有着悠久而真实可靠的历史和高度文明的古代文化，“当高卢、日耳曼、英吉利及整个北欧沉沦于最野蛮的偶像崇拜之中时，庞大的中华帝国的政府各部正培养良俗美德，制订法律，只承认一个上帝，对这个上帝的朴素的信仰始终不渝”。[④]但是，伏尔泰并没有盲目肯定一切。他认为中国人在哲学和文学方面，现在仍然处于欧洲两百年前所处的状态。中国人尊崇先师，行事必须止于那条他们不敢逾越的界线，因而限制了中国文化的进一步发展。科学的进步是时间和大胆精神的产物。由于道德和治国比科学容易理解，而且这两种东西在中国已经臻于完善，其他百工技艺还未达到这个程度，于是产生这种情况：中国人因为两千多年来故步自封、停滞不前，所以在科学方面碌碌无为，由于它是世界

④ 伏尔泰：《路易十四时代》，吴模信译，商务印书馆，1982年，第598页。

上最古老的民族，它在伦理道德和治国理政方面，堪称首屈一指。

伏尔泰的中国文化观集中体现在《风俗论》《历史哲学》和《哲学辞典》有关中国和中国文化的词条中。在这些著作里，伏尔泰广泛论述了中国的历史、法律、政治、宗教、科学、哲学和习俗。前面讨论伏尔泰的历史哲学和理性主义史学时我们已经谈到，《风俗论》一书是伏尔泰按照自己新的史学理论撰写的世界史。《风俗论》全书四十章，头两章和最后一章专门论述中国，前言中又高度赞赏孔子哲学，可见他把中国放在世界史的最突出位置。在《历史哲学》一书中，伏尔泰专门利用一章（第十七章）论述中国历史和古老的文明。在《哲学辞典》中，他不但在“中国”等条目中全面发挥了他的中国文化观，而且在其他条目中也一再谈到中国。

综述伏尔泰关于中国文化的思想，大致可以概括为如下几个方面：

第一，伏尔泰虽然认为中国在近代科学技术方面已经落后于欧洲，但他赞扬中国古代高度发达的物质文明和许多重大科技发明的历史价值。他认为造纸术、印刷术、养蚕术、纺织术、精美陶瓷和漆器的制造等，都体现了中国古代物质文明发达的水平。他像魁奈一样赞赏中国的重农主义，认为中国重视农业，以农为本，举世无双。他在《哲学辞典》的“农业”词条中说，欧洲各国的大臣们应该读一读耶稣会士关于中国皇帝重视农业，隆重进行“亲耕”仪式和庆祝丰收举行国家祭典的报道，欧洲的君主们知道了中国皇帝的做法后，应该赞美、惭愧，再加上模仿。他赞扬中国古代的建筑和工程技术，认为中国远在公元前三百年就有了万里长城，这不仅是世界建筑史上的奇迹，而且这个宏伟的工程比埃及的金字塔更为有益。他叹服中国古代开凿贯通全国的大运河，认为这项工程为世界仅有，极大地便利了中国的交通和中国古代文明的发展，即使以修筑大道著名的罗马人也没有这样的魄力和计划。

第二，伏尔泰不同意孟德斯鸠对中国政治制度和法律的批评，他认为中国的皇帝统治不是专制政治。他给专制政治下的定义是："专制政治是君主不遵守法律，任意剥夺人民的生命财产的政治。"[⑤]他说中国人讲究"君君臣臣父父子子"的秩序，中国君主遵从德治主义，所以中国老百姓把君主或官吏看作家长，愿为他尽力，"这个庞大帝国的法律和安宁建筑在既最合乎自然而又最神圣的法则即后辈对长辈的尊敬之上"[⑥]，而君主、官吏、政府当局以增进人民福利为义务，负责修筑道路、开凿运河、维护河防、防灾赈济、保护学术等。君主爱护人民，人民敬重皇帝，并养成了顺从的美德。在《风俗论》的最后一章，他详细叙述了中国政府的构成和运作，称赞中国政府各部门相互关联，谏议制度更是对君主权力的制约机制，皇帝虽高高在上却不能专断胡为。他特别称赞中国的科学制度，认为通过考试获得官职是中国

---

⑤ 伏尔泰：《古今历史》（即英译《风俗论》），《伏尔泰全集》英文版，第20卷，第145—146页。

⑥ 伏尔泰：《路易十四时代》，吴模信译，商务印书馆，1982年，第595页。

政治制度的优点。他曾说，人类智慧不能想出比中国政治还要优良的政治组织。

读者在这里可以看出，伏尔泰极力美化中国的封建专制主义，像他美化太阳王路易十四的专制主义一样，是为了反对路易十五、路易十六的专制统治的政治思想斗争的需要。这是历史的曲笔，肯定就是否定，可以用斯宾诺莎的这个著名哲学命题解释伏尔泰何以竭力美化中国的君主统治。伏尔泰本人的政治主张是实行开明君主政治，他到处寻找“开明君主”。在西方，他曾先后寄希望于弗里德里希二世和叶卡捷琳娜二世；在东方，他便看中了中国皇帝和中国的政治体制。

伏尔泰同样盛赞中国的法律，认为中国法律充满“仁爱”精神。他说：“在中国，无论怎样偏远的地方，非经官厅或御前会议的裁决，虽贱民亦不能处以死刑，有了这样的法律，我不能不主张只有中国是世界上最公正的、最仁爱的民族。”在《路易十四时代》一书中，他称道康熙皇帝“圣怀宽阔”“善良仁慈”，赞美雍正皇帝：“雍正降旨，帝国各地处理重罪案件，未呈皇上本人亲览（甚至需呈上三次），不得对人犯处以极刑。颁布这一敕令理由有二，两者均与敕令同样可敬。其一为：不得视人命如草芥。其二为：君王对百姓须爱民如子。”⑦中国的老百姓，特别是中国的知识分子，对雍正和明清两朝大兴文字狱，动辄株连屠戮数

⑦ 伏尔泰：《路易十四时代》，吴模信译，商务印书馆，1982年，第601页。

万人的残酷专制统治有切肤之痛，绝不会赞同伏尔泰的议论，反而认为孟德斯鸠关于中国封建法律“大逆罪”的看法更接近事实。但是，伏尔泰不是法学家，他谈论中国法律不是研究法学、讨论法理，他的现实目的是借中国之剑刺法国专制王朝的肌体。我们如果联想一下卡拉案件或拉•巴尔案件，就可以窥见伏尔泰称颂雍正皇帝的良苦用心了。

第三，作为历史学家，伏尔泰特别赞赏中国拥有悠久的历史和中国历史著作的理性主义特色。在历史学研究中，伏尔泰既反对欧洲中心论，又反对基督教的神学史观，而倡导理性主义史学。在他看来，中国历史的客观事实，最生动不过地论证了他的史学理论。伏尔泰指出，早在公元前两千多年，中国就开始了天文学研究，对日蚀进行了连续不断的观测记录，当其他民族还处于神话时代时，中国就已经有了有文字记载的历史。他认为在各个民族中，中国历史最可信，最有价值。他利用天文和历法上的证据，证明中国古代史的确实性。他在《风俗论》一书中说，从前历史著作都因荒唐的杜撰而使历史失去本来面目，自从中国历史被发现以后，进步人士无人再信以《旧约》为根据的世界史的谎言了。伏尔泰称赞中国历史不记载超自然的事物和所谓“接受神启”的半神人物，也很少谈论世界的起源等诸般神话，而是自有文字开始就只记下合理的事实。他说，中国古书中没有任何奇迹和预言之类的内容，也就是说，远在四千年前，中国文化已经吐露理性主义的光辉。

第四，关于中国人的宗教信仰问题。伏尔泰是自然神论者，只承认一个超自然的神的存在而否定一切具体形式的宗教。他认为中国传统文化中的宗教意识与他的宗教思想十分接近，似乎遥远、悠久、庞大的中华民族在宗教信仰上也证实了他自己的宗教主张。伏尔泰在《路易十四时代》中说：

> 中国的读书人，除了崇拜某一至高无上的上帝以外，从来别无其他宗教信仰。⑧

他说，中国人无法了解上帝授予亚伯拉罕和摩西的一系列律法，以及所谓弥赛亚的法典，他们只知道“尊崇正义公道”。在《历史哲学》中，他称赞中国人的道德完美无缺，中国人的宗教简单、智慧、庄严，摆脱了一切迷信和野蛮痕迹。在《风俗论》中，他力驳礼仪之争中教会把中国人说成是“无神论者”或崇拜偶像的异端等诬蔑言论。总之，伏尔泰在这几部著作中赞扬中国人“原有的”宗教信仰充满理性和道德精神，不谈灵魂不死，不承认来世的报应惩罚，既没有皇帝的宗教，也没有可耻的宗教审判，没有僧侣与皇帝争吵的烦恼，没有宗教改革引起的社会震荡，更没有宗教迫害和宗教战争。伏尔泰特别羡慕中国人享有宗教信仰自由，称赞中国皇帝、官吏和政府的示教宽容政策。他写道：“中国文人崇拜唯一的神，却任人民沉迷于和尚的迷信，他们宽容老子的宗派、佛教和许多其他教派，官吏认为人民可以享有来自任何国家的宗教，就像他们以粗粮维生一样。官吏宽容

⑧ 伏尔泰：《路易十四时代》，吴模信译，商务印书馆，1982年，第587页。

和尚，保护他们。”[9]

综上所述，伏尔泰全面肯定了中国文化，尽管他是根据“为我所用”的原则来谈论中国的一切，在不少问题上美化了二百年前的中国社会，并不符合历史事实，但是作为一个崇拜理性、歌颂文明、胸怀世界的启蒙巨人，他超越了民族、时代和阶级的局限，在西方列强跃跃欲试欺凌、掠夺、奴役东方老大帝国的前夜，对中国人表达了一腔赤诚真情。诚如伏尔泰在《风俗论》中所言：

> 欧洲的君王和商人在东方所发现的仅仅是财富，而哲学家在那里则发现了一个新的道德和物质的世界。

读了这样的话，今日的中国读者对伏尔泰怎能不肃然起敬？

四、伏尔泰论孔子和儒家学说

伏尔泰推崇中国文化，当然不能不论及孔子和儒家学说。与他的中国文化观一致，伏尔泰给孔夫子以崇高评价，对儒家学说的理性主义深表敬仰之情。

伏尔泰说：“我读孔子的书，并做笔记，我觉得他所说的只是极纯粹的道德，既不谈奇迹，也没有荒谬的寓

---

⑨ 伏尔泰：《历史哲学》，见《伏尔泰最著名的著作》英文版，第411页。

言。”[10]这几句话也许十分准确地概括了伏尔泰对孔子的认识。他在好几部著作中详细论述了这种认识，其中《风俗论》最为详尽。在该书第二章，他这样写道：

> 孔夫子，也就是我们西方人所说的孔子，生活在距今两千两百年前，是一个比毕达哥拉斯（约公元前 580—公元前 500）出现得更早一些的哲学家。他所创立的宗教，目的在于使人遵守旧的道德规范。他一生中，不论是做诸侯国的相国，即高官厚禄之日，还是过着贫困潦倒的流放生活，即颠沛流离之时，都从未放弃过传授和推行他那一套说教的使命。他生前共有弟子五千人。这些人在他死后，有的当了国王，有的当了阁老，还有一些成了文人。总之，他们当中没有一个人是平民百姓。

伏尔泰说，孔子在他的著作中首先指出，凡治理国家的人，必先改造自己的禀性，如同镜子上蒙了灰尘，必须擦拭一样。孔子认为只有治国者不断求得进步，才能使自己成为百姓的楷模，进而引导全体百姓进步。伏尔泰认为，孔子学说的全部内容，都是为了这个目的。孔子从不以预言家自居，也不自诩为先知先觉。他对人们最大的启示，就是要他们“克己复礼”，不断克制自己的欲望。他的每篇著作都是圣贤之篇，因此中国人也就把他奉为圣人。他的道德思想像古罗马强调“忍耐、自制”的斯多葛派哲学家爱比克泰德一

⑩ 伏尔泰：《哲学辞典》，见《伏尔泰全集》英文版，第4卷，第82页。

样纯正、严肃和人道。伏尔泰说，孔子奉劝人们待人要宽容，不要忘记别人做过的好事，主张人与人之间应该友爱谦逊。在他的教导下，他的弟子亲如手足。所以，天下最幸福、最值得推崇的年代，莫过于大家都遵从孔子的伦理道德的年代。

从以上这一番议论可以看到，伏尔泰推崇孔夫子，首先在于孔子的伦理学说。他欣赏“子不语怪力乱神”，不讲神道讲人道，不讲来世重今世，不讲迷信求真理，只谈人生道德伦理。伏尔泰于1760年4月25日写给得比内夫人的信中说，孔子钟天地之灵气，能分清真理与迷信，而只站在真理一边。孔子不媚帝王，不好淫色，实为天下唯一师表。伏尔泰称颂孔子“以直报怨，以德报德”的格言，认为西方的格言和教理根本无法与这种纯粹的道德相比。伏尔泰特别看重，并多次讲到孔子“己所不欲，勿施于人”的教诲，认为这种道德境界远远超过了基督教的任何戒律，基督未曾说过这样的话，《圣经》没有这样的字句，耶稣不过禁止人们作恶，而孔子劝导人们行善。伏尔泰说，孔子常说仁义，如若所有的人都遵循这种道德，世界上就不会有战争了。为了表达对孔子的敬意，伏尔泰在他的凡尔纳住宅的墙上，挂着一幅这位中国圣人的画像。

伏尔泰敬重孔子，还因为孔子是人不是神。伏尔泰在《风俗论》中说，由于孔子的崇高的道德哲学和天下先师的风范，使他在中国享有极大的荣誉，这种荣誉为任何一个中国人所不曾享有。他说，孔子的家族一直延续下来，在这个只有现任官吏才称得上是贵族的国家里，孔家仍不失为名门贵族，这是因为人们始终怀念其祖先。但是，伏尔泰强调说，人们对于孔子的信仰不同于对神的膜拜。人们之所以尊敬他，是因为他为人类创造了最崇高的思想，中国人并没有把他看成神，而只是奉他为圣人。伏尔泰说，中国人对孔子的崇拜与对皇帝、官府及先辈贤人的崇拜完全是一回事。孔子所做的一切，只是庄严地向大家宣讲美德，他没有在人们中间散布任何神秘的东西，在《论语》一书中，人们看不到任何粗俗的语言和滑稽可笑的寓意之类的玩意儿。

在《风俗论》的前言中，伏尔泰还非常有见地地指出，人们有时把孔子的学说称为孔教或儒教，这是很不适宜的。孔子没有发明新的宗教仪式，他是师表，而不是教主。这里牵扯到伏尔泰对儒家学派、中国知识分子和教会礼仪之争中关于中国人是无神论者还是偶像崇拜者的争论。伏尔泰在这些问题上的意见，实际上同意利玛窦、白晋、李明等一派耶稣会传教士的观点，认为中国人崇拜孔子先贤，并无祈福求佑之意，并不是偶像崇拜，纯粹是向一个古代伟人表达敬意。

如前所述，在来华耶稣会传教士与天主教其他教派“原教旨主义者”的中国礼仪之争中，严守教规派认为孔子及其信徒，包括中国官吏和儒生，都是无神论者。在西方，在那个时代，教会宣布一个人是“无神论者”，就等于宣布此人没有道德人格，为社会所不齿。贝尔的论断“一个由无神论者组成的社会是可能的”居然成为轰动百年的大胆哲学命题，而狄德罗由于《供明眼人参考的谈盲人的信》一书有无神论倾向便被投入巴士底狱，可见“无神论”在当时是一个多么严重的罪名。十七世纪末，教皇从巴黎外方传教会选派过一个名叫查理•墨克罗（1652—1730）的教士以代牧主教的身份前往中国主持传教事宜，这位教皇驻中国的宗座代表根据《论语》一句“天生德于予”，宣布孔子和中国的读书人为无神论者；1700年10月，巴黎大学的索邦学院经过几场辩论后也宣布：凡相信中国人为有神论的人都是异端，因为中国人所崇拜的“天”是指物质的苍天。

伏尔泰对教会的争议极感兴趣。他也研究中国人所谓的“天”“上帝”的字义。他发现中国皇帝的诏书中常用“天”这个字眼。他说，乾隆诏书所引孔子“天地之心”一语，译成西文虽有无神论的味道，但从孔子其他言论看，他并未否定超自然的“天”的存在，可见孔子所说的“天”是冥冥之中统治苍天的皇天。伏尔泰举出其他许多例证，如康熙御书“敬天”匾额和临终遗诏、雍正的诏书、中俄尼布楚条约纪念碑铭等，均表明中国皇帝和中国政府确认神的存在，中国人所说的“天”“上帝”是神的异称。伏尔泰在《风俗论》中说，入华二十五年的传教士傅圣泽不止一次对他讲过，中国几乎没有无神论哲学家。伏尔泰在《路易十四时代》中又引用传教士李明在其所著《中国纪事》一书中的话说：

> 这个民族将近两千多年以来，始终保持着对真神的认识。

他们在世界最古老的寺庙中祭祀造物主。[11]

经过这一番考察论证，伏尔泰再次肯定孔子和他的后世弟子创立的儒家学派，以及遵奉孔子遗教的中国皇帝、官吏和知识分子，既不是偶像崇拜者，也不是无神论者，而是信奉一种非常古老的，以道德为内容的理性宗教。他说，中国哲学家看重道德，在他们看来，对神的知识可以不要，道德却非要不可。在《哲学辞典》中，他赞美孔子和儒生说："让我再说一遍，学者的宗教是令人钦佩的。没有迷信，没有荒谬的传说，没有那些侮辱理智和自然的、僧人们给予了一千个不同解释的教义，因为他们本来就没有教义。四千多年以来，最简单的崇拜在他们看来是最好的。他们满足于和世界上所有的智者一起崇拜一个上帝。"

总而言之，伏尔泰推崇孔子以道德为本，儒家学说和中国知识分子的理性主义令他钦佩。这里我们姑且不论伏尔泰对孔子、儒家学派、中国士大夫天道观的认识是否准确，在他的有关论述中，他力图把孔子塑造成一个自然神论者的意图却是十分明显的，他要让东方的圣人支持自己的哲学信仰，用孔子压倒耶稣，用儒家道德说教对抗基督教神学迷信。

⑪ 伏尔泰：《路易十四时代》，吴模信译，商务印书馆，1982年，第587页。

五、从《赵氏孤儿》到《中国孤儿》

伏尔泰通过几部重要历史著作，充分肯定了中国历史和中国文化，对东方文明满怀敬爱之情，描绘了一幅理想化的中国画卷。作为一个一生倾心悲剧创作的剧作家，把这种中国理念形象化，用艺术的形式表达出来，是一种早晚要产生的创作冲动。验证这种伏尔泰创作思路逻辑分析的历史事实，便是他于1750年至1763年之间创作的著名悲剧《中国孤儿》。

1750年至1753年，伏尔泰正在普鲁士宫廷。这期间发生的好几件事都与他创作《中国孤儿》相关。一是，他为写作《路易十四时代》最后一章关于耶稣会士在中国的传教事业和教会的中国礼仪之争，正潜心研究中国经典和传教士的著作，特别是利用弗里德里希二世王家图书馆丰富的中国文化藏书研究孔子和儒家学说，对孔子的道德文章和中国文化充满敬仰憧憬之情。二是，在此期间内奥尔盗印了伏尔泰早在西雷时期开始写作的《风俗论》部分手稿，以《通史概要》为书名出版，这个盗印版充满错误并掺杂了别人写的内容，伏尔泰十分气愤，决心尽快完成这部著作正式出版以正视听，由于中国在《风俗论》中占有突出地位，进一步触动了他的“中国情结”。三是，1750年卢梭出版《论科学与艺术》一书，标新立异宣扬“文明否定论”，对中国文明进行了尖锐批评，伏尔泰读后非常反感，除直接写信给卢梭做出激烈反应外，用卢梭所诋毁的戏剧形式针锋相对公开反驳卢梭的立论，是伏尔泰必然的选择。此外，还有两个因素对伏尔泰精心创作《中国孤儿》产生重要影响：第一，当时法国正处于“中国热”的高潮中，中国题材的戏剧受到观众欢迎，但没有出现一部像样的悲剧，作为文坛泰斗和悲剧大师的伏尔泰不能对此无动于衷；第二，此时伏尔泰对中国文化已有全面而深入的了解，对中国人早在三千年前已有自己独立发展的戏剧敬佩之至，认为这是堪与希腊悲剧媲美的另一人类文艺之源。中国那么早就有了戏剧，表明它完善悠久的文明，伏尔泰在《中国孤儿》剧本的序言里曾明确表达了这样的看法。再加上中国戏剧劝善罚恶的传统，与他强调文艺作品教化功能的美学思想和文艺理论契合一致，使他对中国戏剧的评价很高。总之，上述多种情况、条件、因素的集合、交汇、酝酿，促成了悲剧《中国孤儿》的诞生，使伏尔泰给中西文化交流的历史长链缀上一颗璀璨的宝石。

《中国孤儿》脱胎于中国戏剧《赵氏孤儿》。《赵氏孤儿》全名《冤报冤赵氏孤儿》，亦作《赵氏孤儿大报仇》，为中国元朝剧作家纪君祥创作的元杂剧。杂剧《赵氏孤儿》故事根据《史记·赵世家》编写，讲的是春秋时期晋国权臣屠岸贾残杀赵盾全家，搜索孤儿赵武；企图斩草除根，赵家门客程婴与公孙杵臼定计救出赵武，由程婴抚养成人，最后报了冤仇。剧本文辞豪放悲壮，戏剧性强，很有感染力。《赵氏孤儿》由耶稣会传教士马若瑟于1732年至1733年间译成法文，收进《中国通志》第三卷。伏尔泰先是从《法兰西信使报》上看到有关剧情介绍，引起他的兴趣，后在《中国通志》里反复研读了剧本。伏尔泰的藏书上留有印记，表明后来他创作的《中国孤儿》，的确取材于这个中国剧本。伏尔泰在《中国孤儿》1755年出版时附在剧本前的献词中也公开声明："我是不久前在读了马若瑟神父译的《赵氏孤儿》一剧后萌发了创作此剧的念头的。"不过他认为原作过于复杂，"赵氏三百口人满门抄斩"血腥味太浓，同时原剧缺少恋爱情节，不能适应法国观众的趣味，也不合乎"三一律"，于是根据新古典主义悲剧的标准对《赵氏孤儿》做了脱胎换骨的再创作。

伏尔泰把剧本背景从公元前五世纪后推一千八百年，改为发生在蒙古人建立的元朝；把戏剧冲突由诸侯国家内部文武不和变为两个民族之间的文野之战；把故事的时间跨度由二十五年变为一日之内；把故事发生的地点改为汗八里（元大都，现北京）距王宫不远的大臣私宅里；至于人物，几乎全部重新设计。原作中弄权、作难、除奸、报仇等情节也全部删除，只保留了最基本的情节：搜孤救孤。伏尔泰之所以对《赵氏孤儿》如此大动手术，除去适应法国演员和观众的要求之外，更重要的原因是他要通过戏剧表达他对中国文化的看法，批驳卢梭对文明的攻击和对中国悠久文化的否定。

伏尔泰所创作的悲剧《中国孤儿》故事梗概是：鞑靼征服者成吉思汗铁木真攻占北京，中国皇族被屠杀殆尽，只留下一个孩子。成吉思汗下令搜出这个"中国孤儿"并把他也杀死，以灭绝整个中国朝廷。遗臣张惕从入侵者的屠杀中救出这个孤儿，为保住这个帝国法定继承人，与妻子易达梅一起决心用自己的孩子顶替皇子以应付搜查。当成吉思汗见到张惕一家，意外发现张妻原来就是自己年轻时来北京求学曾经爱上的姑娘易达梅。当时由于易达梅父母反对，他们不得不分手，易达梅后来顺从父母意愿嫁给张惕，内心仍保留了对铁木真的衷情。两位旧情人邂逅，产生一连串感情冲突，成吉思汗时而想以武力排除障碍，杀死孤儿，强占易达梅，时而又感情脆弱不知如何决断。最后，他要求易达梅与夫君离婚，委身自己，这样可以挽救张惕、孩子和帝孤的生命，否则全部处死。易达梅拒绝了成吉思汗提出的交易。张惕和易达梅临危不惧，要求允许他们诀别，成吉思汗同意了这对夫妻的要求。易达梅拿出匕首，要丈夫将她杀死，然后自杀。夫妻以双双自尽的决心，在暴君面前展示了灵魂的高洁。张惕举起匕首，千钧一发之际成吉思汗破门而入，缴下了他手中的凶器。显然，成吉思汗在门外听见了张惕夫妇的对话。由于易达梅的魅力和中国朝臣一家宁死不屈的英雄行为，使粗鲁但愿意接受高尚思想的成吉思汗大为感动，决定赦免张惕夫妇和两个孩子，并说："我十分佩服你们，你们已经将我征服。"当易达梅问他是什么因素使他变得如此宽厚时，成吉思汗回答："你们的德行。"这是点睛之笔，也是作品的主题所在。这不单是成吉思汗个人的文明化，成吉思汗将率领他的同胞皈依正统。被征服者征服了征服者。文明征服了野蛮。中国的文化和道德使入侵者降服。成吉思汗决定保留张惕的职务。全剧以成吉思汗对张惕夫妇说的几句对白结束（第五幕第六场）：

请用理性、公正和习俗教化百官，

让被征服的民族统治征服者，

以他们的智慧统帅勇气，
将国家治理。[12]

剧本《中国孤儿》有一个副标题“五幕孔子道德剧”。伏尔泰正是要通过这个戏，弘扬中国文明和儒家道德学说。他曾说：“《赵氏孤儿》是一篇宝贵的大作，它使人了解中国精神，有甚于人们对这个大帝国所曾作和将作的一切陈述。”[13]他所说的“中国精神”，指的就是儒家学说的道德力量。伏尔泰熟悉中国历史，了解纪君祥创作《赵氏孤儿》的时代背景“宋元斗争”，了解南宋儒臣张世杰、陆秀夫、文天祥等人英勇顽强抗击侵略者的光辉事迹。在他看来，无论纪君祥在《赵氏孤儿》中塑造的那些献身保国的艺术形象，还是南宋儒臣英勇不屈的历史形象，都是孔子哲学和儒家思想孕育出来的英雄，他们身上体现的文明教养和传统美德，正是崇高的“中国精神”。伏尔泰之所以特别欣赏《赵氏孤儿》，之所以决心改编这个中国剧本，即是领悟了这种“中国精神”并决意在欧洲表现、传播和弘扬这种精神。他在1755年致友人的信中不止一次提到剧作《中国孤儿》是为了在舞台上“大胆传授孔子的道德”，他甚至设想过在舞台上悬挂孔子的画像，把男主角张惕设计成孔门后代，让他以孔夫子的口吻讲话，只是考虑到法国观众的欣赏习惯他才没

⑫ 本段及下文所引《中国孤儿》台词，均见伏尔泰：《中国孤儿》《伏尔泰全集》英文版，第8卷。

⑬ 转引自《中国比较文学》杂志，1987年第4期，第163页。

有这样做。尽管如此，观众在《中国孤儿》所塑造的忠君保孤的大宋遗臣张惕和在强权面前宁死不从的易达梅两个形象身上不难发现儒家美德的光芒。

如上所述，《中国孤儿》是针对卢梭否定文明，认为艺术和科学的发展使人堕落、给人带来不幸的论点而创作的。卢梭曾以中国为例，说高度发达的中国文化只是使这个东方大国充满罪恶和遭受鞑靼人的蹂躏。他向往人类的原始状态，认为未受文明腐蚀的野蛮人才真正具有良俗美德。在《论科学与艺术》一书中，他引用一句拉丁文作题头语："我在这里是个野蛮人。"为反驳卢梭，伏尔泰在《中国孤儿》中特别点到"野蛮人"。当成吉思汗威胁要杀死易达梅的丈夫和两个孩子时，女主角向他喊道："野蛮人！"成吉思汗则回答："我正是野蛮人！"不仅如此，伏尔泰在剧中还告诉观众，卢梭自诩的"野蛮人"究竟意味着什么。他让成吉思汗有一刻也对鞑靼人的野蛮行径表现出厌恶（第四幕第三场）：

我周围所见，皆是饿鬼、凶手，
血迹斑斑，
他们听从屠杀的号令，为的是抢劫蹂躏；
他们生来就为了征战，绝非为我的朝政。
我痛恨他们。

这些占领者到处杀人放火，只会破坏，这就是野蛮人的真实面目，这样的野蛮人有何良俗美德可言？相反，文明可以淳风化俗，只有像中国这样具有古老文明的国家才可能有高尚的道德和优良的礼俗。伏尔泰把成吉思汗塑造成一个野蛮而又不甘心野蛮的鞑靼人首领，用意颇深，似乎借成吉思汗之口反驳卢梭更有说服力。在《中国孤儿》中，当成吉思汗烧了那么多城池，杀了那么多人，终于占领中国以后，他却发现了一个与鞑靼人迥异、令人不能不慨叹的民族（第四幕第二场）：

我看到一个古老的民族，
地大物博，灵巧勤劳，
历代皇帝的权威建立在大睿大智之上，
就连邻国的君王也恭顺地称臣，
他们不用武力就能统治天下，
以良俗美德治民理国。

伏尔泰不仅通过剧中人物之口反驳卢梭、赞美中国文明，而且利用戏剧冲突和情节转换，以及正面人物经受考验表达他的中国文化观，特别是塑造孔子道德和儒家经典浸润培育的英雄人物的爱国情操和民族自豪感。是什么精神促使主人公张惕决意舍弃自己的亲生儿子以救帝孤？是忠君报国的儒家道德信念。是什么力量支持张惕虽受严刑拷打却宁死不屈？是“士可杀不可辱”的凛然正气和人格尊严。伏尔泰让剧中行刑者这样形容张惕（第五幕第二场）：

什么危险都不能使他动。

什么好话都打动不了他的心。
……
他冷眼观望着酷刑，
嘴里只重复着责任、正义；
他无视我们的胜利，
那讲话的语调就像他是法官，
向我们宣讲法律。

至于作者钟爱和着意刻画的女主人公易达梅，更在戏剧冲突一开始就表达了文明终将战胜野蛮的坚定自信（第一幕第一场）：

我也曾私下转过一个念头，
想用我们中国文化的力量，
把这一只野心勃勃的狮子收服过来，
用我们的礼教道德感化这个野蛮的鞑子，
让他归化中国。

当剧情逐渐推向高潮，伏尔泰更让他的女主人公直白了他所推崇的“中国精神”（第四幕第四场）：

我们的国朝建立在父权上，
建立在伦常的忠信、正义、荣誉
和守约的信义上，
换一句话说，

孝悌忠信礼义廉耻
就是我们立国之本。
我们大宋朝虽已被推翻，
可是中国精神永远不会灭亡。

似乎这还不够，为了深化主题，伏尔泰还要让征服者成吉思汗从野蛮和不甘野蛮的性格特征再进一步：向文明转变。他对女主人公说（第五幕第六场）：

大宋朝的法律、风俗、正义和真理
充分表现在你的身上。
你可以把这些宝贵的教训，
向我的人民宣讲。
现在打了败仗的人民要来统治
打胜仗的君王了，
忠勇双全的人值得全人类尊敬。
我要以身作则，
从今天起我要改用你们的法律。

《中国孤儿》于1755年8月20日在法兰西喜剧院首次正式公演，立即轰动巴黎，观众反映异常热烈。一位当时的剧评家甚至这样描写演出盛况："全国都来了，上演伏尔泰的一出悲剧是件国家大事。"[14]此后直至十九世纪中叶，这出

⑭ 普瓦齐内：《就〈中国孤儿〉一剧致一位守旧派的信》，载《法兰

戏一直作为法兰西喜剧院的保留节目不时演出，总计高达一百九十场次。进入二十世纪以后，法国的艺术家们又两次使它再现舞台，一次是1918年，另一次是1965年。1990年7月，伏尔泰的《中国孤儿》由天津人民艺术剧院在中国天津首次公演，至今仍活跃在中国舞台上的“赵氏孤儿”，终于见到了他的法籍兄弟。

西水星报》，1755年9月，转引自《天津大学学报》1990年第5期，第58页。

伏尔泰年表

1694年　诞生

11月21日，伏尔泰生于巴黎，姓阿鲁埃（Arouet），名弗朗索瓦·马利（Francois-Marie）。伏尔泰（Voltaire）是他的笔名。

他的祖先是呢绒和皮革商人，父亲是巴黎夏德莱区法院的公证人，母亲玛丽·马格丽特，兄阿尔芒，妹玛利亚。

1701年　7岁

母亲去世。

1704年　10岁

10月，进耶稣会办的大路易中学读书。这是一所贵族学校，教授内容以传统的神学和人文学科为主，保持着文艺复兴时代的习惯，经常举行拉丁语和法语的戏剧表演，培养了伏尔泰对戏剧的爱好，打下了良好的文学功底。伏尔泰在大路易中学读了七年书，其间深受自由主义思潮影响。在他的同学当中，有些贵族子弟后来成了王朝大臣，如达让松兄弟、达让塔尔、里舍利厄等，他们在未来伏尔泰陷入困境时，不同程度地给他以帮助。

1711年 17岁

8月，中学毕业。迫于父命，继续读法科学校。

在大路易中学读书期间，伏尔泰结识了巴黎一群称为“圣殿集团”的贵族纨绔子弟。这批人的首领是法兰西大修道院院长菲利普·德·望都姆公爵。在他的周围经常聚集一些不得志的王公贵胄，终日饮酒作乐，赋诗言志，讥讽朝政，不敬神明。不久以后，成为摄政王的奥尔良公爵有时也参加他们的聚会。伏尔泰混迹于“圣殿集团”，喜欢与他们一起高谈阔论。

1713年 19岁

9月，伏尔泰从法科学校退学，以随员身份随教父沙多纳夫的兄弟、法国新任驻尼德兰大使沙多纳夫侯爵赴海牙。

12月，因不服大使管束被遣送回国。随即开始在巴黎一家律师事务所做见习律师。

1714年 20岁

伏尔泰以写讽刺诗开始其文学生涯，其父深恐爱子舞文弄墨招惹是非，令他住到古马尔丁侯爵的乡间别墅，跟随侯爵学习法律，同时听这位资深大臣讲述路易十四王朝的历史典故。伏尔泰开始构思和写作史诗《亨利亚特》与悲剧《俄狄浦斯王》。

1715年 21岁

路易十四逝世，年幼的路易十五继位，由其叔祖菲力普·奥尔良公爵摄政。摄政王生活腐化，卖官鬻爵，政治黑暗，伏尔泰写了两首讽刺诗讽刺奥尔良公爵。

1716年　22岁

因两首讽刺诗获罪，被摄政王命令放逐到巴黎迤南的苏里，10月获准返回巴黎。

1717年　23岁

5月，因写讽刺诗《我曾看见》和《幼主》触怒摄政王，5月16日伏尔泰被捕，在巴士底狱囚禁了十一个月。在狱中，他完成了悲剧《俄狄浦斯王》，并继续创作史诗《亨利亚特》。

1718年　24岁

4月11日获释。用“伏尔泰”作笔名发表处女作《俄狄浦斯王》。11月18日，该剧公演受到好评。

1721年　27岁

夏天，遭人袭击受伤。

1722年　28岁

1月，父亲去世，伏尔泰获得一部分遗产。以后他又从事各种经营活动，不久致富。

同年发表《赞成和反对》一诗。

年末到苏斯拜访侨居法国的英国政治家博林布罗克，听讲自然神论哲学。

1723年　29岁

2 月，到鲁昂找同学西德维尔，安排《亨利亚特》出版事宜。秋天该诗秘密出版于鲁昂，并运入巴黎。

1724年　30岁

写悲剧《玛丽安娜》和喜剧《冒失鬼》。

1725年　31岁

12 月，遭贵族洛昂骑士侮辱。

1726年　32岁

3 月 28 日，由于洛昂骑士诬告再入巴士底狱。

5 月被被押送到加来，渡加来海峡，流亡英国。会见英国诸多名流。

1727年　33岁

3 月，参加牛顿葬礼。

1728年　34岁

《亨利亚特》在伦敦再版。

写《查理十二史》和《哲学通信》。

1729年　35岁

4 月，回到巴黎。写作《奥尔良少女》。在英三年，学习洛克哲学，考察英国君主立宪政治体制，伏尔泰终于形成自己自然神论的哲学思想和民主政治理想，回到法国以后，更自觉地开始了反对教权主义和封建专制的斗争。

1730年　36岁

3 月，女演员勒库弗勒去世，教会不准葬于墓地，伏尔泰极为悲愤，写《勒库弗勒小姐之死》以表抗议。

12月，于英国创作的悲剧《布鲁图斯》上演获得成功。

1731年　37岁

10月，《查理十二史》在鲁昂秘密出版，并运入巴黎。

开始写悲剧《西泽之死》。

1732年　38岁

8月，伏尔泰反宗教狂热的著名悲剧《扎伊尔》公演受到欢迎。这一年中，他还完成另一悲剧《爱丽菲勒》和评论文章《趣味的殿堂》，并着手写《路易十四时代》。

1733年　39岁

《哲学通信》英文版在伦敦出版。

夏天，结识夏德莱侯爵夫人。

1734年　40岁

《哲学通信》法文版在鲁昂出版，遭教会攻击，巴黎高等法院下令烧毁该书。伏尔泰于5月逃往西雷城堡避难，6月，《哲学通信》出版商诺尔下狱。10月，夏德莱侯爵夫人到西雷与伏尔泰会合。这一年的夏季，伏尔泰只身在西雷撰写《形而上学论》《论人》，并完成悲剧《雅勒齐尔》，《雅勒齐尔》两年后公演。

1735年　41岁

3月，经友人疏通，国王撤销对伏尔泰的密札通缉，允许他返回巴黎。

1736年　42岁

第一次申请法兰西学院院士，落选。

喜剧《浪荡子》演出成功。

1737年　43岁

与夏德莱侯爵夫人一起参加法兰西科学院组织的有奖征文活动，伏尔泰提出的论文题为《论火的性质》，结果未获奖。

写悲剧《梅洛普》。

1738年　44岁

《牛顿哲学原理》在荷兰出版。

发表哲理诗《论人》。

1739年　45岁

完成哲理小说《米克洛梅格》。这一年在巴黎遇到爱尔维修，邀请他去西雷。在此之前，爱尔维修已与伏尔泰通信，伏尔泰对其热情指导和鼓励。

1740年　46岁

伏尔泰早已与普鲁士王太子弗里德里希通信往来，这一年王太子即位，伏尔泰应普鲁士新国王弗里德里希二世之邀短期访问柏林，11月成行，12月2日返法。

1741年　47岁

完成悲剧《穆罕默德》，4月在里尔上演。

1742年　48岁

8月，《穆罕默德》在巴黎公演。

年底，出使普鲁士。

1743年　49岁

1月，第二次竞选法兰西学院院士，仍被阻挠未成。2月，《梅洛普》公演。3月，巴黎高等法院下令取缔此剧。6月，再次出使普鲁士，11月回国，被允许返回巴黎。11月，当选为英国皇家学会会员。

1744年　50岁

年初返回西雷。秋天再去巴黎，应老同学里舍利厄公爵之邀助其筹办王太子的婚礼，伏尔泰为此创作《纳瓦尔公主》。与法王路易十五的关系有所好转。

1745年　51岁

2月，伏尔泰笃信冉森派教义的兄长阿尔芒病逝。4月，伏尔泰担任宫廷史官。5月，写颂诗《丰特诺瓦》。也是在这一年，伏尔泰结识达朗贝尔。

1746年　52岁

4月，第三次竞选法兰西学院院士成功，5月9日发表就任院士例行演说。

这一年伏尔泰当了路易十五的侍臣。与此同时，他加强了与新一代启蒙学者的联系，除达朗贝尔外，又结识马尔蒙代尔和让·雅克·卢梭。

创作方面，着手写《如此世界：巴蒲克所见的幻象》《查第格，或命运》《门农》等哲理小说。

1747年　53岁

元旦，因一首诗得罪王后，只得返回西雷。

1748年　54岁

年初，与夏德莱侯爵夫人一起拜访住在吕内维尔的波兰前国王。

8 月，悲剧《塞米拉米斯》公演。

1749年　55岁

出版剧本《塞米拉米斯》，将致基里尼红衣主教的一封信作为序言收入该剧本，题为《论悲论》。

伏尔泰的一喜一悲两个剧作分别于 6 月和 8 月上演。它们是《纳尼娜，或战胜了的成见》和《得救的罗马》，同时完成另一悲剧《俄瑞斯特》的创作。

伏尔泰在这一年里与狄德罗建立联系，开始参与《百科全书》的编撰工作。

9 月 10 日，夏德莱侯爵夫人逝世，伏尔泰承受了难言的哀痛，10 月，离开物在人亡的西雷城堡，回到巴黎。

1750年　56岁

1 月，德尼夫人与伏尔泰住在一起。德尼夫人是伏尔泰妹妹的女儿，婚后孀居。此后，她充当伏尔泰的管家，陪伴舅舅二十余年，最后继承了伏尔泰的遗产。

5 月，发表《圣贤和百姓的声音》，第一次使用“消灭败类”的口号。

6 月，应邀去普鲁士宫廷任职。

1751年　57岁

这一年，《百科全书》第一卷问世，法国启蒙运动高潮来临。伏尔泰在柏林出版呕心沥血之作《路易十四时代》。

1752年　58岁

发表《为英国绅士博林布罗克辩护》，并准备撰写《哲学辞典》。

因参与柏林科学院院士柯尼希与院长莫柏都依的纠纷，伏尔泰与伪装“开明君主”的弗里德里希二世发生冲突，写《教皇御医阿卡基亚博士的讽刺》，12 月 24 日，普王下令公开焚毁此书。

1753年　59岁

伏尔泰决心离开普鲁士。3 月 26 日起程，几经波折，7 月初始抵法国的美因兹，后转往科马尔小住，写哲理小说《老实人》和《回忆录》。

1754年　60岁

完成悲剧《中国孤儿》。

1755年　61岁

1 月，购买日内瓦附近的德利斯。伏尔泰几年来一直在寻觅一个定居地，德利斯是第一处。这年夏天，《中国孤儿》在巴黎上演，大获成功。早已创作的《奥尔良少女》也公开出版。

11 月，葡萄牙首都里斯本发生大地震，死伤惨重，教士乘机兴风作浪，欧洲各地人心惶惶。

1756年　62岁

针对地震引起的迷信和混乱，伏尔泰写了《里斯本的灾难》，连同1752年作《咏自然法则》一起发表，宣传科学精神，批判宗教迷误。

这一年中，伏尔泰另一史学力作《试论通史和各国人民的风俗和精神》（简称《风俗论》）出版。

1757年　63岁

《百科全书》第七卷出版，其中达朗贝尔作“日内瓦”一条引起百科全书派内讧，伏尔泰尽力说服大家团结为重。

2月，接受俄国伊丽莎白女皇约请，撰写《彼得大帝史》。

1758年　64岁

4月，购置凡尔纳和图尔纳两处地产。

1759年　65岁

完成《唐克莱德》和《苏格拉底》两剧本。

反击耶稣会士对《百科全书》和《咏自然法则》的攻击，伏尔泰发表《耶稣会士贝蒂埃患病、忏悔、死亡和显灵的纪录》一文。

《彼得大帝治下的俄罗斯帝国史》第一卷出版。

1760年　66岁

“小品词之战”，还击蓬皮尼昂对百科全书派的攻击。7月，讽刺政敌佛勒龙的喜剧《苏格兰女人》公演。

1761年　67岁

发表《向欧洲各国人民号召》。

出资重建凡尔纳小教堂，并建成凡尔纳剧院。

年末，西班牙思想家奥拉维德来访十天。1778 年，此人牺牲于西班牙宗教裁判所。

1762年　68岁

摘编梅里叶《遗书》，在日内瓦出版。

发表《五十个说教》。创作悲剧《奥林匹亚》。

3 月，开始为卡拉冤案平反的活动。

1763年　69岁

为争取卡拉平反全力以赴。《俄国史》第二卷出版。

1764年　70岁

出版哲理小说《让诺和科兰》。

《哲学辞典》在日内瓦匿名出版，并运入巴黎。

1765年　71岁

完成《共和思想》。3 月 9 日，巴黎高等法院为卡拉正式平反，伏尔泰领导的这一平反冤案斗争大获全胜。

1766年　72岁

出版《无知的哲学家》。

写《记拉•巴尔骑士之死》。

1767年　73岁

完成中篇哲理小说《天真汉》。

1768年　74岁

出版《有四十个金币的人》《巴比伦公主》《甲乙丙对话录》和《日内瓦内战》。9 月，巴黎高等法院下令没收《有四十个金币的人》。

1769年　75岁

出版《巴黎高等法院史》。写悲剧《祆教徒，或宽容》。

发表《致王国全体行政官员的请愿书》和致信俄国女皇叶卡捷琳娜二世，赞扬她的法律改革。

1770年　76岁

《关于百科全书问题》出版。

为平反蒙巴伊夫妇冤案而斗争，发表《阿拉斯法院的谬误》。

4月，内克尔夫妇提议，狄德罗、达朗贝尔、爱尔维修等人参加发起为伏尔泰塑像募捐活动。

9月，达朗贝尔、孔多塞来访。

1771年　77岁

写悲剧《米诺法典》。

1772年　78岁

发表《假装正经的女人》《哭的让和笑的让》《米诺法典》等。

1773年　79岁

博马舍在所著《回忆录》中，揭露法院贪污受贿内幕，得到伏尔泰有力支持。

1774年　80岁

5月，路易十五去世，路易十六继位。

9月，杜尔阁出任财政总监，着手经济改革，得到伏尔泰热情支持。

1775年　81岁

写《理智史赞》。

1776年　82岁

《终于得到解释的圣经》出版。

1777年　83岁

写悲剧《伊雷娜》和《阿加多克尔》。

1778年　84岁

2月10日，返回阔别二十九年的巴黎，会见狄德罗、杜尔阁、富兰克林等。

3月30日，上午出席法兰西学院院士会议，当选为以后三个月的主席，组织编写法语辞典；下午观看法兰西喜剧院演出《伊雷娜》。

5月11日，生病。

5月26日，写最后一信，致拉利将军之子，对拉利将军得到昭雪表示祝贺。伏尔泰曾为平反拉利冤案尽力。

5月30日，晚11时去世。

参考书目（一）

路易·莫兰编. 伏尔泰全集（法文版）. 巴黎，1877—1885.

沃尔特·布莱克编. 伏尔泰最著名的著作（英文版）. 纽约，1927.

约翰·莫利. 伏尔泰全集（英文版）. 纽约，1929.

威廉·弗莱明编. 伏尔泰全集（英文版）. 纽约，1929.

安德烈·莫洛亚. 伏尔泰传（法文版）. 巴黎，1935.

布伦菲特. 伏尔泰：历史学家（英文版）. 牛津，1958.

彼得·盖伊. 伏尔泰的政治学：现实主义诗人（英文版）. 普林斯顿，1959.

埃德纳·尼克松. 伏尔泰与卡拉案件（英文版）. 伦敦，1961.

阿·欧·奥尔德里奇. 伏尔泰与启蒙时代（英文版）. 普林斯顿，1975.

西奥多·柏斯特曼. 伏尔泰（英文版）. 芝加哥，1976.

瓦尔特·恩格曼. 伏尔泰与中国. 莱比锡，1932.

安田朴. 十八世纪哲学家们的东方. 巴黎. 1957—1959。

阿尔塔蒙诺夫著. 马雍译. 伏尔泰传. 北京：作家出版

社，1958.

瓦索柯洛夫著. 众力译. 伏尔泰. 上海：上海人民出版社，1960.

伏尔泰著. 高达观，徐仲年等合译. 西方学术译丛 哲学通信. 上海：上海人民出版社，1961.

北京大学哲学系外国哲学史教研室编译. 十八世纪法国哲学. 北京：商务印书馆，1963.

伏尔泰著. 傅雷译. 伏尔泰小说选. 北京：人民文学出版社，1980.

李凤鸣，姚介厚. 十八世纪法国启蒙运动. 北京：北京出版社，1982.

伏尔泰著. 吴模信译. 路易十四时代. 北京：商务印书馆，1982.

傅雷. 傅译传记五种. 北京：生活•读书•新知三联书店，1983.

王树人，李凤鸣编. 西方著名哲学家评传 第5卷. 济南：山东人民出版社，1984.

朱谦之. 中国哲学对于欧洲的影响. 福州：福建人民出版社，1985.

葛力，姚鹏. 启蒙思想泰斗伏尔泰. 北京：世界知识出版社，1989.

伏尔泰著. 王燕生译. 哲学辞典. 北京：商务印书馆，1991.

参考书目（二）

Beaumarchais. Œuvres complètes：70vols. Basle：Kenl, 1784–1780.

Louis Moland. Œuvres complètes de Voltaire：52vols. Paris, 1877–1885.

Theodore Besterman. The Complete Works，Genève, 1968–.

Theodore Besterman. Voltair's Correspondence：107vols, Genève, 1953–1965.

Theodore Besterman. Voltairés Notebooks：2vols. Genève, 1952.

William F. Fleming. The Works of Voltaire（a contemporary version）：22vols. New York, 1929.

Theodore Besterman. Voltaire essays and another. Oxford, 1962.

Voltaire. The Best Known Works. New York, 1927.

Alfred Cwen Aldridge. Voltaire and the enlightment Centurey. Pinceton, 1975.

Theodore Besterman. Voltaire. Chicage, 1976.

George Morris Cohen Brandes. Voltaire. New York, 1934.

Edna Njxon. Voltaire and the Calas case. New York: The Vanguard Press, 1962.

Thompson, Tames Westfall & Holm, B. J. . A History of historical writing. New York: Macmillan, 1942.

Walter Engemann. Voltaire and China. Leipzig, 1932.